公司战略管理概论

梁毕明　王海菲　主编

中国财经出版传媒集团
经济科学出版社
Economic Science Press

图书在版编目（CIP）数据

公司战略管理概论/梁毕明主编. —北京：经济科学出版社，2016.12
ISBN 978-7-5141-7641-4

Ⅰ.①公… Ⅱ.①梁… Ⅲ.①公司-企业管理-战略管理-教材
Ⅳ.①F276.6

中国版本图书馆 CIP 数据核字（2016）第 307150 号

责任编辑：白留杰　刘殿和
责任校对：刘　昕
责任印制：李　鹏

公司战略管理概论

梁毕明　王海菲　主编
经济科学出版社出版、发行　新华书店经销
社址：北京市海淀区阜成路甲 28 号　邮编：100142
教材分社电话：010-88191355　发行部电话：010-88191522
网址：www.esp.com.cn
电子邮件：bailiujie518@126.com
天猫网店：经济科学出版社旗舰店
网址：http://jjkxcbs.tmall.com
北京密兴印刷有限公司印装
787×1092　16 开　13 印张　320000 字
2016 年 12 月第 1 版　2016 年 12 月第 1 次印刷
ISBN 978-7-5141-7641-4　定价：32.00 元
（图书出现印装问题，本社负责调换。电话：010-88191510）
（版权所有　侵权必究　举报电话：010-88191586
电子邮箱：dbts@esp.com.cn）

目录

第一章 战略管理的发展历程 / 1
　　第一节　战略管理的产生与发展梳理 / 1
　　第二节　战略管理的主要流派 / 5

第二章 战略管理的相关概念 / 19
　　第一节　战略管理的概念 / 19
　　第二节　战略管理的基本特征 / 19
　　第三节　战略管理的研究意义 / 21

第三章 战略管理的实施过程 / 26
　　第一节　战略分析 / 26
　　第二节　战略选择 / 42
　　第三节　战略实施 / 68

第四章 公司战略管理案例一 / 86
　　第一节　案例一："互联网+"对传统农业企业的颠覆与创新——北大荒集团供应链管理的战略变革 / 86
　　第二节　案例二：华联终被"乳化"——华联矿业跨行业并购广泽乳业 / 96
　　第三节　案例三：万科的股权激励：守得云开见月明了吗 / 106
　　第四节　案例四：上汽集团财务战略分析 / 114

第五章 与战略管理相关的几个焦点 / 127
　　第一节　战略管理与社会责任 / 127
　　第二节　战略管理与信息披露 / 137
　　第三节　战略管理与企业伦理 / 144
　　第四节　战略管理与财务报表分析 / 151

第六章 公司治理在战略管理中的作用 / 155
　　第一节　公司治理的产生背景与发展进程 / 155
　　第二节　公司治理的含义与相关理论 / 157

第三节　公司治理模式　/ 161
第四节　公司主要内部治理机制　/ 164
第五节　中国企业面临的特殊治理问题　/ 171

第七章　公司战略管理的新发展：商业模式　/ 174
第一节　商业模式的概念与特征　/ 174
第二节　商业模式的发展历程　/ 174
第三节　战略管理与商业模式的关联　/ 175
第四节　商业模式的构建　/ 179

第八章　公司战略管理案例二　/ 183
第一节　案例一：雷士照明创业股东控制权之争　/ 183
第二节　案例二：中国上市公司股权激励问题研究——以青岛海尔集团为例　/ 193

参考文献　/ 200

第一章

战略管理的发展历程

第一节 战略管理的产生与发展梳理

一、早期战略管理理论的起源

战略起源于军事领域，战略"Strategy"一词由希腊语"Strategos"演化而来，"Strategos"是指将军指挥军队的才能，或更一般地表示战略家、能人、战略眼光或超常能力。在军事上，战略指称在与敌人进行实际作战之前，计划和指挥大规模军事行动，将力量调整到最具优势位置的谋划。尽管战略来源于军事，但其中很多原理，如进攻与防御的相对优势原理、夹击（侧翼进攻与包抄）原理、随形就势原理等，已广泛应用于商业竞争。

中国自古就是一个战略大国，中国古代的许多书籍，如《三十六计》《孙子兵法》《孔明兵法》《三国演义》《易经》等，就孕育着非常丰富的战略智慧。其中，公元前 360 年孙武所著的《孙子兵法》堪称"兵学圣典"，是将帅必读的"武经"，且在唐朝以后被列为武经七书之首。在军事以外的诸多领域，《孙子兵法》也被广泛应用，从《战国策》《吕氏春秋》《韩非子》《黄帝内经》等著作中，都不难发现《孙子兵法》对其产生的深刻影响。兵法作为一部综合性的战略教科书，注重谋略，富于哲理，内容丰富，思想深邃，适用范围广阔，是战略哲学的凝练，是哺育历代将帅的乳汁，是克敌制胜的重要思想武器。

军事战略家先后提出的"海权制胜论""空权制胜论""机械化制胜论"等思想，反映出西方军事战略的雏形。两次世界大战后，军事战略理论在西方有了长足发展，其中一些重要的观点和思想和东方先贤不谋而合。最完美的战略是不必经过严重战斗而能达到目的的战略，这和孙武的"不战而屈人之兵，善之善者也"遥相呼应；同时，还提出了"大战略"的概念，使战略的内涵和外延大大拓展，成为涉及多个领域和学科的重要概念。

企业战略的思想，是随着方管理理论的发展而形成的。战略理论从组织理论和管理理论中分离出来，运用"战略因素"构想分析企业组织的决策机制。巴纳德强调企业组织决策必须考虑战略因素，强调企业组织与环境相适应，这种组织与环境相匹配（match）的思想，成为现代战略分析的基础。企业逐渐认识到，无论是为了增强自身能力，还是为了拓展新市场，企业都应努力营造共赢的局面，通过与其他企业共同创造消费者感兴趣的新价值，培养以发展为导向的协作性经济群体，企业才能从中获得比单打独斗或一味竞争更多利益。

现实的战略往往不是理性和计划的结果,而是不断试错的结果。环境的不确定必然导致企业不断尝试与修改自己的对策,这些应试对策的逐步积累就形成了战略。尤其是当企业的知识与经验无法应对外部复杂环境时,不妨摸着石头过河,从试错中寻找解决方案。同时,既然外部世界如此复杂多变,高层管理者的主要职责不是程式化地制定战略,而是管理组织学习。通过学习尤其是组织学习,企业才能应对不确定性,才能在一种渐进式的学习过程中创建出企业的战略。21世纪以来的学习型组织理论进一步认为,只为适应与生存而学习是不够的,必须创造性地学习,才能将企业打造成一种有机的、高度柔性的、扁平化和人性化的可持续发展组织。

二、近代经典战略管理理论

20世纪60年代出现的经典战略管理理论,是最早出现的战略管理理论。该理论的主要特点是强调企业战略要适应外部环境。1962年钱德勒的《战略与结构》一书出版,该书研究环境、战略和组织结构之间的关系,首开企业战略问题研究之先河。钱德勒在这部著作中,分析了环境、战略和组织结构之间的相互关系。他认为,企业经营战略应当适应环境——满足市场需要,而组织结构又必须适应企业战略,随着战略变化而变化。因此,他被公认为研究环境—战略—结构之间关系的第一位管理学家。其后,就战略构造问题的研究,形成了两个学派:"设计学派"(Design School)和"计划学派"(Planning School)。设计学派对于战略管理理论的发展做出了很大的贡献,尤其是SWOT模型的建立充分体现了组织内外部关系对制定战略的重要性。

"设计学派"的代表人物是哈佛商学院的安德鲁斯(K. Andrews)教授,他于1971年出版了设计学派的经典著作《公司战略概念》。他认为战略形成的过程,实际上就是企业内部条件与外部环境相匹配的过程,由此企业战略可分为战略制定和战略实施两个阶段。安德鲁斯的最大贡献是提出了制定战略的SWOT分析框架,即在制定战略的过程中,必须考虑企业的自身优势和劣势,以及外部环境中存在的机会和威胁;要将企业的目标、经营活动和不确定的环境结合起来,充分利用外部环境提供的机会,同时避免不确定性带来的威胁,通过趋利避害,构建企业的竞争优势。

"计划学派"的代表人物是哈佛商学院的安索夫(H. I. Ansoff)教授,他在1965年出版的《公司战略》一书中,提出了战略构成的四个要素,即产品与市场范围、增长向量、协同效应和竞争优势。其中,协同效应和以此为基础发展起来的协同战略,成为企业兼并、收购以及战略联盟的理论源泉。1972年,安索夫又出版了《战略管理思想》,正式提出"战略管理"的概念;1976年,安索夫在《从战略计划走向战略管理》一书中,提出了"企业战略管理是一个动态过程"的观点;在1979年出版的《战略管理》和1984年出版的《植入战略管理》两本书中,安索夫不仅将战略的要素扩大为八个方面,即外部环境、战略预算、战略动力、管理能力、权力、权力结构、战略领导和战略行为,还进一步发展和完善了他业已提出的一套广为学术界、企业管理实务界所接受的战略管理理论、方法(methodology)、程序和范式(paradigm)。安索夫的这些著作被公认为是战略管理的开山之作,他本人也被尊称为"战略管理鼻祖"和"一代宗师"。

不难看出,尽管这一时期学者们的研究方法和具体主张不尽相同,但从根本上说,其核心思想是一致的,主要体现在三个方面:一是企业战略的出发点是适应环境。环境是企业无法控制的,只有适应环境变化,企业才能生存和发展。二是企业的战略目标是为了提高市场占有率。企业战略要适应环境变化,旨在满足市场需求,获得足够的市场占有率,这样才有利于企业生存与发展。三是企业战略的实施要求组织结构变化及与之相适应。经典的企业战略实质是一个组织对其环境的适应过程以及由此带来的组织内部结构变化的过程。因而,在战略实施上,势必要求企业组织结构要与企业战略相适应。

三、当代竞争战略理论

(一) 20世纪80年代竞争战略理论阶段

20世纪80年代初,以哈佛大学商学院的迈克尔·波特为代表的竞争战略理论取得了战略管理理论的主流地位。波特认为,企业战略的核心是获取竞争优势,而影响竞争优势的因素有两个:一是企业所处产业的盈利能力,即产业的吸引力;二是企业在产业中的相对竞争地位。因此,竞争战略的选择应基于以下两点考虑:第一,选择有吸引力的、高潜在利润的产业。不同产业所具有的吸引力以及带来的持续盈利机会是不同的,企业选择一个朝阳产业,要比选择夕阳产业更有利于提高自己的获利能力。第二,在已选择的产业中确定自己的优势竞争地位。在一个产业中,不管它的吸引力以及提供的盈利机会如何,处于竞争优势地位的企业要比劣势企业具有较大的盈利可能性。而要正确选择有吸引力的产业以及给自己的竞争优势定位,必须对将要进入的一个或几个产业结构状况和竞争环境进行分析。

概括起来,波特的竞争战略理论的基本逻辑是:(1) 产业结构是决定企业盈利能力的关键因素;(2) 企业可以通过选择和执行一种基本战略影响产业中的五种作用力量(即产业结构),以改善和加强企业的相对竞争地位,获取市场竞争优势(低成本或差异化);(3) 价值链活动是竞争优势的来源,企业可以通过价值链活动和价值链关系(包括一条价值链内的活动之间及两条或多条价值链之间的关系)的调整来实施其基本战略。

迈克尔·波特所提出的行业竞争结构分析理论在过去20年里受到企业战略管理学界的普遍认同,并且成为进行外部环境分析和激发战略选择最为重要和广泛使用的模型。

(二) 20世纪90年代战略管理理论的新发展

进入20世纪90年代,随着信息技术的迅猛发展,市场竞争环境日趋复杂,企业把战略重点从外部环境分析转向企业内部控制,注重自身核心竞争力的形成,强调企业内部条件对于获取并保持竞争优势的决定性作用。1990年普拉哈拉德(C. K. Prahalad)和哈默尔(Hamel)提出了企业的核心能力(corecompetence)理论,该理论假定企业具有异质资源,且资源不能在企业间相互自由流动;对于企业独特的资源,其他企业无法得到或模仿,这些独特的资源形成企业竞争优势的基础。

巴尼(J. Baney)、科林斯(David J. Collins)和蒙哥马利(Cynthia A. Motgomery)被认为是企业资源学派的代表,他们把企业看作是各种资源的集合。所谓企业资源,是企业在向社会提供产品或服务的过程中,能够实现企业战略目标的各种要素组合。其中,那些与企业预期业务和战略相匹配的资源最具价值，企业的竞争优势取决于其拥有资源的价值。资源学派认为，企业应将自身置于所处的产业环境，通过与竞争对手资源的比较，才能发现企业拥有的优势资源。1997年，祢思（Teece）、皮萨罗（Pisano）和肖恩（Shuen）把演化经济学的企业模型和资源学派的观点结合起来，明确提出了"动态能力"的战略观和基于"动态能力"的战略分析框架。

90年代后期出现的战略联盟，强调企业间的"竞合"，即合作中的竞争与竞争中的合作，认为竞争优势是构建在自身优势与他人竞争优势相结合的基础之上，至此，通过创新和创造来超越竞争，开始成为企业战略管理研究的一个新焦点。随着产业环境的日益动态化、技术创新的加速化，竞争的全球化和顾客需求的日益多样化，企业逐渐认识到，无论是为了增强自身能力，还是为了拓展新市场，企业都应努力营造共赢的局面，通过与其他企业共同创造消费者感兴趣的新价值，培养以发展为导向的协作性经济群体，企业才能从中获得比单打独斗或一味竞争所能获得的更多利益。

（三）2000年以来战略管理理论的最新趋势

进入21世纪以来，动荡的经营环境动摇了企业对战略规划的信仰。随着环境不确定性的急剧增加，企业越来越难以保持持续的竞争优势，而传统的战略理论对此又无能为力，反叛传统战略理论的呼声便日益高涨。正是在这样的背景下，以环境不确定性、未来不可预测性、系统复杂性和发展非均衡性为基础的"后现代"企业发展战略理论应运而生。

"后现代"企业发展战略理论其实并不是一个体系化的理论，目前尚处在形成和演化过程之中，很不完善。之所以称为"后现代"，是因为在哲学和社会学中，"后现代"意味着对理性、必然性、确定性的反叛和解构，后现代企业发展战略理论所强调的，正是不确定性、随机性、直觉性、偶然性、试错性、应急性、学习性、自组织性和自适应性等特征，其主要观点如下：

1. 战略是不断试错和学习的结果。

现实的战略往往不是理性和计划的结果，而是不断试错的结果。环境的不确定必然导致企业不断尝试与修改自己的对策，这些应试对策的逐步积累就形成了战略。尤其是当企业的知识与经验无法应对外部复杂环境时，不妨摸着石头过河，从试错中寻找解决方案。同时，既然外部世界如此复杂多变，高层管理者的主要职责不是程式化地制定战略，而是管理组织学习。通过学习尤其是组织学习（organizational learning），企业才能应对不确定性，才能在一种渐进式的学习过程中创建出企业的战略。21世纪以来的学习型组织理论进一步认为，只为适应与生存而学习是不够的，必须创造性地学习，才能将企业打造成一种有机的、高度柔性的、扁平化和人性化的可持续发展组织。

2. 战略是一种意图。

哈默尔和普拉哈拉德曾提出的"战略是一种意图"著名论断，越来越契合当下的经营环境。所谓意图，是指一种最终追求的目标。意图虽然仅仅是一种直觉或愿望，并不具体明晰，当然更谈不上完善，但它却扮演了"罗盘"的角色。在充满高度不确定性和存在大量偶然性的现实商业环境中，在变化越来越快的市场上，即使是最好的战略也不可能给企业一个完全确定的既定路线。因此，作为指引方向和导航的"罗盘"，远比具体而详尽的"地图"重要得多。

3. 战略是一个应急过程。

明茨伯格（H. Mintzberg）和沃特斯（J. Waters）指出，合适的战略制定与决策过程，依赖于环境波动的程度，一个好的战略应该能够给企业多种选择，并配有相应的应急措施。企业可以对这些选择作出清晰的权衡，同时又能适应市场上迅速发生的变化。为了提高应急能力，企业应该把自己锤炼成"自组织"、"自适应"的组织。对于"自组织"的强调和推崇，成为20世纪90年代后期许多企业管理论著的主要特征。这些理论彻底放弃了机械式的战略模式和组织模式，代之以更激动人心和革命性的有机模式——自组织模式。自组织和自适应理论认为，战略规划的程序和结果都应该和现实紧密相连；组织的自发学习和创新，可以使企业更好地适应复杂多变的环境。

第二节　战略管理的主要流派

一、设计学派

设计学派将战略形成看作一个概念作用的过程。这一学派是以安德鲁斯教授及其同仁们为代表。设计学派认为，战略是一个主观的概念化过程，也就是说战略是可以设计的。企业战略的形成必须由企业高层经理负责，而且战略的形成应当是一个精心设计的过程，它既不是一个直觉思维的过程，也不是一个规范分析的过程；战略应当清晰、简明；易于理解和贯彻。战略制定是企业的高层管理者在比较机会与威胁、优势与劣势的过程中，按照扬长避短、趋利避害的原则进行组合而形成的，也就是著名的SWOT方法。

设计学派认为战略制定是领导者有意识的但非正式的构想过程，并建立了知名的SWOT（Strength, Weakness, Opportunity and Threat）战略形成模型。这一模型也是计划学派的基础。该模型表明，形成战略最重要的因素是对外部因素和组织因素进行匹配。正如安德鲁斯所指出的那样，"战略是对公司的实力和机会的匹配。这种匹配将一个公司定位于它所处的环境之中"。因此，该模型考虑了企业面临的威胁与机会（外部评价）和企业本身的优势与劣势因素（内部评价）。

（一）设计学派的前提条件

(1) 战略形成应该是一个有意识的、深思熟虑的思维过程；
(2) 进行控制并保持清醒是CEO的责任，CEO就是战略家；
(3) 战略形成的模式必须保持简单和非正式；
(4) 战略应当是个性化设计的最佳成果之一；
(5) 当战略形成一个完整的概念时，设计过程才算结束；
(6) 战略应当是明确的，为此它必须保持简单；
(7) 只有当独特的、内容丰富的、明确而简单的战略完全制定好之后，才能得以贯彻。

（二）设计学派的适用环境

我们专门讨论促使组织运用设计学派模型的四个条件：

(1) 原则上一个人的大脑就能处理与战略形成有关的所有信息。组织有时候确实需要进行重大的设计：一位综合能力高超的首席执行官就能全面负责战略设计过程。当情况相对简单时，一个人的大脑此时就可以掌握所有相关的知识点。

(2) 大脑能够获得与战略形成相关的所有完整、详细、第一手的知识。只有保持与组织的充分接触并且了解组织过去的经历与现实状况，战略家才有可能积累这些知识，才能够深层次地了解组织的发展。我们可能还要强调一点：战略家必须真正地融于组织之中才能真正地了解组织。

在此，必须指出案例教学法教育人们采取正好相反的行动：鼓励人们对一无所知的情况进行快速反应。不幸的是，类似于案例教学法的行为也常常出现在管理实践中，如高高在上的首席执行官简短有力的报告、流动顾问迅速提出的解决方案以及定期举行流于形式的经理例会。实际上，设计学派的战略形成模式需要的是一位用相当长的时间积累了丰富的一手经验的战略家。

(3) 在执行新的预想战略以前，必须具备相关的知识，换而言之，环境应保持相对稳定或至少是可以预测的。战略家不仅要了解相关的知识，而且必须清楚应该获取哪些方面的知识，并且在组织的行动开始之前就完成个人的学习过程。换而言之，在某种程度上，战略家必须掌握构思某个预先构想的战略前景所需的知识，这将同后面的战略执行息息相关。简单地说，世界必须保持稳定，或者战略家必须具有预测未来变化的能力（但这其实是一个很苛刻的要求）。当然，没有人能够永远预测未来，世界的变化也不可能正好迎合一种独特的战略制定观点。所以，我们能够得出这样的结论：如果世界能够迎合这种独特的战略制定观点，那么设计学派的模式将会发挥很好的作用。

(4) 组织必须能够接纳一种中心枢纽式的战略。组织内的其他人必须愿意服从核心战略家的安排，他们也必须有时间、有精力、有能力去执行一个非常明确的战略，当然，他们还必须具有执行这一战略的愿望。

设计学派模式还有另外一个适用的环境，就是那些新的组织，因为他们必须对组织的发展方向有个清楚的认识，以便与那些比它更完善的对手竞争。这一战略的最初想法通常来自具有远见的企业创始人，而这实际上使我们更加接近于企业家学派。

结论：在批判设计学派的模式时，或许我们也应当注意保护设计学派。尽管设计学派模式的应用具有很大的局限性，而且通常被过分地简化，但是，设计学派"告知想法"的观点所做出的贡献，其意义却是深远的。设计学派发展了一些可以用于讨论高级战略的重要术语。这些术语提出了一个核心观点，即战略就是在外部机遇和自身能力之间保持基本平衡，该核心观点也是构成战略管理领域中说明性学派的基础。不管设计学派模式的具体前提条件有多少是错误的，这些重要的贡献也依然存在。

（三）对设计学派的评价

对于设计学派，我们给予了一定的评价。一个给组织进行定位的战略必然会限制组织的视野。这一点似乎在设计学派的战略形成过程中已经发生了。设计学派战略形成模型的前提已经否定了战略形成的某些重要方面，包括渐进发展和自发战略、现有组织结构对战略的影响以及组织的全员参与而不是首席执行官独自参与。我们在评论过程中要对这些缺陷进行细致的分析，从而指出它们是如何局限了设计学派对某些特定内容进行研究的视角。设计学派总是通过学习来评估优势和劣势;结构与战略的关系就像走路时左脚紧跟右脚;明确战略:提高稳定性;战略制定脱离战略执行:思维与行动分离。

二、计划学派

计划学派是以安索夫为杰出代表。计划学派认为,战略的形成是一个受到控制的、有意识的、规范化的过程。战略行为是对其环境的适应过程以及由此而导致的企业内部结构化的过程。继承了设计学派 SWOT 的思想,但认为设计学派的分析方法过于主观,因而引入以决策科学为代表的理性的数量分析方法,强调战略是一个正式的计划过程。

(一) 计划学派的前提条件

设计学派模式中有一个机械式的前提条件:按照要求规划出战略的每一个组成部分,根据蓝图把它们组合在一起,就会得到最终的产品——战略。换而言之,分析是综合的前提,就像杰利内克在得克萨斯仪器公司的战略规划研究中指出的:"改革"就是"被制度化"。在该项研究中,他将今天计划人员所做的战略规划,同一个世纪以前弗雷德里克·泰勒等效率专家制订的工厂工作计划作了一个比较。明茨伯格认为,计划学派的核心吻合了管理教育、大公司的经营活动以及政府进行宏观管理的实践活动。在这种模式中,战略是由受过严格培训的计划人员来制订的。计划学派认可了设计学派大多数的前提,但它相比于设计学派的简单和非正式的模式,更强调"步骤"性和"命令"式的控制。其核心假设是:按照一定要求制定出每一个战略组成部分,根据蓝图将它们组合,就会得到最终的产品——战略。

对计划学派前提的总结如下:

(1) 战略产生于一个可控的、自觉的正式规划过程,该规划过程被分解成清晰的步骤,通过审查清单的方式,每个步骤都能得到详细的描述,并利用各种分析技术来完成。

(2) 原则上,由首席执行官负责整个战略形成过程;实际上,战略实施由全体计划人员负责。

(3) 由正式的规划过程得到的战略应该被明确地制定出来,以便通过详细的目标、预算、程序和各种经营计划来执行。

(二) 计划学派的适用环境

明茨伯格认为,战略计划的失败是程式化的失败、是对不连续事件进行预测的失败、是将改革制度化的失败、是硬信息取代软信息的失败、是以呆板的计划来应付动态因素的失败。并进而指出战略计划学派的谬误,他认为战略计划起错名了,应该叫作战略程序化。

不过,我们不必在否定战略规划的同时也一并否定战略计划人员。计划人员在推动战略形成这个黑箱中起着重要的作用。计划人员既可以作为分析人员在前端提供管理人员易于疏忽的数据输入,也可以在后端仔细地检查规划出来的战略,并对其可行性进行详细评价。计划人员可以起催化剂的作用,但不是为了制订某种指令性的正式计划,而是使得任何形式的战略行动对特定时期内的特定组织都有意义。

(三) 对计划学派的评价

设计学派需要解决的问题,计划学派大多也会遇到,而且还更严重。战略计划在20世纪80年代初遇到了麻烦,"由计划人员制定的,想象中非常完美的战略只有很少数得到了成功的贯彻",杰克·韦尔奇也生动地描绘出了一种景象:"书本越来越厚,印刷越来越复杂,图板越来越硬,绘图质量也越来越好"。计划学派在结果上不仅妨害到中层管理人员进行战略决策的义务,也妨害了高层管理人员进行战略决策的义务。

三、定位学派

定位学派的杰出代表人物是迈克尔·波特。定位学派认为企业在制定战略的过程中必须做好两个方面的工作:一是企业所处行业的结构分析;二是企业在行业内的相对竞争地位分析。认为战略制定是一个企业在产业中进行定位分析的过程,即首先选择产业,然后在产业中谋求有利的竞争地位(战略选择并非一个主观的行为,而是由外部客观环境决定的)。定位学派把战略形成看作是一个分析的过程,强调外部环境分析的重要性。波特指出,行业是企业经营的最直接的环境;行业的结构决定了企业的竞争范围,从而决定了企业的潜在利润水平。

(一) 定位学派的前提条件

定位学派源于迈克尔·波特的两本轰动性的著作:《竞争战略》和《竞争优势》。它们使定位学派在战略管理领域占据了主导地位。定位学派的几个前提条件主要为:

(1) 战略就是市场当中通用的、特别常用的、可以辨别的位置;

(2) 市场(环境)是存在利润并充满竞争的;

(3) 战略形成过程就是一个基于分析计算基础之上的对这些通用位置的选择之一;

(4) 战略分析家在战略形成中起主要作用,他们将计算结果送交正式控制选择过程的管理人员;

(5) 战略产生于深思熟虑的过程,并被清晰表达和予以实施;是市场结构推动了定位战略,而定位战略又推动了组织结构。

在定位学派中,迈克尔·波特的五种竞争力量分析模型、三种通用战略、价值链模型是其主要分析工具,它们尤其得到战略咨询人员的推崇和使用。

(二) 定位学派的适用环境

对于侧重分析和计算的定位学派,我们得出了这样的结论:定位学派将其作用从战略制定降低为进行支持战略过程的战略分析,与此同时,战略制定以另外的方式继续进行。战略形成,就像我们将在本书中继续描述的一样,是一个内容丰富、头绪纷杂、时刻变化着的过程,而不像定位学派所说的那样是一个毫无新意的静止的过程。因此,我们说定位的作用是为了支持战略过程,定位本身并不是战略形成。定位学派把计划人员转化为分析人员的同时,也为计划学派增添了很多新的内容。当然,在实践中,制订计划这门技术不可能对战略形成完全起作用,但是对这些计划进行分析却能为战略形成提供大量的重要信息。

但是，从另外的角度讲，定位学派还是为战略管理做出了巨大的贡献。定位学派为战略管理学术研究开辟了许多条途径，并为实践活动提供了一套强有力的理论工具。人们应当对定位学派中的观念进行综合，并找出方法，用其他学派的观点来对这种观念进行综合。换言之，定位学派必须充分地利用其理论基础来扩展战略远见，而不是去限制战略远见。

（三）对定位学派的评价

明茨伯格认为，定位学派同样存在着思考和行动分离的问题，它使战略制定过程过于深思熟虑而因此破坏了战略学习。另外，我们也不应该忽略一个明显的问题就是，定位学派将企业竞争优势归结于企业所处的市场结构与市场机会等，就是所谓的企业竞争优势外生论。从这种分析方法来看，对于某一个行业而言，该行业中所有企业所面临的市场结构、市场机会等在客观上是同质的，那么所推导出的逻辑结果只能是该产业内所有企业的赢利状况应该是基本一致的，但这并不符合事实。同时，我们也应该注意到，在目前的环境（技术环境、市场环境、社会环境等）下，竞争不再主要是一种"位置"之战，就像定位学派所强调的定位一样。在这越发动态的环境中，战略也变得动态起来，成为一种"移动"之战，成功更大程度上取决于对市场和消费者需求的快速反应。

明茨伯格指出，对于偏重分析和计算的定位学派，它将其作用从战略制定降低为进行支持战略进程的战略分析过程，而这种战略分析只有在各种条件相当确定和稳定时，才会显得有助于战略制定，但却不会在战略制定过程中占据主导地位。

四、企业家学派

以熊彼特为代表，发现许多企业没有系统的书面战略，而是靠企业家的个人素质来预见企业未来的发展，并通过他的价值观、权力和意志来约束企业的发展。因而，战略是一个企业家对企业未来图景的洞察过程。该学派的主要代表作有：富兰克·奈特的《企业家精神：处理不确定性》（1967年）、熊彼特的《经济发展理论》，以及柯林斯和摩尔撰写的《组织的缔造者》。

（一）企业家学派的前提条件

企业家学派将战略形成看作一个预测的过程。企业家学派将战略形成过程集中在个别领导人身上，而且强调某些天生的直觉、判断、智慧和洞察力。它将战略形成看作是一种与形象和方向感有关的做法，其核心概念是"远见"。

企业家战略的战略思考可以归纳为"向前看"、"向后看"、"向下看"、"从侧面看"、"从远处看"，最终要"看穿"。企业家学派的前提条件主要有：

（1）存在于企业领导人心中的战略，既是一种观念，更是一种特殊的、长期的方向感，是对组织未来的远见；

（2）战略形成最好不要成为一种完全有意识的思维过程；

（3）企业领导人一心一意地发展远见，并在必要的情况下亲自控制战略的实施；

（4）战略远见是可以发展变化的，既可以是深思熟虑的，也可以是随机应变的；

（5）组织其实是一个受企业领导人指挥的、简单的组织结构；

(6）企业家的战略如同某种特殊位置，受到保护、不受市场竞争的冲击。

（二）企业家学派的适用环境

企业家学派从来没有真正地认识到这样的事实：企业家学派的作者所推崇的非常光辉和鼓舞人心的企业家个人行为，在其他学派的作者看来，则是病态的和令人泄气的行为。就像前面所讨论的那样，有许多企业领导人，特别是具有愿景目标的企业领导人是凭借个人超凡的能力来改变一个企业的劣势。因此，一旦条件发生变化，原本运行良好的组织就会突然不起作用，换言之，组织只有依赖那些"伟人"才能摆脱困境，向前发展。那么，我们必须真正了解：什么情况下组织需要有愿景的、具有企业家气质的领导能力，以及如何能够获得这种能力。

（三）对企业家学派的评价

战略形成过程在企业家学派中，继续被看作是一只被掩埋在人类认知过程中的黑匣子，它对走入困境的企业组织，所开的药方简单明了：去寻找新的、有远见的企业领导人。显然，企业家学派用到的方法是冒险的，它以企业家个人健康和幻想作为赌注。当然，从理论上讲，建立一个有远见的组织远比只依赖一个有远见的企业领导人明智许多。或许，因为有远见组织太难建设，而有远见的个人现存很多，人们往往对企业家学派的药方欣然接受。

明茨伯格指出，企业家学派还是有其广阔的生存环境的，如创办企业需要很强的领导能力和远见，同样，处于困境中的组织也需要远见者指点迷津；另外，处于不断进步的小企业同样需要这种有远见的企业家的领导能力。

企业家学派在战略形成这方面的某些内容很值得我们对它进行评价，这其中最突出的就是前摄特点、个性化领导能力的作用和战略愿景。尤其是在战略形成的早期，组织可以从方向感、一体化或"完形"中获得益处。过于平庸的"盲从"战略产生于非创造性的、孤立的管理行为。具有愿景目标的战略与这些过于平庸的"盲从"战略是极端对立的。

但是，企业家学派也表现出了一些严重的不足。企业家学派是完全用个别企业领导人的行为来展现战略形成的，但对战略形成这个过程却从未细致地论述过。战略形成过程在企业家学派中，继续被看成一只被掩埋在人类认识过程中的黑箱。因此对于运营困难的组织，企业家学派所开出的良方实在太过简易：寻找一个新的、有远见的企业领导人。

五、认知学派

认知学派认为，战略的形成是基于处理信息、获得知识和建立概念的认知过程——其中后者是战略产生的最直接、最重要的因素，而在哪一阶段取得进展并不重要。认知学派以西蒙为代表，把战略形成看成一个心智过程，采用心理学的理论解释战略家的思想。该学派注重战略形成过程的特殊阶段，特别是战略初始概念形成阶段。认知学派认为战略制定不仅是一个理性思维的过程，而且也包括一定的非理性思维，并且后者常常更为重要。因而，战略的形成是一个精神活动过程。认知学派认为，如果想要了解战略的形成，最好同时了解人类的心理和大脑。认知学派的代表作有：赫伯特·西蒙的《行政管理行为》（1945年）、《组织》（1958年）和《思想模型》（1979年）。

(一) 认知学派的前提条件

认知学派认为如果要具体了解战略的形成过程,那最好的方法就是去研究战略家的思想。认知学派存在两个分支,其中一派倾向于实证主义,认为知识的处理和构成是产生某种勾画世界的客观想法的成果;而另一派认为所有的认识都是主观的,将战略作为一种对世界的解释。如果说偏向客观的一派认为认知是世界的一种再创造;而主观一派则认为认知本身创造了世界。认知学派是沟通较为客观的设计、计划、定位和企业家学派与相对主观的学习、权利、环境以及构造学派的桥梁。

认知学派存在以下几个假设:

(1) 战略形成是发生在战略家心理的认识过程;

(2) 战略表现为决定人们如何处理环境输入信息的方法——概念、计划、纲要和框架;

(3) 输入的信息(按照认识学派客观派的观点)在认知地图译码之前需要经过各种各样的歪曲过滤器,否则,它们仅仅(按照主观派的观点)是对想象中存在的世界的解释,看到的世界是可以构建的;

(4) 作为概念,战略在初始形成时比较困难,在实际形成过程中偏重使用性而不是最优化,即使当战略不可行时,也很难改变。

(二) 认知学派的适用环境

至于说到适用条件,认知学派中客观派的研究似乎多将战略形成看作是个体过程而不是群体过程。我们并不是说认知和群体环境无关,只是研究不同认知之间的交互关系非常困难,它不属于一个大多研究个体认知的学术群体范围内。当然,解释学派更加注重社会过程,可能是因为它的程序更加清晰:致力于研究认知中较浅的层面。

总之,认知学派告诉我们,如果我们想要了解战略形成,最好同时了解人类的心理和大脑。认知学派其实是将认知心理学作为理论基础,并对其进行了很好的应用,但是如果要讨论战略管理研究能借鉴多少认知学派的成果,那它的价值还远远不够。换言之,本章节的大部分研究成果对于战略管理的贡献仍是极为有限的。

(三) 对认知学派的评价

明茨伯格认为,战略管理在实践中而不是理论上已经充分利用了认知心理学,而认知心理学则大量地阐述了战略管理感兴趣的问题,特别是关于战略家内心概念形成的过程。但是,认知学派的研究成果虽然对认知心理学有很好的借鉴作用,但对战略管理研究的贡献却很有限。

尽管认知学派中的主观派有其不足之处,但它却提醒了我们战略形成也是一个心理过程,在战略形成的过程中会有一些有趣的事情出现。它还进一步提醒我们,战略家的认知风格是不同的,这会对他们所偏好的战略产生重大影响。从这个意义上说,和定位学派相比,认知学派的不确定性更强,和计划学派相比,认知学派的则更具个性化。与我们已经讨论过的前 5 个学派相比,它最先意识到组织外部存在一个有趣的环境:当企业领导者不能奇迹般地带领他们进入愿景中的利基市场时,那些战略家并没有从环境机会的大树上采集战略的果实,而是被动地进入既定环境。与之相反,在被认知学派的某一分支称作太复杂以至于无法充分理解的环境中，战略家们奋力拼搏。然而，十分有趣的是，这个学派的另一分支也说，这样又如何？优秀的战略家是有创造力的，也就是说他们运用集体的智慧构建了自己的世界，并将其付诸实践。

六、学习学派

学习学派与以往学派的不同之处在于，它认为战略是通过渐进学习、自然选择形成的，可以在组织上下出现，并且战略的形成与贯彻是相互交织在一起的。学习学派以彼德·圣吉等为代表，认为环境是复杂并不可预测的，通过学习，尤其是组织学习，企业才能应对不确定性。高层管理者的职责不是制定战略，而是管理组织学习的过程。因而，战略是一个学习及自然形成的过程。彼得·圣吉是美国麻省理工学院斯隆管理学院资深教授，国际组织学习协会创始人、主席。彼得·圣吉是畅销书《第五项修炼》的作者。该书自1990年出版以后连续3年荣登全美最畅销书榜榜首，并于1992年荣获世界企业学会最高荣誉的开拓者奖。

（一）学习学派的前提条件

认知学派试图告诉我们，世界是很复杂的，单纯说明性的设计学派、计划学派和定位学派是建设不起战略管理这座大厦的。而为了去更好地了解这个纷繁复杂的世界，只好去学习。

学习学派认为，战略是人们开始研究形势时与其组织应付局势的能力一起出现的，有时以个人方式表现，而多数时候则以集体行为的方式出现，最后集中成为组织成员的行为模式。"战略管理不仅仅是对变化的管理，而是通过变化来进行管理。"学习学派认为传统战略构造方式，尤其是设计、计划和定位模式，仅仅是一种幻想，不能真正解决组织内发生的问题。学习学派存在以下几个基本前提：

（1）组织环境具有复杂和难以预测的特性，经常伴随对战略而言不可缺少的知识传播，从而战略的制定必须采用不断学习的形式，而战略制定和战略执行的界限在这个过程中变得不可辨别；

（2）尽管领导者也必须学习，但更重要的是集体学习，这意味着在组织中存在许多潜在的战略家；

（3）学习是以应急的方式进行的，战略可以在任何奇怪的地点、以任何奇怪的方式出现，而它一旦被确认后，便正式成为深思熟虑的战略；

（4）领导者的作用不再是预想深思熟虑的战略，而是去管理战略学习的过程；

（5）战略首先是作为过去的行为模式出现，然后才可能成为未来的计划，并最终变成指导总体的战略。

（二）学习学派的适用环境

有些企业总是不断地面临新的情况。换言之，它们所处的环境是动态且不可预测的，这使得这些组织根本无法形成一个清晰的战略。在这种情况下，组织结构最好采用更加灵活的形式，或者是项目型组织，同时学习几乎变成了强制性的——这是唯一能以灵活的方式处理问题的方法。至少，学习使得组织可以采取行动——以单个步骤对不断演变的现实作出反应，而不必等待一个完全确定的战略。

总之，学习学派说明了战略形成中的一个事实，这些正是目前为我们讨论过的其他学派所忽略了的。很大程度上学习学派以描述性方法为基础，告诉我们当面临复杂动态的环境时，组织所期望去做的事和它们实际上做的事是非常不同的。但是事实上，好的描述也可以是说明性的，有时它可以反映出特定环境下的典型行为。

（三）对学习学派的评价

目前，学习型组织、演化理论、知识创新、能动方式以及混沌理论成为战略学习的新方向，如 Peter Senge 的《第 5 项修炼》、Nonaka 和 Takeuchi 的《知识创新型公司》以及哈默的相关著作成为学习学派的经典性文献，受宠一时。"学习型"在目前已经成为一个时尚话题，如学习型组织、学习型政府，甚至学习型社区和学习型家庭。

但明茨伯格指出，学习学派有走向另一个极端的危险，即导致战略的分散，或干脆不要战略，或迷失战略甚至导致错误的战略。注意学习是很重要的，但它不是包治百病的良药。真正的学习组织有时也会担心自己的学习是一种徒劳。更重要的是必须知道该学什么，或许这才隐含着"战略"方向的意味。

任何一个面临新形势的组织为了弄清究竟发生了什么，通常必须参与到学习过程中去。这个过程既可以是个体的，也可以是集体的，主要取决于组织收集相关信息并反馈给组织核心的能力。例如，当一家位于成熟行业中的企业遇到了前所未有的情况，如出现了一个打破现有技术模式的重大技术突破，组织必须参与到学习过程中以形成新的可行战略。

七、权力学派

权力学派认为，战略制定不仅要注意行业环境、竞争力量等经济因素，而且要注意利益团体、权力分享等政治因素。权力学派认为企业内外存在着各种正式和非正式的利益团体，他们会用各自的权力对企业战略施加影响。因而，战略的形成是一个权力谈判及平衡的过程。战略制定不仅要注意经济、行业及竞争因素，而且应当注意决策过程中的政治因素，注重均衡考量各利益相关者的利益诉求。同时，在战略制定与实施过程中，要化解和排除来自组织内外部的个人或利益集团的牵制和干扰。权力学派的代表作主要有：麦克米的《论战略形成：政治概念》、普费弗和萨兰西克的《组织的外部控制》。

（一）权力学派的前提条件

权力学派将战略形成看作是一个受到权力影响的过程，它强调权力和政治手段应用于战略谈判以利于获得特殊利益。这一学派存在两个分支，即微观权力和宏观权力。微观权力是用来应付组织内部的政治对策；而宏观权力关心的是组织对权力的应用。权力学派存在几个前提：

（1）权力和政治使战略形成具体化，无论是组织内部的过程还是其外部环境中组织本身的行为；

（2）战略往往是应急的并且采用定位和策略的形式而不是观念的形式；

（3）微观权力把战略决策看作是在狭隘利益集团和诡诈的联盟之间，通过说服、讨价

还价甚至直接对抗所表现出的相互作用;

（4）宏观权力将组织看作是采取控制或与其他组织合作的方法，通过战略操纵和联盟中的集体战略，促进自身利益。

（二）权力学派的适用环境

尽管政治因素在组织中确实会起到积极的作用（尤其是在正统影响，推动必要变革时），但它也可能是造成组织中大量浪费和曲解的根源。许多论述这一问题的人，更不用说那些饶有兴趣的实践者，似乎都怀着某种情感去看待它。但这可能会掩盖住其他需要提出的问题。例如，以联盟形式表现的宏观权力可能导致大型组织群体中相互勾结的严重问题。然而，这方面的问题在文献中几乎没有被提及。实际上，学术界正在积极讨论这些概念。

但反过来，如果把战略形成描述为没有权力和政治的过程，则几乎是毫无意义的。这一点在以下情况中尤其如此:

（1）在重要变革时期，当权力关系中的重大转变势在必行，从而矛盾凸显时;

（2）在大型成熟的组织中;

（3）在复杂的、高度分权的专家型组织中，如大学、研究实验室和电影公司等，那里许多参与者拥有权力并且倾向于攫取自身利益;

（4）在封锁时期，战略变化被迫停止，也许是因为当权者的不妥协;

（5）在不断变动的时期，组织无法确定任何明确方向，因此决策制定往往成为一场混战。

权力学派已将它那部分的一些有用词汇引入了战略管理领域，如"联盟""政治策略"和"集体战略"。它还强调了当已经站稳脚跟的参与者一心想要维持必须改变的现状时，政治在促进战略变化中发挥了重要作用。当然，政治也是抵制战略变化的一个因素，但也许不像文化势力那样有效，这一点我们将在介绍下一个思想学派时进行讨论。

（三）对权力学派的评价

明茨伯格认为，权力学派将权力和政治引进战略形成过程是有其意义的，因为我们必须承认，在很多情况下，组织或多或少会受到政治和权力因素的影响，如在重大变革时期，权力关系中的重大变化也必然发生，在冲突出现时，许多组织成员拥有权力并有促进自身利益的倾向；而在封锁时期，由于掌权者不妥协也会导致战略变化的停滞；在不断变化时期，由于组织无法确定明确的方向，决策也会成为政治或权力的混战。

至此，我们对不同学派的每一种评价都已形成它们各自的模式，至少在一个方面是这样的。战略形成与权力有关，但它不仅仅只与权力有关。显然，这一学派，如同其他每个学派一样，过分强调了自己的意义。领导层、文化以及战略观念本身在此都遭到了忽视。由于将注意力集中在分裂和局部问题上，权力学派也许忽视了正在形成的模式，即使是在相当矛盾的情形下。

八、文化学派

文化学派认为，企业战略根植于企业文化及其背后的社会价值观念，其形成过程是一个将企业组织中各种有益的因素进行整合以发挥作用的过程。文化学派认为企业文化及其背后的价值观念对于战略的形成具有重要影响。因而，战略的形成是一个基于企业成员共同的信念和理解的社会交往过程。文化学派赞成战略管理的连贯性，强调传统的传承性、变化的丰富性和舆论的复杂性。文化学派的代表作主要有：艾瑞克·莱恩曼的《长远规划的组织理论》（1973年）、罗伯特·沃特曼与汤姆·彼得斯合著的《追寻卓越》（1982年）。

（一）文化学派的前提条件

明茨伯格说，把权力放在镜子面前，看到的翻转的背面的影像就是文化。权力控制组织并将其分离；而文化则将个体整合进集体。文化学派被称为盲人摸象中的第七个瞎子，他离大象几步之远，通过嗅觉、通过迹象、通过气氛来感知大象，结果大象的样子真的出现在他的心中。

文化学派的信念主要表现为：

（1）战略形成是社会交互过程，建立在组织成员共同信念和理解的基础上；

（2）个人通过文化适应过程或社会化过程来获得信念，而该过程通常是潜移默化的；

（3）组织成员只能部分描述巩固着他们文化的信念，而文化的来源和解释可能依然模糊；

（4）战略首先采取了观念而非立场的形式，观念根植于集体意向之中，并在深藏着资源或潜能的组织模式中反映出来，受到保护并且用作竞争优势。因此战略最好描述成深思熟虑的形式；

（5）文化，尤其是观念体系不鼓励战略的改变，以便现有战略永久存在，他们至多在组织的整体战略观念中做一些立场的改变。

（二）文化学派的适用环境

如果说定位学派的缺点是人为的精确性，那么文化学派的缺点就是概念的模糊性。特别地，不仅仅是瑞典学派，文化学派的这些概念来去匆匆，而且相互之间并没有根本性的差别。就像理查德·鲁梅尔特曾经讥讽过的："如果两个学术持有同样的观点，那么其中一个就是多余的"。解决这种问题的"诀窍"就是改变概念的叫法，然后想办法让其得到广泛认可。从另一方面看，社会科学的"硬"方法必定会错失像文化这一类无形的东西，就像对领导能力的研究一样。

（三）对文化学派的评价

文化学派相对于定位学派人为的精确性，其缺点是概念的模糊性。另外，它还会阻碍必要的改变，由于文化是凝重的、稳固持久的，它赞成保持管理的连续性并将管理保持在一定的轨道上。而且，由于文化形成本身就是持久和困难的过程，对其重建和再造往往更难，并会对其造成破坏。但是，和设计学派、认识学派以及企业家学派的个人主义不同，文化学派引入了社会过程中重要的集体思维，确立了组织风格和个人风格的同等地位，并且便于建立整体性的观念。与计划学派和定位学派的"割断历史"的倾向相反，它将战略根植于色彩斑斓的组织历史画卷之中，而对计划学派和定位学派而言，改变战略往往和换衣服一样。

九、环境学派

环境学派强调的是企业组织在其所处的环境里如何获得生存和发展，其所起的作用不过是让人们关注环境因素。环境学派注意力转移到组织外部，重点研究组织所处外部环境对战略制定的影响，注重描述特定环境与组织特殊属性之间的关系。该学派认为环境对于企业具有至关重要的影响，领导就是企业积极地理解并适应环境。因而，战略的形成是一个反应过程。环境学派以源自"权变理论"的偶然性理论为核心，强调环境对于企业战略的至关重要性，认为企业必须适应环境，并在适应环境中才能找到自己生存和发展的位置。环境学派的代表人物是 Hannan 和 Freeman，主要研究组织进化过程、组织种群的变化与环境选择的结果。

环境学派与其他学派不同，它们将环境看作一种影响因素，而在环境学派中，环境成了真正的演员角色。环境学派认为，组织是消极被动的，它们花费时间对确定议事日程的环境作出反应。

（一）环境学派的前提条件

明茨伯格指出，"环境"因素也或多或少地存在于其他学派中，如定位学派，在定位学派中，环境体现为一种经济力量群，代表行业、竞争和市场。在认识学派的一个分支中，对偏见和歪曲的强调，也反映了环境的影响。而学习学派也强调了环境的复杂性。但在前述的战略学派中，战略家始终处于至高无上的地位，无论他是什么人——个人或集体，合作或冲突。但在环境学派中，环境和领导以及组织一起列为战略形成过程中的三个中心力量，并且领导和组织从属于外部环境，环境居于支配地位。

环境学派存在以下前提：

（1）环境作为一种综合力量向组织展现自身，是战略形成过程中的中心角色；
（2）组织必须适应这些力量，否则便被淘汰；
（3）领导变成了一种被动因素，负责观察了解环境并使组织与之相适应；
（4）组织群集在原来所处的独特的生态学意义的活动范围内，直到资源变得稀少或条件恶化，而最终消亡。

（二）环境学派的适用环境

在我们看来，战略管理之所以成为一个令人兴奋的领域，是因为实践者和管理者都同样一直面对（或者至少可以选择面临）着一个丰富多彩且差别细微的世界，它充满了令人惊异的事物，它是一个推崇富有想象力行为的世界。成功的战略家和成功的研究者靠近这一世界并了解其细节。在管理方面，这一领域与其他领域的区别在于，它的兴趣完全集中在战略选择：如何找到、在何处寻找战略选择以及之后如何利用战略选择。因此，对战略管理中是否存在选择的争论就如同对种群生态学中是否存在种群的争论一样，是毫无必要的。每一方都必须建设性地解决各自的核心问题。

因此，让我们从环境学派中学习组织种群学、组织环境，尤其是它们所能采取的不同形式。然后考虑一下，该学派的思想中哪些地方看起来最适用，自问一下什么样的组织类型看起来最受限制，战略选择何时看起来最受限制。例如，在一个组织生命周期的成熟阶段。但同时，我们也不要因为过分夸大或抽象从而走上歧路，让那些无法解决的争论自行其是吧。

(三) 对环境学派的评价

环境学派有几个典型观念，即偶然性观点、种群生态学观点以及"铁笼子"观点。偶然性理论认为外部环境越稳定，内部结构越正规；而种群生态学家认为是外部条件使组织处于特定的活动范围内，要么组织按环境改变自己，要么被"淘汰"，而"淘汰"就是战略选择，让组织脱离于组织及其领导之外，而处于环境之中；"铁笼子"观点是由那些被称为"社会制度理论家"的人提出的，他们认为由环境所施加的政治及意识形态压力虽然减少了战略选择，但并未完全消除这种选择，此时环境变成了"铁笼子"。

鉴于目前对环境学派的争论很多，明茨伯格认为，人们可以从环境学派中学习组织的群体和环境，尤其是学习组织的全体和环境可以采取的不同形式，并将它用于自己的组织实践中。

十、结构学派

结构学派把企业组织看成是一种结构——由一系列行为和特征组成的有机体；把战略制定看成是一种整合——由其他各种学派的观点综合而成的体系。结构学派认为，企业战略应从两方面去定义，才能真正反映企业战略的性质和特点。一方面，战略在一定时期需要稳定，形成某种需要从多个角度认识的架构；另一方面，战略变革又穿插于一系列相对稳定的战略状态之间，因而战略架构也需要变革。结构学派提供了一种调和不同学派的方式，认为不同学派都有自己的时间和位置，由此为战略管理的研究带来了秩序。"选择合适的结构程度是一种复杂的平衡行动。"结构学派的代表作是：普拉迪普·坎德瓦拉、亨利·明茨伯格和米勒合著的《"里卡洛斯"的悖论》。

结构学派包含了前面的所有内容，但它却运用了自己的独特视角，它和其他学派的根本区别在于：它提供了一种调和的可能，一种对其他学派进行综合的方式。这一学派一方面将组织和组织周围的状态描述为结构；另一方面将战略形成过程描述为转变。它们反映了事物存在的两个方面：状态和变迁。

(一) 结构学派的前提条件

从某种意义上说，结构学派的前提包含了其他学派的前提，但每一前提都有一个明确界定的适用背景，正是这种包容成了结构学派独有的特征。其前提表现为：

(1) 在很多时候组织都可被描述为某种稳定结构，即采用特殊的结构形式和特殊的内容相匹配，从而形成一种特殊的战略。

(2) 这种稳定结构会偶然被一些转变过程所打破，向另一种结构进行量的飞跃。

(3) 结构状态与转变时期的相继交替可能会形成一种规律，如表现为组织的生命周期。

(4) 战略管理的关键就是维持稳定，至少大多时候是适应性的战略变化，但会周期性地认识到转变的需要，并能在不破坏组织的前提下管理混乱的转变过程。

(5) 战略制定过程既可以是一种概念性的设计或正规计划，也可以是系统分析或领导的远见，又可以是共同学习或竞争性的权术，集中表现在个人认识、集体社会化或者是简单地对环境的反应；但每一种都有自己的存在时间和内容。也就是说，不同战略形成的思想学派本身就代表了特别的结构。

(6) 战略采取了计划或模式、定位或观念，甚至策略的形式，但都是依照自己的时间和情形出现的。

(二) 结构学派的适用环境

组织从结构中获益时，也会从中受到损害。米勒在其《伊卡洛斯的悲剧》中表述得很明白：追求成功和导致失败之间存在着某种一致性。"选择合适的结构程度是一种复杂的平衡过程。经理们必须既避免结构程度太低引起的混乱，同时也不能过于迷恋结构化。由不同的葡萄酒混合在一起达到和谐完美的平衡，就能调出美味的酒米。"

总之，结构学派对于战略管理还是有很大贡献的。它使得战略形成这个仍然混乱的研究领域有了秩序，尤其是它提供了很多的文献和战略活动。这不是一次穿越沼泽、田野、森林和河流之间进行的跨越边缘的旅行历程，而是通过了10个各具特色的系统（或指思想系统），是对同一个领域所划分的10个结构，这个领域并不像想象得那么杂乱无章。但如果你完成了这次历程，那你肯定会欣赏这些条条块块。请牢记怀特黑德的告诫："寻求简单，并质疑它。"

(三) 对结构学派的评价

在结构学派中，有对组织结构的研究，如个人组织、机械组织、专业组织、多部门组织、AD组织、教会式组织以及政治组织等；有对组织发展的战略时期的研究，如发展期、稳定期、适应期、斗争期以及革命期等；有对组织演化模式的研究，也有对组织再造过程的研究。

总的来说，结构学派给战略形成这个混乱的领域带来了某种秩序。但是组织从结构中获益的同时，也会从中受到损害。因为它可能会让我们忽视混乱世界的细微差别，而不能真正深入揭示出事物之间的复杂关系。"选择合适的结构程度是一种复杂的平衡行动。经理们既要避免平庸和避免结构太少的混乱，同时还不能过于迷恋结构。有差别细微的不同种类的葡萄酒混合在一起达到了和谐完美的平衡。"

第二章

战略管理的相关概念

第一节 战略管理的概念

战略管理（strategic management）是指对一个企业或组织在一定时期的全局的、长远的发展方向、目标、任务和政策，以及资源调配作出的决策和管理艺术。包括公司在完成具体目标时对不确定因素作出的一系列判断，公司在环境检测活动的基础上制定战略。

战略管理是一个不确定的过程，因为公司对于危险和机遇的区别有不同的理解。

战略管理是指企业确定其使命，根据组织外部环境和内部条件设定企业的战略目标，为保证目标的正确落实和实现进度谋划，并依靠企业内部能力将这种谋划和决策付诸实施，以及在实施过程中进行控制的一个动态管理过程。

战略管理大师迈克尔·波特认为，一项有效的战略管理必须具备五项关键点：独特的价值取向、为客户精心设计的价值链、清晰的取舍、互动性、持久性。

综观不同学者和企业家的不同见解，战略管理可以归纳为两种类型，即广义的战略管理和狭义的战略管理。

（1）广义的战略管理是指运用战略对整个企业进行管理，其代表人物是安索夫。

狭义的战略管理是指对战略管理的制定、实施、控制和修正进行的管理，其代表人物是斯坦纳。目前，居主流地位的是狭义的战略管理。

（2）狭义战略管理观下，战略管理包括以下几点含义：

战略管理是决定企业长期问题的一系列重大管理决策和行动，包括企业战略的制定、实施、评价和控制。

战略管理是企业制定长期战略和贯彻这种战略的活动。

战略管理是企业处理自身与环境关系过程中实现其愿景的管理过程。

第二节 战略管理的基本特征

与传统的生产、财务、市场营销、人力资源等职能管理相比较，战略管理具有如下八个特征。

（一）战略管理具有全局性

（1）企业的战略管理是以企业的全局为对象，根据企业总体发展的需要而制定的。

（2）管理企业的总体活动，追求企业的总体效果。虽然战略管理也包括企业的局部活动，但是这些局部活动是作为总体活动的有机组成部分在战略管理中出现的。

具体地说，战略管理不是强调企业某一事业部或某一职能部门的重要性，而是通过制定企业的使命、目标和战略来协调企业各部门的活动。

（3）在评价和控制过程中，战略管理不是重视各个事业部或职能部门自身的表现，而是它们对实现企业使命、目标和战略的贡献大小。

（二）战略管理具有长远性

（1）战略管理立足更长远的发展，以企业外部环境和内部条件为出发点，对企业当前的生产经营活动有指导、限制作用，是长期发展的起步。

（2）战略管理是对企业未来较长时期（一般5年以上）内，对如何生存和发展等问题进行统筹规划。

（三）战略管理具有纲领性

（1）企业战略所确定的战略目标和发展方向，是一种原则性和概括性的规定，是对企业未来的一种粗线条的设计；是对企业未来成败的总体谋划，而不纠缠于现实的细枝末节。战略不在于精细，而在于洞察方向，为企业指明了未来发展的方向，是企业全体人员行动的纲领。

（2）要把战略变成企业的实际行动，需要经过一系列的展开、分析和具体化的过程。

（四）战略管理具有抗争性

（1）企业战略是企业在竞争中战胜对手，应对外界环境的威胁、压力和挑战的整套行动方案；是针对竞争对手制定的，具有直接的对抗性；区别于那些不考虑竞争，单纯为改善企业现状，以提高管理水平为目的的行动方案和管理措施等。也就是说，企业战略是一种具有"火药味"的，而非"和平"状态下的计划。

（2）企业制定战略的目的，就是要在优胜劣汰的市场竞争中战胜对手，赢得竞争优势，赢得市场和顾客，使自己立于不败之地。

（五）战略管理的主体是企业的全体高层人员

（1）战略决策的关键是企业的最高层管理人员介入。战略管理涉及一个企业活动的各个方面，虽然需要中、低层管理者和全体员工的参与和支持，但最高层管理人员是关键。

（2）高层管理人员能够统观企业全局，具有对战略实施所需资源进行分配的权力。

（六）战略管理涉及企业的资源配置问题

（1）战略决策致力于相当长的一段时间内一系列的活动，实施这些活动需要有足够的资源作为保证。企业的资源包括人力资源、实体财产和资金，这些资源或者在企业内部进行调整，或者从企业外部筹集。

（2）为保证战略目标的实现，必须对企业的资源进行统筹规划，合理配置。

（七）战略管理需要考虑外部环境中的诸多因素

（1）企业存在于开放的系统中。企业影响着外部因素，但更通常的情况是被企业自身不能控制的外部因素所影响。

（2）外部因素影响企业占据有利地位并取得竞争优势。在未来竞争性的环境中，企业占据有利地位并取得竞争优势的关键是认真考虑与自身相关的外部因素，包括竞争者、顾客、资金供给者、政府等。

（八）战略管理具有风险性

（1）未来具有不确定性，而战略管理考虑企业的未来。

（2）战略本身就是对风险的挑战。战略管理的这种风险性特征要求战略决策者必须有胆有识，敢于承担风险，敢于向风险挑战。决策者必须随时关注环境的变化，并且根据环境的变化，及时调整企业的战略，以便提高企业承担风险的能力。

第三节 战略管理的研究意义

著名管理大师迈克尔·波特曾经说过："世界上有三类企业：不知道发生了什么的企业；看着事情发生的企业；使事情发生的企业。"那么，怎样才能做一个使事情发生的企业呢？最好的方法就是制定企业发展战略。

怎样才能制定出科学的企业发展战略，有人强调执行，有人强调细节，但这些说法都只从特定的角度说明了问题的一个方面。在"执行"与"细节"之上，有一个更重要的东西在决定着企业的命运与前途，那就是战略。美国人马克·麦克内利挖掘我国《孙子兵法》的战略智慧，写了一本名叫《经理人的六项战略修炼》的著作，非常有名，被微软、IBM等企业推崇，其中译本的封面有一句话非常警醒人："忽视战略，仅关注战术和执行，就会给企业带来灾难。"

未来，中国企业的竞争力将主要取决于企业家的战略修炼。今天和未来的中国企业家，必须能够做好战略上的抉择，塑造出企业的核心竞争力，善于分析和把握企业的战略环境。如果企业家在战略定位、战略境界、战略思维、战略运营、战略底蕴等方面的修炼不到家，将会有相当多的中国企业出现战略问题，爆发企业灾难。如果企业家不善于分析环境，不能把握时代的特点，企业就会迷失方向，遭遇难以预料的结局。如果企业家不懂得利用资源、开发资源和整合资源，中国企业的能力，尤其是核心能力就不会培植起来，培植起来了也难以巩固和发展。

世界500强的企业都有两个外部顾问，一个是法律顾问，另一个是营销（战略）顾问。我们可以统计一下：国内的很多中小民营企业里几乎都没有一个好的营销策划部门，公司更没有外聘营销顾问这一职位，也不会聘请外部顾问，基本上，生产、策划、营销，老板是三位一体。

许多中小企业家感慨"战略太高深了",其实这是一个错觉。战略管理并不高深,问题是在于你如何去操作。战略管理一句话就可以概括:战略就是方向,定位就是取舍,决策就是谋断。但也不可否认——中国企业所犯的最大、最普遍的错误就是战略错误,而更可怕的错误是我们的企业家们根本不知道自己所犯的错误是战略性错误,而一直在细节上找原因。中国企业最缺乏的能力是制定正确战略的能力,最应当提高的是战略管理水平。

有人说"执行决定一切",有人说"细节决定成败"。没错,执行力、细节都是企业运营所必需的,是数学意义上的必要条件,那么什么是企业成长的充要条件?100多年来企业成长的实证经验告诉我们,持续拥有一整套凸显创新性、差异化、个性化,符合社会需求的商业模式,是决定企业不断成长、持续成功的根本所在,这就是我们通常所说的企业战略。没有战略的企业可以"火"一时,但"活"不了一世。

企业战略管理中考虑如何利用自身有效的资源、资产,在充满竞争的环境下去满足顾客的需求,从而实现价值的创造。而这种考虑,被称为企业战略管理。例如,中国有句古话叫"事不过三",言下之意就是好事不会一直光顾你。当你连连顺利的时候,你就应该注意了,此时要戒骄戒躁,不要被胜利的喜悦冲昏了头脑,应该有居安思危的意识。

李嘉诚多年来一直秉持这样一个观点:经商必须有正确的经营观和使命感。他特别指出:企业在经营顺利的时候,如果已持续扩张3年,就要对加大投入保持警惕。他说,如果连续出现3年的好光景,很多人会认为这是一种良性循环,以为这种大好局面会像四季轮回一样一直持续下去,于是拼命地扩大经营。此时的状况就有可能是投资战线过长,摊子铺得过大,给后续经营埋下危险的种子。所以,作为一位有前瞻性眼光的领导,就要有"赚了三年后退回一年"的想法。如果有了这个经营思维,你就不用惊慌,因为不慌张,所以就能自如地处理事务,这时候智慧也就出现了,保不准在第四年还会出现盈利。

再看国内的企业案例——我们从海尔集团的战略发展历史看总裁张瑞敏其人的战略管理能力,在中国工业经济发展初期的1984年就提出了海尔的品牌战略思想;1992年提出多元化发展战略;1998年的国际化发展战略;2002年的国际化战略的深化。这些足以证明张瑞敏作为一企业管理者的系统战略管理的博宏与高远。

可以说,战略管理——在学生的眼里,是一门玄妙到高深莫测的大学问,可以学习一辈子。在穷人眼里,就是一年怎么能赚到1万元钱。管理之父彼得·德鲁克的一句话说得很经典"每当你看到一个伟大的企业,必定有人作出过远大的决策。"他讲的也是战略。

我们中国也有句老话:大路朝天,各走一边——暗含的是战略管理的意思。大路朝天,讲的是条条大道通罗马,远近难易却不同。各走一边,讲的是总有一条道路适合你。表达的道理在于,战略管理的制高点不在于抢夺,而在于选择。什么是定战略,其实就是对将来道路的拍板。一旦选择,是苦是甜都在后面等着。有因必有果。

看起来很简单的道理,但是现实中,我们的许多企业都在干着一些"本末倒置"的事情,就像德鲁克说的,企业除了营销和创新外,其他的都是成本,实际上现在的许多企业就在干这种不赚钱的事情,我在调查过程中发现很多企业确实是在干着只增加成本,而不赚钱的大事!重生产轻营销,几乎是所有生产加工型企业的惯性思维,他们的脑子里总是充满了对产品的精益求精精神,却没有用心去了解市场的需求变化,虽然质量是免费的,但是只有客户需要的质量才是免费的!

今天,我们一提到巨人,就想起了网游,一提到阿里巴巴,就想到了为中小企业服务的战略平台，一提到格力就想到空调，一提到麦当劳就想到餐饮，一提到比亚迪就想到节能轿车，一提到联想就想到电脑，一提到万科就想到地产，一提到腾讯就想到QQ，一提到华为就想到通信设备，一提到波司登就想到羽绒服，等等。不一而足的企业符号与其所在的市场形成了紧密的关联，甚至成为它所在行业的标志和代名词，它们在消费市场具有绝对的话语权和影响力。这就是企业进行战略定位和战略规划的结果和例证。

总之，多年的咨询实践告诉我，一个企业的"成功"往往是战略管理的成功。战略有问题，单纯靠改善内部运营效率，业绩改善的效果有限。企业战略管理要站得高，才能看得空，从而看得远——我们只有忽视眼前的浮云，穿透过去，目空一切，彻悟"神马都是浮云"——才能看到本质，这也就是战略布局。

企业要在激烈的市场竞争中求生存、谋发展，就必须自觉地从实际出发，对企业的未来作出总体运筹和谋划，制定并实施企业的发展战略。但是，至今还有许多企业对于发展战略管理漠然置之，重大经营问题上"交学费"的事情屡屡发生，因此，强化企业战略意识，掌握企业发展战略的理论、方法，制定科学的指导作用的企业发展战略是非常重要的。

企业的战略管理包括的内容很多，主要有两点：一是企业运作要着眼长远、宏观，作出审时度势的科学筹划，审慎制定企业的发展战略；二是要对发展战略的实施过程进行全程调控。基于此，现从战略的作用和战略管理的必要性两方面试述其重要性。

制定企业发展战略，是社会主义商品经济的客观要求，是市场机制的客观要求，是企业生存和发展的客观要求，是保证企业在激烈的竞争中立于不败之地的具有决定性作用的条件。

1. 提高企业的预见性、主动性，克服企业的短期行为。

筹划未来是企业发展战略的基本功能。因此，企业的管理者必须树立战略观念，善于预测未来，思考未来各种可能出现的情况以及对企业发展的影响，制订企业的远景发展计划，使企业在市场变化多端的情况下不打无准备之仗。

知名的民营高科技企业——时代集团公司在20世纪90年代策划公司的发展方向时，选择了技术创新的战略并自觉地贯彻到公司的各项工作中去，走出了一条产业型民营高科技企业的发展道路。十几年来，公司迅速发展，1998年实现技工贸收入4亿元。现在全国有22家子公司，并在欧美设立了多家分支机构。公司总裁彭民认为，正确的战略是他们取胜的最基本的条件。然而，某些企业只顾眼前利益，不顾长远利益，不搞技术改造，不重视人才，不提高企业素质等，在很大程度上损害了企业发展的后劲，给企业造成了潜伏性危机。制定企业发展战略可较好地克服短期行为。"没有远虑，必有近忧"，远近结合才能掌握企业发展的主动权。

战略管理可以促使企业管理层不断检查和评估目前战略的价值与合理性。当原有的战略的合理性基础遭到破坏和改变时，就需要及时构筑新的战略。如国家实施西部大开发的战略，中铁××集团地处西部重镇西安，而西安则为西部大开发的桥头堡，这便形成了战略制定和战略管理的一个基础，这种环境和条件下，企业须根据具体形势对其原有的战略进行修订，或重新构筑新的经营战略。战略管理有助于企业时刻关注企业未来，不断审视当前的决策对未来的影响。

2. 为明确企业的发展指明方向。

企业发展战略的核心，就在于规定一定历史时期企业发展的基本目标及其实现这一目标的根本途径。这一目标就是企业的理想，是企业全体职工的奋斗方向。企业发展战略不仅为企业经营管理活动提供了一个科学依据，更重要的是绘制了一张宏观的蓝图，使职工明确了企业未来的发展战略，激励他们的雄心壮志，克服一切困难，同心协力为企业的未来而努力工作。

　　3. 企业发展战略是企业经营管理成败的关键。

　　企业发展战略的核心就是确定正确的目的，即企业的发展方向。方向明确，企业的经济效益才能提高。管理专家德鲁克为"企业方向、工作效率、管理效能"三者勾画出如下关系：管理效能＝企业方向×工作效率。战略管理可以促使企业努力寻找业务发展最具有潜力的领域，不断通过各种方案的比较来作出最具价值的选择。

　　可见，如果企业方向错了，工作效率越高，管理效能反而更低，企业也就无经济效益可言。因此，企业的战略目标是否正确，是企业经营管理成效的先决条件，它往往决定企业的兴衰存亡。

　　众所周知的三九企业集团，自1991年12月1日组建后，产值与利润年均增长率都在30%以上。1998年底，三九集团的资产总额达到110亿元，销售收入68亿元。利税总额10.08亿元。然而，集团1993年曾把汽车作为集团的第二产业来发展，为此兼并了两三个乡镇企业的汽车厂，投资近5 000万元搞了近两年，也未能把汽车工业发育成集团的第二产业。究其原因，三九集团原来从事的是医药工业，对汽车工业尚不熟悉，因此，集团深入分析自己的优势和劣势，面临的机会与威胁，提出了经营要靠近自己的主业的战略方针，1996年开始，将汽车工业转为大食品工业并作为集团的第二支柱产业发展，由于发展战略定位准确，经过两年，大食品工业在三九集团的八大产业中已经上升到第二位，可见企业发展战略的选择直接关系到企业经营的成败。

　　4. 战略管理可以促使企业提高凝聚力。

　　尽管领导者在战略管理中起着至关重要的作用，但必须通过全员共同参与战略酝酿、决策与实施过程，才可最大限度地激发员工的感情与智慧，从而确保战略目标的实现。身处高度变化、动态性极强的建筑市场领域，只有形成具有凝聚力的队伍，才能保持企业的生存与发展。

　　5. 战略管理可以促使企业将内部资源与外部环境因素结合起来考虑，一旦出现不利情况，则可迅速处置。

　　可以这样认为，战略管理过程是一个控制与监视的过程，经常性的监督过程可以分析并掌握内部的资源，考虑如何利用外部资源。中铁××集团作为施工企业，不可避免地要借助于外部的力量，如机械设备补充、大量的劳务队伍的选用以及其他资源的吸收利用等，而战略管理可使企业能够有效地把内外资源统筹起来进行考虑。

　　6. 战略管理可以促使企业加强资源的合理配置。

　　企业可以优化资源结构，最大限度地利用和发挥资源效能，在必要时追加新的资源投入，推进企业整体规模的扩大和效益的提高。施工企业的流动性和分散性，更突出了其资源配置的重要性，如物资的科学调拨、机械设备的调剂使用等，都可大大减低企业的成本，提高运作效率；反之，由于资源的不合理投入，则会增加成本，不利企业运作效率的提高。而实施战略管理，可使企业站在全方位的角度统筹安排资源，无疑会有益于企业合理配置资源。

战略管理可以促使企业改进决策方法、优化组织结构，把日常管理建立在系统有序的基础之上，不断增强企业的协调、沟通与控制职能，不断提高企业的效率和管理水平。战略管理是一个系统的过程，涉及企业管理的各个方面，牵扯到企业的每一项具体业务，战略管理很自然地有助于企业改进决策方法，对自身不合时宜的组织机构进行变革，采取更为科学可行的决策方法与手段。

第三章

战略管理的实施过程

完整的战略管理过程包括：战略分析、战略选择和战略实施。战略分析主要是了解组织所处的环境和相对竞争地位，战略选择是包括战略制定、评价和选择，战略实施则是采取措施使战略发挥作用。

第一节　战略分析

战略分析即通过资料的收集和整理分析组织的内外环境，包括组织诊断和环境分析两个部分。分析目的：
（1）在全面和系统的战略分析的基础上得到企业的科学竞争战略；
（2）有明确的发展方向，有清晰的业务发展阶梯；
（3）企业战略在组织内得到充分沟通并达成共识；
（4）企业发展方向一致，上下同心协力达成战略目标；
（5）让员工认同并支持企业的战略和目标，加强员工责任感；
（6）建立战略决策机制，决策具有科学性和前瞻性；
（7）不但重视短期绩效，更重视长期发展；
（8）企业的整体业绩和核心竞争力不断提升。

一、企业外部环境分析

从公司战略角度分析企业的外部环境，是要把握环境的现状及变化趋势，利用有利于企业发展的机会，避开环境可能带来的威胁，这是企业谋求生存发展的首要问题。企业的外部环境可以从宏观环境、产业环境、竞争环境和市场需求几个层面展开。

（一）宏观环境分析

一般来说，宏观环境分析包括以下四类：政治和法律因素，经济因素，社会和文化因素，技术因素（见图3-1）。这4个因素的英文首字母组合起来是PEST，所以宏观环境分析也被称为PEST分析。

1. 政治和法律环境。

```
                    经济因素：
                    ·社会经济结构
                    ·经济发展水平
                    ·经济体制和经济政策
                    ·经济的当前状况
                    ·其他一般经济条件

政治和法律因素：                      社会和文化因素：
·政府行为                             ·人口因素
·法律法规                             ·社会流动性
·政局稳定状况         企业            ·各阶层对企业的期望
·路线方针政策                         ·消费者心理
·国际政治法律因素                     ·文化传统
·各政治利益集团                       ·价值观

                    技术因素：
                    ·技术水平
                    ·技术力量
                    ·新技术的发展
```

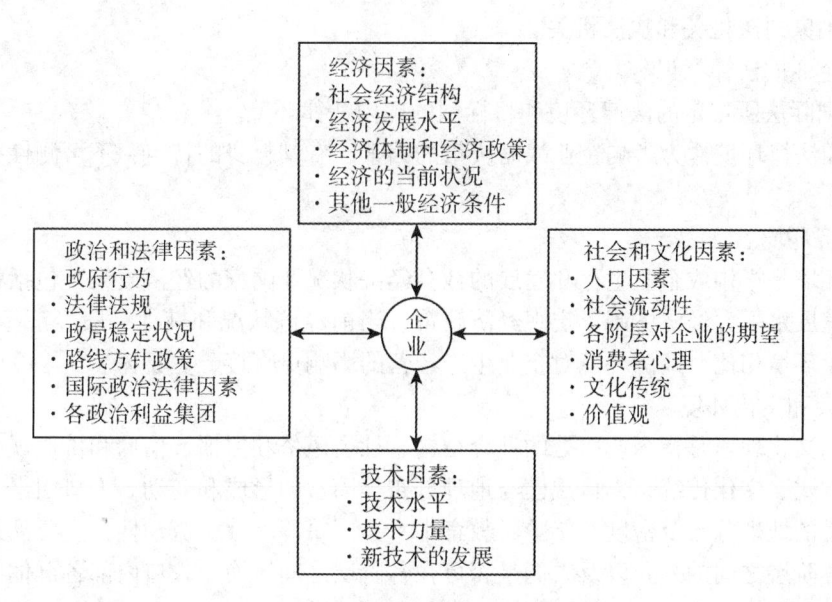

图 3-1 主要宏观环境因素

政治和法律环境是指那些制约和影响企业的政治要素和法律系统，以及其运行状态。政治环境包括国家的政治制度、权力机构、颁布的方针政策、政治团体和政治形势等因素。法律环境包括国家制定的法律、法规、法令以及国家的执法机构等因素。政治和法律因素是保障企业生产经营活动的基本条件。政治环境分析一般包括以下四个方面：

（1）企业所在国家和地区的政局稳定状况。

（2）政府行为对企业的影响。政府如何拥有国家土地、自然资源（如森林、矿山、土地等）及其储备都会影响一些企业的战略。

（3）执政党所持的态度和推行的基本政策（如产业政策、税收政策、进出口限制等），以及这些政策的连续性和稳定性。政府要通过各种法律、政策及其他一些旨在保护消费者、保护环境、调整产业结构与引导投资方向等措施来推行政策。

（4）各政治利益集团对企业活动产生的影响。一方面，这些集团通过议员或代表来发挥自己的影响，政府的决策会去适应这些力量；另一方面，这些集团也可以对企业施加影响，例如，诉诸法律、利用传播媒介等。

法律环境分析：法律是政府管理企业的一种手段。这些法律法规的存在有以下四大目的：

（1）保护企业，反对不正当竞争。

（2）保护消费者，包括许多涵盖商品包装、商标、食品卫生、广告及其他方面的消费者保护法规。

（3）保护员工，包括涉及员工招聘的法律和对工作条件进行控制的健康与安全方面的法规。

（4）保护公众权益免受不合理企业行为的损害。

法律环境分析主要是对以下四个因素进行分析：

（1）法律规范，特别是和企业经营密切相关的经济法律法规。

（2）国家司法机关和执法机关。
（3）企业的法律意识。
（4）国际法所规定的法律环境和目标国的国内法律环境。

政治和法律环境作为影响企业战略决策的因素，有其自身的特点：不可测性、直接性和不可逆转性。

2. 经济环境。

经济环境是指构成企业生存和发展的社会经济状况及国家的经济政策，包括社会经济结构、经济发展水平、经济体制、宏观经济政策、当前经济状况和其他一般经济条件等要素。与政治法律环境相比，经济环境对企业生产经营的影响更直接、更具体。

3. 社会和文化环境。

社会和文化环境是指企业所处的社会结构、社会风俗和习惯、信仰和价值观念、行为规范、生活方式、文化传统、人口规模与地理分布等因素的形成和变动。人口因素，包括企业所在地居民的地理分布及密度、年龄、教育水平、国籍等。社会流动性，主要涉及社会的分层情况、各阶层之间的差异以及人们是否可在各阶层之间转换、人口内部各群体的规模、财富及其构成的变化以及不同区域（城市、效区及农村地区）的人口分布等。不同阶层对企业的期望也有差异。消费心理，对企业战略也会产生影响。生活方式变化，主要包括当前及新兴的生活方式与时尚。文化传统，是一个国家或地区在较长历史时期内形成的一种社会习惯，它是影响经济活动的一个重要因素。价值观，是指社会公众评价各种行为的观念标准。

4. 技术环境。

技术环境是指企业所处的环境中的科技要素及与该要素直接相关的各种社会现象的集合，包括国家科技体制、科技政策、科技水平和科技发展趋势等。市场或行业内部和外部的技术趋势与事件会对企业战略产生重大影响，包括：基本技术的进步使企业能对市场及客户进行更有效的分析；新技术的出现使社会和新兴行业对本行业产品和服务的需求增加，从而使企业可以扩大经营范围或开辟新的市场。技术进步可创造竞争优势。技术进步可导致现有产品被淘汰，或大大缩短产品的生命周期。新技术的发展使企业可更多关注环境保护、企业的社会责任及可持续成长等问题。

（二）产业环境分析

波特在《竞争战略》一书中指出："形成竞争战略的实质就是将一个公司与其环境建立联系。尽管相关环境的范围广阔，包括社会的，也包括经济的因素，但公司环境的最关键部分就是公司投入竞争的一个或几个产业。"波特采用了一种关于产业的常用定义："一个产业是由一群生产相似替代品的公司组成的。"

1. 产品生命周期。

产品生命周期分为导入期、成长期、成熟期、衰退期。

运用产品生命周期理论也受到一些批评。各阶段的持续时间随着产业的不同而非常不同，并且一个产业究竟处于生命周期的哪一阶段通常不清楚。这就削弱了此概念作为规划工具的有用之处。产业的增长并不总是呈"S"形，有时产业会跳过某些阶段。公司可以通过产品创新和产品的重新定位，来影响增长曲线的形状。与生命周期每一阶段相联系的竞争属性随着产业的不同而不同。基于上述种种合理的批评，运用产品生命周期理论就不能仅仅停留在预测产业的演变上，而应深入研究演变的过程本身，以了解什么因素真正推进这种演变过程。

2. 产业五种竞争力。

波特在《竞争战略》一书中，从产业组织理论的角度，提出了产业结构分析的基本框架——五种竞争力分析。波特认为，在每一个产业中都存在五种基本竞争力量，即潜在进入者、替代品、购买者、供应者与现有竞争者间的抗衡。

（1）潜在进入者的进入威胁。潜在进入者将从两个方面减少产业内现有企业的利润：第一，进入者瓜分原有的市场份额获得一些业务；第二，进入者减少了市场集中，从而激发现有企业间的竞争，减少价格—成本差。对于一个产业来说，进入威胁的大小取决于呈现的进入障碍与准备进入者可能遇到的现有在位者的反击。他们统统称为进入障碍，前者称为"结构性障碍"，后者称为"行为性障碍"。

——结构性障碍。波特指出存在七种主要障碍：规模经济、产品差异、资金需求、转换成本、分销渠道、其他优势及政府政策。这七种主要障碍又可归纳为三种主要进入障碍：规模经济、现有企业对关键资源的控制以及现有企业的市场优势。

规模经济。规模经济是指在一定时期内，企业所生产的产品或劳务的绝对量增加时，其单位成本趋于下降。当产业规模经济很显著时，处于最小有效规模或者超过最小有效规模经营的老企业对于较小的新进入者就有成本优势，从而构成进入障碍。

现有企业对于关键资源的控制。现有企业对于关键资源的控制一般表现为对资金、专利或专有技术、原材料供应，分销渠道，学习曲线等资源及资源使用方法的积累与控制。如果现有企业控制了生产经营所必需的某种资源，那么它就会受到保护而不被进入者所侵犯。

"学习曲线"（又称"经验曲线"），是指当某一产品累计生产量增加时，由于经验和专有技术的积累所带来的产品单位成本的下降。它与规模经济往往交叉地影响产品成本的下降水平。规模经济使得当经济活动处于一个比较大的规模时，能够以较低的单位成本进行生产；学习经济是由于积累经验而导致的单位成本的减少。即使是学习经济规模很小的情况下，规模经济也可能是很大的。同样，在规模经济很小时，学习经济也可以是很大的。

现有企业的市场优势。现有企业的市场优势主要表现在品牌优势上，这是产品差异化的结果。产品差异化是指由于顾客或用户对企业产品的质量或商标信誉的忠实程度不同，而形成的产品之间的差别。

——行为性障碍（战略性障碍）。行为性障碍是指现有企业对进入者实施报复手段所形成的进入障碍。报复手段主要有两类：

一类是限制进入定价。限制进入定价往往是在位的大企业报复进入者的一个重要武器，特别是在那些技术优势正在削弱，而投资正在增加的市场上，情况更是如此。在限制价格的背后包含有一种假定，即从长期看，在一种足以阻止进入的较低价格条件下所取得的收益，将比一种会吸引进入的较高价格条件的收益最大。在位企业企图通过低价来告诉进入者自己是低成本的，进入将是无利可图的。

另一类是进入对方领域。进入对方领域是寡头垄断市场常见的一种报复行为，其目的在于抵消进入者首先采取行动可能带来的优势，避免对方的行为给自己带来的风险。

（2）替代品的替代威胁。研究替代品的替代威胁，首先需要澄清"产品替代"的两种概念。产品替代有两类，一类是直接产品替代，另一类是间接产品替代。

直接产品替代。即某一种产品直接取代另一种产品,如苹果计算机取代王安计算机。前面所引用的波特关于产业的定义中的替代品,是直接替代品。

间接替代品。即能起到相同作用的产品非直接地取代另外一些产品。波特在这里所提及的对某一产业而言的替代品的威胁,是指间接替代品。

替代品往往是新技术与社会需求的产物。老产品能否被新产品替代,主要取决于两种产品的"性能—价格"比的比较。如果新产品的"性能—价格"比高于老产品,新产品对老产品的替代就具有必然性;如果新产品的"性能—价格"比低于老产品的"性能—价格"比,那么,新产品还不具备足够的实力与老产品竞争。

由于老产品和新产品处于不同的产品生命周期,所以提高新老产品价值的途径不同。当替代产品的威胁日益严重时,老产品往往处于成熟期或衰退期,此时,产品的设计和生产标准化程度较高,技术已相当成熟。因此,老产品提高产品价值的主要途径是降低价格与成本。当然,替代品的替代威胁并不一定意味着新产品对于老产品最终的取代。几种替代品长期共存也是很常见的情况。但是,替代品间的竞争规律仍然是不变的,即价值高的产品获得竞争优势。

(3) 供应者、购买者讨价还价的能力。作为产业价值链上的每一个环节,都具有双重身份,对其上游单位,他是购买者,对其下游单位,他是供应者。购买者和供应者讨价还价的主要内容围绕价值增值的两个方面——功能与成本。讨价还价的双方都力求在交易中使自己获得更多的价值增值,因此,对购买者来说,希望购买到产品物美而价廉;而对供应者来说,则希望提供的产品质次而价高。购买者和供应者讨价还价的能力,取决于各自的实力:买方(或卖方)的集中程度或业务量的大小;产品差异化程度与资产专用性程度;纵向一体化程度;信息掌握的程度。

(4) 产业内现有企业的竞争。产业内现有企业的竞争是指一个产业内的企业为市场占有率而进行的竞争。产业内现有企业的竞争是通常意义上的竞争,这种竞争通常是以价格竞争、广告战、产品引进以及增加对消费者的服务等方式表现出来。

产业内现有企业的竞争在几种情况下可能是很激烈的:产业内有众多的或势均力敌的竞争对手;产业发展缓慢;顾客认为所有的商品都是同质的;产业中存在过剩的生产能力;产业进入障碍低而退出障碍高。

3. 对付五种竞争力的战略。

五种竞争力分析表明了产业中的所有公司都必须面对产业利润的威胁力量。公司必须寻求几种战略来对抗这些竞争力量。

首先,公司必须自我定位,通过利用成本优势或差异优势把公司与五种竞争力相隔离,从而能够超过它们的竞争对手。

其次,公司必须识别在产业的哪一个细分市场中,五种竞争力的影响更少一点,这就是波特提出的"集中战略"。

再次,公司必须努力去改变这五种竞争力。公司可以通过与供应者或购买者建立长期战略联盟,以减少相互之间的讨价还价;公司还必须寻求进入阻绝战略来减少潜在进入者的威胁等。

4. 第六个要素——互动互补作用力。

哈佛商学院教授大卫·亚非在波特教授研究的基础上,根据企业全球化经营的特点,提出了第六个要素，即互动互补作用力，进一步丰富了五种竞争力理论框架。

亚非认为，任何一个产业内都存在不同程度的互补互动（指相互配合一起使用）的产品或服务业务。企业认真识别具有战略意义的互补互动品，并采取适当的战略会使企业获得重要的竞争优势。互补互动可以使产品或服务增值，扩大市场需求。

根据亚非教授提出的互补互动作用力理论，在产业发展初期阶段，企业在其经营战略定位时，可以考虑控制部分互补品的供应，这样有助于改善整个行业结构，包括提高行业、企业、产品、服务的整体形象，提高行业进入壁垒，降低现有企业之间的竞争程度。随着行业的发展，企业应有意识地帮助和促进互补行业的健康发展，如为中介代理行业提供培训、共享信息等，还可考虑采用捆绑式经营或交叉补贴销售等策略。

5. 五力模型的局限性。

波特的五力模型在分析企业所面临的外部环境时是有效的，但它也存在着局限性，具体包括：

（1）该分析模型基本上是静态的。然而，在现实中竞争环境始终在变化。这些变化可能从高变低，也可能从低变高，其变化速度比模型所显示的要快得多。

（2）该模型能够确定行业的盈利能力，但是对于非营利机构，有关获利能力的假设可能是错误的。

（3）该模型基于这样的假设：即一旦进行了这种分析，企业就可以制订企业战略来处理分析结果，但这只是一种理想的方式。

（4）该模型假设战略制定者可以了解整个行业（包括所有潜在的进入者和替代产品）的信息，但这一假设在现实中并不存在。对于任何企业来讲，在制定战略时掌握整个行业的信息既不可能也无必要。

（5）该模型低估了企业与供应商、客户或分销商、合资企业之间可能建立长期合作关系以减轻相互之间威胁的可能性。

（6）该模型对产业竞争力的构成要素考虑不够全面。

哈佛商学院教授大卫·亚非（Da－vid Yoffie）在波特教授研究的基础上，根据企业全球化经营的特点，提出了第六个要素，即互动互补作用力，进一步丰富了五种竞争力理论框架。亚非认为，任何一个产业内部都存在不同程度的互补互动（指互相配合一起使用）的产品或服务业务。在产业发展初期阶段，企业在其经营战略定位时，可以考虑控制部分互补品的供应，这样有助于改善整个行业结构，包括提高行业、企业、产品、服务的整体形象，提高行业进入壁垒，降低现有企业之间的竞争程度。随着行业的发展，企业应有意识地帮助和促进互补行业的健康发展，如为中介代理行业提供培训、共享信息等，还可考虑采用捆绑式经营或交叉补贴销售等策略。

（三）竞争环境分析

作为产业环境分析的补充，竞争对手分析的重点集中在与企业直接竞争的每一个企业身上。尽管所有的产业环境都很重要，但产业环境分析着眼于产业整体。所以，从个别企业视角去观察分析其竞争对手竞争实力的微观分析——竞争对手分析就显得尤为重要，特别是在企业面临着一个或几个强大的竞争对手时。

在竞争者分析中，界定企业的主要竞争对手是一个十分重要的步骤。当谈及竞争对手时,并不是说行业内所有的其他厂商都是竞争对手,也不是只有行业内的龙头老大才是竞争对手。确切地讲,竞争对手主要是指目前或将来有可能与企业战略定位相同或类似的那些竞争对手,即对企业自身战略能产生重大冲击或影响的竞争对手。企业界定的主要竞争对手不同,最终决定采取的主导战略就会有所不同。在第七章战略分析与选择中将看到,企业究竟是选用以牙还牙的相扑战略,还是选择以柔克刚的柔道战略,抑或选择其他别的什么战略,很大程度上取决于竞争对手的类型和状况。

从所处竞争地位的角度看,竞争者可分为四类:

（1）引领者（leader）。指在某一行业的产品或服务市场上占有最大市场份额的某一家和为数不多的前几家（通常前五位）企业。这些企业在标准制定、产品开发、价格设定、营销渠道、供应链整合、品牌号召力等方面处于主导甚至主宰地位。如花旗银行、汇丰银行、JP摩根大通、苏格兰皇家银行、法国巴黎银行是全世界银行业的引领者,它们处于该行业第一集团的第一方阵;同样,埃克森美孚、皇家荷兰壳牌集团、英国石油是石油和天然气产业的引领者,沃尔玛是零售业的引领者,丰田、大众、戴姆勒是汽车市场的引领者,宝洁是家用及个人护理产品市场的引领者,辉瑞、强生、诺华是医药和生物技术领域的领导者,雀巢、联合利华是食品、酒类及烟草业的引领者,微软、IBM是软件与信息服务业的领导者,三星电子、英特尔是半导体市场的领导者,惠普、诺基亚、思科是技术硬件与设备领域的引领者,时代华纳是媒体业的引领者,巴斯夫是化工领域的引领者,波音是航空领域的引领者,如此等等。

（2）挑战者（challenger）。指在行业中处于次要地位（仅次于行业引领者）的若干企业。如空客是航空业的挑战者,谷歌（google）是软件与信息服务业市场的挑战者,家乐福是零售市场的挑战者,华为是通信设备领域的挑战者等。作为挑战者,通用为了在外接充电式混合动力汽车领域战胜老对手丰田,在新型锂离子电池的开发上可谓倾其全力;同样,百事可乐勇于挑战,永不言败,向市场领导者可口可乐,这个早在1939年就已独霸整个软性饮料市场的霸主,发起攻击以力争夺取更多的市场份额。一般地,市场挑战者往往试图采用颠覆性的新技术,或创造新的商业范式和赢利模式,或通过并购、战略联盟等手段,或仅仅通过市场渗透等方式,不断蚕食引领者的市场份额,甚或创造全新的市场需求,由此脱颖而出,取而代之,成为新的引领者。

（3）追随者（follower）。指在行业中居于并安于中间地位,在战略上采用追随策略的那些企业。这类企业数量众多,它们的自身定位很明确:不去做风光无限、实大声宏的引领者,也不去做耻为人后、舍我其谁的挑战者,也不愿做开拓者或冒险者,担心勇士不成反成烈士,而是甘于做追随者、跟进者;他们不会为争取超额利润而拼搏,而是致力于获取行业的平均利润。在技术方面,它们不会在投入高、风险大、周期长的原创性技术上花工夫,也不会将新产品率先推向市场;在营销方面,它们不会充当铺路石去做早期的市场培育和布道工作,而是从众、搭便车。追随者通过观察、模仿、学习、借鉴和改进,一方面追随市场和行业的节拍和律动,避免落伍、掉队;另一方面在学习和借鉴中提升,使自身的实力不断发展壮大。

（4）补缺者（nichers）。它多是行业中相对较弱小的一些中、小企业,专注于市场上被大企业忽略的某些细分市场,成为拾遗补阙者,在大企业的夹缝中求生存和发展。细分市场又称利基市场（nichemarket）,利基（Niche）一词源自法语,因法国人信奉天主教,在建造房屋时，常常在外墙上凿出一个不大的神龛，以供放圣母玛利亚。神龛很小，但边界清晰，洞满乾坤，因而后来被引来形容大市场中的微小市场并旨在传递这样的意味：市场虽小，几成缝隙，但同样可以淘金，值得深耕细作。实际上，在这些微小的市场上，补缺者通过生产和提供某种具有特色的产品和服务，通过聚焦战略和专业化经营来获取最大限度的收益，以此赢得利润空间和发展空间。

1. 竞争对手分析模型。

根据波特教授对竞争对手的分析模型，有四个方面的主要内容，即竞争对手的未来目标、现行战略、自我假设和潜在能力。

（1）未来目标。对竞争对手未来目标的分析与了解，有利于预测竞争对手对其目前的市场地位以及财务状况的满意程度，从而推断其改变现行战略的可能性以及对其他企业战略行为的敏感性。

（2）自我假设。自我假设包括竞争对手对自身企业的评价和对所处产业以及其他企业的评价。自我假设往往是企业各种行为取向的最根本动因，所以了解竞争对手的自我假设，有利于正确判断竞争对手的战略意图。

（3）现行战略。对竞争对手现行战略的分析，目的在于揭示竞争对手正在做什么？它能够做什么？

（4）潜在能力。对竞争对手潜在能力的分析，是竞争对手分析过程中的一项重要内容，因为潜在能力将决定竞争对手对其他企业战略行为作出反应的可能性、时间选择、性质和强度。

2. 市场信号。

市场信号是竞争对手任何直接或间接地表明其战略意图、动机、目标、内部资源配置、组织及人事变革、技术及产品开发、销售举措及市场领域变化的活动信息。

利用市场信号对竞争对手进行分析，一定要注意市场信号的真伪。要做到这一点，除了要将市场信号与竞争对手的未来目标、自我假设、现行战略、潜在能力结合起来分析之外，还要注意：（1）考察竞争对手的"宣言"或信息发布是否与其实际行动相一致，"说到不如做到"；（2）利用历史资料辨别市场信号的真伪，对竞争对手过去行为的"温故而知新"可能会发现其现实行为的某些真正原因。

3. 竞争者信息系统。

竞争者研究需要大量信息资料，大量丰富的信息资料是在长期的一点一滴积累过程中形成的，而不是一次性工作中就能形成的。研究竞争者不仅需要长期艰苦细致的工作和适当的资料来源渠道，而且需要建立保障信息效率的组织机构——竞争者信息系统。

二、企业内部环境分析

在对企业进行详尽而全面的外部环境分析之后，战略分析的另一个方面是进行企业内部环境分析。通过内部环境分析，企业可以决定能够做什么，即企业所拥有的独特资源与能力所能支持的行为。

（一）资源与能力分析

1. 企业资源分析。

企业资源分析的目的在于识别企业的资源状况、企业资源方面所表现出来的优势和劣势以及对未来战略目标制定和实施的影响如何。

企业资源是企业所拥有或控制的有效因素的总和，包括资产、生产或其他作业程序、技能和知识等。企业的资源主要分为三种：有形资源、无形资源和组织资源。

（1）有形资源是指可见的、能用货币直接计量的资源，主要包括物质资源和财务资源。

（2）无形资源是指企业长期积累的、没有实物形态的甚至无法用货币精确度量的资源，通常包括品牌、商誉、技术、专利、商标、企业文化及组织经验等。

（3）人力资源。人力资源是指组织成员向组织提供的技能、知识以及推理和决策能力。

在分析一个企业拥有的资源时，必须知道哪些资源是有价值的，可以使企业获得竞争优势。其主要的判断标准为：资源的稀缺性；资源的不可模仿性；资源的不可替代性；资源的持久性。

2. 企业能力分析。

企业能力，是指企业配置资源，发挥其生产和竞争作用的能力。企业能力来源于企业有形资源、无形资源和组织资源的整合，是企业各种资源有机组合的结果。企业能力主要有：研发能力、生产管理能力、营销能力（包括产品竞争能力，销售活动能力，市场决策能力、财务能力：一是筹集资金的能力；二是使用和管理所筹集资金的能力）和组织管理能力。

3. 企业的核心能力。

美国学者普雷哈拉德（K. Prahald C.）和英国学者哈梅尔（Hamel G.）的观点，就是"管理层将公司范围内的技术和生产技能合并为使各业务可以迅速适应变化机会的能力"。

按照这一概念的提出者的理解，企业的核心能力可以是完成某项活动所需的优秀技能，也可以是在一定范围和深度上的企业的技术诀窍，或者是那些能够形成很大竞争价值的一系列具体生产技能的组合。从总体上讲，核心能力的产生是企业中各个不同部分有效合作的结果，也就是各种单个资源整合的结果。这种核心能力深深地根植于企业的各种技巧、知识和人的能力之中，对企业的竞争力起着至关重要的作用。

核心能力的辨别。企业的能力应同时满足三个关键测试才可称为核心能力：（1）它对顾客是否有价值？（2）它与企业竞争对手相比是否有优势？（3）它是否很难被模仿或复制？

企业的核心能力就其本质来讲非常的复杂和微妙，一般很难满足上述三个关键性测试，因而识别企业的核心能力并非易事。方法有：（1）功能分析。常用的方法，比较有效，但是只能识别出具有特定功能的核心能力。（2）资源分析。分析实物资源比较容易，分析无形资源则比较困难。（3）过程系统分析。企业通常会使用这种方式来识别企业的核心能力，因为只有对整个系统进行分析才能很好地判断企业的经营状况。

核心能力的评价。可以有以下几种方法：企业的自我评价、产业内部比较、基准分析、成本驱动力和作业成本法、收集竞争对手的信息。基准分析被定义为分析同产业内一流企业的产品或服务的一个连续系统的过程，其目的是发现竞争对手的优点和不足，取长补短。

（1）基准对象——主要关注以下几个领域：占用较多资金的活动；能显著改善与顾客关系的活动；能最终影响企业结果的活动。

（2）基准类型——内部基准、竞争性基准、过程或活动基准、一般基准、顾客基准五种类型。

（3）基准分析练习。成功关键因素应被看作是产业和市场层次的特征，而不是针对某个个别公司。拥有成功关键因素是获得竞争优势的必要条件，而不是充分条件。企业核心能力和成功关键因素的共同之处在于它们都是公司盈利能力的指示器。虽然它们在概念上的区别是清楚的，但在特定的环境中区分它们并不容易。例如，一个成功关键因素可能是某产业所有企业要成功都具备的，但它也可能是特定公司所具备的独特能力。

（二）价值链分析

迈克尔·波特在《竞争优势》一书中引入了"价值链"的概念。波特认为，企业每项生产经营活动都是其创造价值的经济活动；那么，企业所有的互不相同但又相互关联的生产经营活动，便构成了创造价值的一个动态过程，即价值链。

1. 基本活动（又称主体活动），是指生产经营的实质性活动。

（1）内部后勤（又称进货物流），是指与产品投入有关的进货、仓储和分配等活动。

（2）生产运营，是指将投入转化为最终产品的活动。

（3）外部后勤（又称出货物流），是指与产品的库存、分送给购买者有关的活动。

（4）市场销售，是指与促进和引导购买者购买企业产品的活动。

（5）服务，是指与保持和提高产品价值有关的活动。

2. 支持活动（又称辅助活动），是指用以支持基本活动而且内部之间又能相互支持的活动，包括：

（1）采购管理，是指采购企业所需投入品的职能，而不是被采购的投入品本身。

（2）技术开发，是指可以改进企业产品和工序的一系列技术活动。这也是一个广义的概念，既包括生产性技术，也包括非生产性技术。

（3）人力资源管理，是指企业职工的招聘、雇用、培训、提拔和退休等各项管理活动。

（4）基础设施，是指企业的组织结构、惯例、控制系统以及文化等活动。

3. 价值链确定。

为了判定企业竞争优势，有必要就一个特定产业的竞争而定义企业的价值链。从基本价值链着手分析，个体的价值活动在一个特定的企业中得到确认。价值链中的每一个活动都能分解为一些相互分离的活动。

分解的适当程度依赖于这些活动的经济性和分析价值链的目的。这些活动被分离的基本原则是：（1）具有不同的经济性。（2）对产品差异化产生很大的潜在影响。（3）在成本中比例很大或所占比例在上升。当一些活动分解后对于揭示企业竞争优势的作用很明显，对这些活动的分解就非常重要；而当另一些活动被证明对竞争优势无足轻重或决定于相似的经济性，这些活动就没有必要分解，可以被组合起来。

4. 企业资源能力的价值链分析。

价值活动和它们之间的联系是组织竞争优势的源泉。因此，资源分析必须是一个从资源评估到对怎样使用这些资源的评估过程。资源使用的价值链分析要明确以下几点：确认那些支持企业竞争优势的关键性活动。这些支持企业竞争优势的关键性活动事实上就是企业的独特能力的一部分。明确价值链内各种活动之间的联系。选择或构筑最佳的联系方式对于提高价值创造和战略能力是十分重要的。明确价值系统内各项价值活动之间的联系。价值活动的联系不仅存在于企业价值链内部，而且存在于企业与企业的价值链之间。

(三) 业务组合分析

价值链分析有助于对企业的能力进行考察，这种能力来源于独立的产品、服务或业务单位。但是，对于多元化经营的公司来说，还需要将企业的资源和能力作为一个整体来考虑。因此，公司战略能力分析的另一个重要部分就是对公司业务组合进行分析，保证业务组合的优化是公司战略管理的主要责任。波士顿矩阵与通用矩阵分析就是公司业务组合分析的主要方法。

波士顿矩阵（BCG Matrix），又称市场增长率—相对市场份额矩阵、波士顿咨询集团法、四象限分析法、产品系列结构管理法等（见图3-2），是由美国著名的管理学家、波士顿咨询公司创始人布鲁斯·亨德森（Bruce Henderson）于1970年首创的一种用来分析和规划企业产品组合的方法。这种方法的核心在于，要解决如何使企业的产品品种及其结构适合市场需求的变化，只有这样企业的生产才有意义。同时，如何将企业有限的资源有效地分配到合理的产品结构中去，以保证企业收益，是企业在激烈竞争中能否取胜的关键。

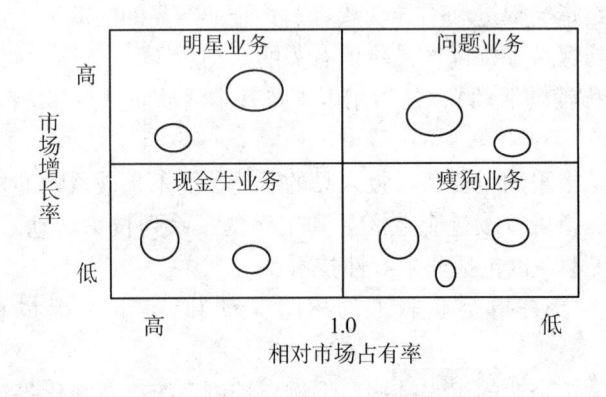

图 3-2 波士顿矩阵

（1）"明星"业务适宜的战略是：积极扩大经济规模和市场机会，以长远利益为目标，提高市场占有率，加强竞争地位。明星业务的管理组织最好采用事业部形式，由对生产技术和销售两方面都很内行的经营者负责。

（2）"问题"业务，通常处于最差的现金流量状态。对问题业务的改进与扶持方案一般在企业长期计划中。对问题产品的管理组织，最好是采取智囊团或项目组织等形式，选拔有规划能力、敢于冒风险、有才干的人负责。

（3）"现金牛"业务，处于成熟的增长市场中，可采用收获战略，即所投入资源以达到短期收益最大化为限。适合于用事业部制进行管理，其经营者最好是市场营销型人物。

（4）"瘦狗"业务，应采用撤退战略。

通常有四种目标战略适用于不同的业务：（1）发展。如问题变明星，就要增加投入。（2）保持。如现金牛。（3）收割。对处境不佳的现金牛及没有发展前途的问题和瘦狗应视具体情况采取这种策略。（4）放弃。无利可图的瘦狗和问题。

通用矩阵，又称行业吸引力矩阵，是美国通用电气公司设计的一种投资组合分析方法。影响产业吸引力的因素，有市场增长率、市场价格、市场规模、获利能力、市场结构、竞争结构、技术及社会政治因素等。

影响经营业务竞争地位的因素，有相对市场占有率、市场增长率、买方增长率、产品差别化、生产技术、生产能力、管理水平等。从图3-3的九个方格分布来看，企业处于左上方三个方格的业务最适于采取增长与发展战略，企业应优先分配资源；处于右下方三个方格的业务，一般就采取停止、转移、撤退战略；处于对角线三个方格的业务，应采取维持或有选择地发展战略，保护原有的发展规模，同时调整其发展方向。

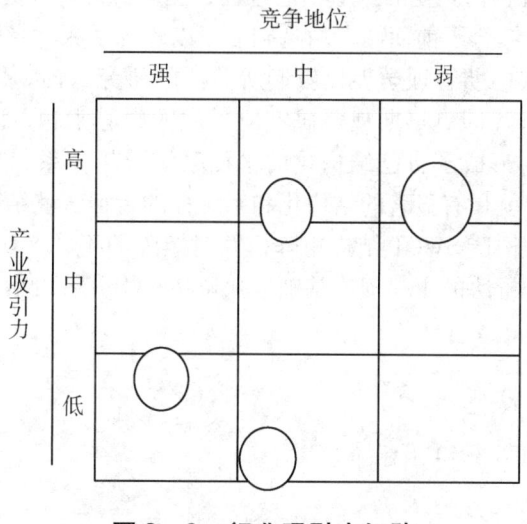

图3-3 行业吸引力矩阵

三、SWOT分析法

SWOT分析是由美国哈佛商学院率先采用的一种经典的分析方法。它根据企业所拥有的资源，进一步分析企业本身的竞争优势（Strengths）、竞争劣势（Weaknesses）、机会（Opportunities）和威胁（Threats），进而选择适当的战略。因此，清楚地确定公司的资源优势和缺陷，了解公司所面临的机会和挑战，对于制定公司未来的发展战略有着至关重要的意义。通过SWOT分析，可以帮助企业把资源和行动聚集在自己的强项和有最多机会的地方，并让企业的战略变得更加明朗。优势和劣势分析主要是着眼于企业自身的实力及其与竞争对手的比较，而机会和威胁分析则将注意力放在外部环境的变化及对企业的可能影响上。在分析时，应把所有的内部因素（即优势和劣势）集中在一起，然后用外部的力量来对这些因素进行评估。

优势和劣势是相对于竞争对手而言的，一般表现在企业的资金、技术设备、员工素质、产品、市场、管理技能等方面。

机会是指环境中对企业有利的因素，如政府支持、高新技术的应用、良好的购买者和供应者关系等。

威胁是指环境中企业不利的因素,如新竞争对手的出现、市场增长缓慢、购买者和供应者讨价还价能力增强、技术老化等。这是影响企业当前竞争地位或影响企业未来竞争地位的主要障碍。

(一) SWOT分析的特点

SWOT分析方法从某种意义上来说隶属于企业内部分析方法,即根据企业自身的既定内在条件进行分析。SWOT分析有其形成的基础。著名的竞争战略专家迈克尔·波特提出的竞争理论从产业结构入手对一个企业"可能做的"方面进行了透彻的分析和说明,而能力学派管理学家则运用价值链解构企业的价值创造过程,注重对公司的资源和能力的分析。

SWOT分析,就是在综合了前面两者的基础上,以资源学派学者为代表,将公司的内部分析(即20世纪80年代中期管理学界权威们所关注的研究取向,以能力学派为代表)与产业竞争环境的外部分析(即更早期战略研究所关注的中心主题,以安德鲁斯与迈克尔·波特为代表)结合起来,形成了自己结构化的平衡系统分析体系。与其他的分析方法相比较,SWOT分析从一开始就具有显著的结构化和系统性的特征。就结构化而言,首先在形式上,SWOT分析法表现为构造SWOT结构矩阵,并对矩阵的不同区域赋予了不同分析意义。其次在内容上,SWOT分析法的主要理论基础也强调从结构分析入手对企业的外部环境和内部资源进行分析。

(二) SWOT分析模型

SWOT分析模型,如图3-4所示。

SWOT分析模型

优势	机会
劣势	挑战

图3-4 SWOT分析模型

1. 优势与劣势分析(SW)。

由于企业是一个整体,并且由于竞争优势来源的广泛性,所以,在作优劣势分析时必须从整个价值链的每个环节上,将企业与竞争对手作详细的对比。如产品是否新颖,制造工艺是否复杂,销售渠道是否畅通,以及价格是否具有竞争性等。如果一个企业在某一方面或几个方面的优势正是该行业企业应具备的关键成功要素,那么,该企业的综合竞争优势也许就强一些。需要指出的是,衡量一个企业及其产品是否具有竞争优势,只能站在现有潜在用户角度上,而不是站在企业的角度上。

2. 机会与威胁分析(OT)。

如当前社会上流行的盗版威胁:盗版替代品限定了公司产品的最高价,替代品对公司不仅有威胁,可能也带来机会。企业必须分析,替代品给公司的产品或服务带来的是"灭顶之灾"呢,还是提供了更高的利润或价值;购买者转而购买替代品的转移成本;公司可以采取什么措施来降低成本或增加附加值来降低消费者购买盗版替代品的风险。

3. 整体分析。

从整体上看，SWOT可以分为两部分：第一部分为SW，主要用来分析内部条件；第二部分为OT，主要用来分析外部条件。利用这种方法可以从中找出对自己有利的、值得发扬的因素，以及对自己不利的、要避开的东西，发现存在的问题，找出解决办法，并明确以后的发展方向。根据这个分析，可以将问题按轻重缓急分类，明确哪些是急需解决的问题，哪些是可以稍微拖后一点儿的事情，哪些属于战略目标上的障碍，哪些属于战术上的问题，并将这些研究对象列举出来，依照矩阵形式排列，然后用系统分析的所想，把各种因素相互匹配起来加以分析，从中得出一系列相应的结论，而结论通常带有一定的决策性，有利于领导者和管理者作出较正确的决策和规划。

（三）SWOT分析的应用

SWOT分析根据企业的目标列出对企业生产经营活动及发展有着重大影响的内部及外部因素，并且根据所确定的标准对这些因素进行评价，从中判定出企业的优势与劣势、机会和威胁。

SWOT分析是要使企业真正考虑到：为了更好地对新出现的产业和竞争环境作出反应，必须对企业的资源采取哪些调整行动；是否存在需要弥补的资源缺口；企业需要从哪些方面加强其资源；要建立企业未来的资源必须采取哪些行动；在分配公司资源时，哪些机会应该最先考虑。这就是说，SWOT分析中最核心的部分是评价企业的优势和劣势、判断企业所面临的机会和威胁并作出决策，即在企业现有的内外部环境下，如何最优地运用自己的资源，并且考虑建立公司未来的资源。

（1）优势—机会（SO）增长型战略是一种发展企业内部优势与利用外部机会的战略，是一种理想的战略模式。当企业具有特定方面的优势，而外部环境又为发挥这种优势提供有利机会时，可以采取该战略。例如，良好的产品市场前景、供应商规模扩大和竞争对手有财务危机等外部条件，配合企业市场份额提高等内在优势可成为企业收购竞争对手、扩大生产规模的有利条件。

（2）劣势—机会（WO）扭转型战略是利用外部机会来弥补内部劣势，使企业改劣势而获取优势的战略。存在外部机会，但由于企业存在一些内部劣势而妨碍其利用机会，可采取措施先克服这些劣势。

（3）劣势—威胁（WT）防御型战略是一种旨在减少内部劣势，回避外部环境威胁的防御性技术。当企业存在内忧外患时，往往面临生存危机，进行业务调整，设法避开威胁和消除劣势。

（4）优势—威胁（ST）多元化战略是指企业利用自身优势，回避或减轻外部威胁所造成的影响。如竞争对手利用新技术大幅度降低成本；同时材料供应紧张；消费者要求大幅度提高产品质量；企业还要支付高额环保成本等，但若企业拥有充足的现金、熟练的技术工人和较强的产品开发能力，便可利用这些优势开发新工艺，简化生产工艺过程，提高原材料利用率，从而降低材料消耗和生产成本。另外，开发新技术产品也是企业可选择的战略。新技术、新材料和新工艺的开发与应用是最具潜力的成本降低措施，同时它可提高产品质量，从而回避外部威胁影响。

通过SWOT分析，可以将企业战略分析过程中总结出的企业的优势与劣势、外部环境的机会与威胁，转换为企业下一步的战略开发方向，SWOT分析成为战略分析与战略选择两个阶段的连接点。值得注意的是，有时几个不同的象限会出现相同的战略方向。事实上，企业在进行SWOT分析之后，对于转换出的战略方向还要进行总结和梳理，最终确定公司战略选择的主要方向。

（四）SWOT分析的优缺点和注意事项

SWOT分析是最常用也是应用最广泛的战略分析方法之一。该方法的主要优点有：

第一，SWOT分析不要求量的财务资源，只需利用一些必要的数据，即可迅速而相对有效地完成SWOT分析。这一优点，在局势复杂、时间有限的情况下尤其明显，通过对最关键的一些因素进行分析，可以显著提高决策效率。

第二，在分析市场、产品和财务等职能时，SWOT分析模型可以处理并综合大量数据和信息，可作为有效的小组分析工具。

第三，SWOT分析模型还可以用来有效地评估企业的核心能力和竞争优势，可以作为评估修正战略的管理工具，用于回答某些特定的企业在实施战略时为什么会成功，为什么会失败。

第四，SWOT分析方格中数据的收集、解释和整理过程，为指导进一步的战略分析打下基础。

SWOT分析的不足有两点：

一是SWOT分析只强调数据的质，忽略了数据的量，是一个纯粹的描述性模型，并不能给研究者提供明确的、格式化的战略建议。

二是SWOT分析强调事后而不是事前，在区分优势、劣势、机会和威胁时过于简单机械化，缺少测试和检验手段。

在使用SWOT分析模型时，务必充分考虑其优缺点，从而使决策更为准确、有效、可行。

（五）SWOT案例分析

SWOT分析是广告策划中经常用到的分析法则，它分别是优势、劣势、机会、威胁的英文首写字母。

案例：海尔的SWOT分析

海尔集团是世界第四大白色家电制造商，也是中国电子信息百强企业之首。旗下拥有240多家法人单位，在全球30多个国家建立本土化的设计中心、制造基地和贸易公司，全球员工总数超过5万人，重点发展科技、工业、贸易、金融四大支柱产业，2005年，海尔全球营业额实现1 039亿元（128亿美元）。

下面是有关海尔的SWOT分析：

优势：海尔有9种产品在中国市场位居行业之首，3种产品在世界市场占有率居行业前三位，在智能家居集成、网络家电、数字化、大规模集成电路、新材料等技术领域处于世界领先水平。在国际市场彰显出发展实力。"创新驱动"型的海尔集团致力于向全球消费者提供满足需求的解决方案，实现企业与用户之间的双赢。目前，海尔累计申请专利6 189项（其中发明专利819项），拥有软件著作权589项。在自主知识产权基础上，海尔还主持或参与了近百项国家标准的制修订工作，其中，海尔热水器防电墙技术、海尔洗衣机双动力技术还被纳入 IEC 国际标准提案，这证明海尔的创新能力已达世界级水平。在创新实践中，海尔探索实施的"OEC"管理模式、"市场链"管理及"人单合一"发展模式均引起国际管理界高度关注。目前，已有美国哈佛大学、南加州大学、瑞士 IMD 国际管理学院、法国的欧洲管理学院、日本神户大学等商学院专门对此进行案例研究，海尔"市场链"管理还被纳入欧盟案例库。海尔"人单合一"发展模式为解决全球商业的库存和逾期应收提供创新思维，被国际管理界誉为"号准全球商业脉搏"的管理模式。海尔的优势还包括：企业文化的长期熏陶；员工素质的相对较高；多年规范化管理相当好的基础；真正把信息化作为一把手工程，难得有一名老总能够对信息化分析得如此透彻，阐述得头头是道；观念转变在前，流程再造在后，二者相辅相成，交互前行，从张瑞敏砸冰箱开始，首开海尔观念转变之先河，从此一发不可收拾，才有现在的海尔；等等。相对于国外企业，海尔的信息化具有强劲的后发优势，2001 年与 1995 年的 DELL 所处的环境早已大不相同；在全球 Internet 的大范围普及和国际化大企业信息化的全面扩张局势下，海尔在国外企业的成功经验基础上当然更容易取得成绩。

　　劣势：海尔在传播和公关技巧方面十分欠缺，这将使中国未来的收购企业十分困难。海尔公关方面欠缺很大一部分原因在于海尔在聘任机制上存在一定的问题，只注重对技术、知识的考察，忽略了对个人能力的考察。海尔这些年发展得实在是太快了，以至于我们毫不怀疑它的国际化。信息化进行得如火如荼，内部的信息化还好说，外部的信息化，尤其是与国内供应商、分销商的电子数据交换，却一直处于两难境地，采购和分销成本的降低仍然难以彻底实现。海尔的愿望是好的，它希望它的供应商和分销商的信息化水平都能跟上它自己，但实际情况与预计却是大相径庭，没有人能跟得上海尔的步伐，海尔最终是孤掌难鸣。试问有哪些家能够真正与海尔实现网上订单？个别用户的点菜式订货究竟是不是新闻噱头？国情所限，方法必须变通，结果仍然是回到原来的电话、传真订货流程去，"信息化"徒劳无功。外部环境的不配套、不同步，是导致海尔外部信息化不成功的重要原因，这也许是海尔始料未及的，但也可能就算是知道这个结果，也要硬着头皮上，谁让它是海尔呢！海尔就是要处处争第一！

　　机会：海尔之所以能取得很大的成就，其中很大一部分原因在于海尔的企业文化：有生于无——海尔的文化观；人人是人才，赛马不相马——海尔的人才观；先谋势，后谋利——海尔的市场观；无处不在，人人都有市，品牌是帆，用户为师——海尔的品牌营销；海尔的服务走出去、走进去、走上去，国际化的海尔管理的本质不在于"知"而在于"行"——海尔的管理。海尔在未来的时间里要想取得长足的发展，必须继续以海尔的企业文化为基准。同时要注重科技创新，实现企业信息化。伴随着国际化的趋势越来越强，海尔面临着巨大的机遇和挑战。海尔的发展机会在于要把握住时代脉搏，与时俱进，不断创新。海尔未来的发展方向主要依靠三个转移。一是内部组织结构的转移；二是国内市场转向国际市场，不是指产品出口，而是说要海外建厂、办公司；三是要从制造业转向服务业，做到前端设计，后端服务。在这种情况下，还应抓住机会，迎接挑战，创世界名牌。

　　威胁：目前，海尔仍然面临着很多威胁，伴随着家电企业的不断兴起，技术的不断完善，海尔必须不断地提高科学技术创新水平，进而提高自己的优势。此外还应该向多产业方向发展，以提高自己的竞争力。面对海尔的信息化，国内同行们大约是一边看海尔外部信息化的热闹，一边加紧自身内部信息化的推进，这就是海尔所面临的威胁，竞争对手的虎视眈眈使海尔如芒刺在背，敢于吃螃蟹的也许是英雄，但不一定是成功者。海尔外部信息化的停滞不前，也给国内的信息化产业当头一棒；可以预见，一旦外部信息化的时机成熟，从技术角度上讲，谁也不会比谁慢多少；倘若撇开这些年来的海尔品牌宣传效应不谈，海尔竞争对手们外部信息化的成长也只是旦夕之间。

第二节 战略选择

战略管理是战略分析、战略选择和战略实施三个部分相互联系而构成的一个循环。在进行了战略内外部分析之后，就进入战略选择阶段。在具体战略选择之前，还需要进行差距分析。

一、差距分析

差距分析是比较一个企业的最终目标与预期业绩之间的差距，并确定可以填补差距的方法。与战略分析一样，我们首先在业务层面进行差距分析，然后再作企业层面的差距分析。企业的战略应该适应当前和预期的外部环境（以实现外部一致性），还应当符合该企业的能力（以实现内部一致性）以及重要利益相关者的要求。例如，企业现在的利润率为25%，并希望在未来3年也能保持同样的水平，然而，如果企业在未来3年继续维持现在的战略，那么将来出现的衰退市场、劳动力的短缺，以及来自竞争对手新产品的问世，都很可能使得企业不能维持现有的盈利水平。依照这些因素预测的企业利润率将大大低于既定目标，如果企业不改变战略，则3年后既定目标业绩与预测业绩之间将会出现明显的差距。因而，企业很有必要进行差距分析，比较战略分析中的各要素与当前战略的差距。

一个完整的差距分析应该就规划期制定的目标与企业不改变经营战略的预期结果进行比较。

（一）外部环境和经营战略的差距

1. 宏观环境与经营战略差距。

在确定可能存在的差距之前，首先要做的是列示出影响行业未来增长率的趋势及影响趋势发展的重要因素，然后再评价企业现在的战略是否符合趋势。表3-1是拥有高增长率的企业战略实例。我们可以看到，该企业的战略不符合整个正在下滑的宏观经济，此外，由于人口增长将放缓，这将导致市场规模增长缓慢，不利于战略目标的实现。

表3-1　　　　　　　　宏观环境与经营战略差距

要素	关键性趋势	战略一致性
经济	预计缓慢增长	不一致
社会和文化	教育质量的提高以及大众对工作的态度	一致
人口统计	预计缓慢增长	不一致

2. 行业环境与经营战略差距。

表3-2列出了企业的行业环境与经营战略之间的差距，考察了行业环境的要素并给出了每个要素的水平，指出现在的经营战略与这些要素一致或不一致的原因。在这个例子中，企业的战略目标是实现高增长。我们认为，行业的增长带来更多的新进入者的威胁，这与企业的战略目标一致。另外，由于原材料的独特性，供应商议价能力高，企业议价能力低，这有可能导致企业增加产品成本，而企业的经营战略并没有考虑到这一点，从而导致不一致。

表3-2　　　　　　　　　　行业环境与经营战略差距

行业环境	强度	具体要素	战略一致性
新进入者的威胁	高	整个行业的高增长	一致
行业对手	一般	高增长，不同的细分目标	一致/不一致
供应商议价能力	高	差异化产品	不一致
替代品	低	少量的替代品	一致

这种分析通常表明企业的经营战略和行业环境的诸多要素是不一致的，意味着企业需要考虑如何把握这些要素从而缩小差距；这就要求企业调整自己的职能战略，如果行业环境不能改变，企业甚至要调整经营战略。

3. 行业竞争对手与经营战略差距。

不同于宏观环境和行业环境的差距分析，企业的另一种差距分析是考察企业自身与行业竞争对手之间的差距。这种方法使用了四个变量，即财务表现、市场地位、技术性能和服务质量。

从表3-3可以看出，竞争对手X企业的市场份额是27%，拥有突出的财务业绩，但是服务质量有所下降。另外，Y企业虽然是主要竞争对手中市场份额最小的一家企业，但是它拥有先进的技术并且在不断提高服务质量，将会成为企业未来强劲的对手。

表3-3　　　　　　　　　　行业竞争对手与经营战略差距

竞争对手	财务表现	市场地位（%）	技术性能	服务质量
W企业	满意	15	一般	好
X企业	非常满意	27	一般	下降
Y企业	满意	8	优越	改善中但仍然较低
Z企业	低于平均水平	14	下降	好

（二）内部环境和经营战略的差距

在企业内部，经营战略需要符合企业的能力，通过比较其业绩表现和主要利益相关者的期望，以确定在内部环境要素与当前战略之间是否存在差距。

1. 能力与经营战略差距。

表 3-4 是用来评估企业能力和经营战略之间的差距。在此差距分析中,第一步要做的是列出所有有利于主要经营活动的重要能力,它包括本书第三章提到的为企业带来竞争优势的战略能力。第二步要做的是,评估企业在每个战略能力上的竞争地位,以确定企业是否已经拥有其所必需的能力。把企业的各项能力与其竞争对手进行比较对衡量企业的相对表现很有帮助。典型的结果是,部分能力优于竞争对手,但其他部分却低于平均水平,这时就会出现差距。

表 3-4　　　　　　　　　　　能力与经营战略差距

能　力	等级——相对于多数竞争对手的优势水平
有形资源:	
实物资源	
财务资源	
无形资源:	
商标	
商誉	
客户口碑	
文化:	
价值观	
变动管理	
客户口碑:	
学习:	
过程和系统:	
财务信息	
控制信息	
经营信息	
激励系统:	

2. 企业业绩与经营战略差距。

评估内部环境与经营战略之间的差距还要确定企业业绩与经营战略之间的差距。首先,要确定在第一章中讨论的企业战略的关键要素;其次,企业依照设定的目标,记录当前的业绩表现。正面差距给企业提供了利用优势的机会,或者在该处撤出部分资源以弥补其他方面的负面差距。

3. 主要利益相关者与经营战略差距。

在确定差距时,企业还需要考虑内部环境中的一个要素,即主要利益相关者的预期。企业很少关注经营战略与主要利益相关者预期之间的差距,然而作此差距分析是非常必要的,因为主要利益相关者的预期很可能会影响企业未来的战略决策。但要量化他们的预期并非易事,通常掺杂着许多主观的判断,通过分析以及衡量这些预期,有利于了解利益相关者是如何看待企业战略和未来业绩的。对照预期值得到企业的相对业绩是确认差距的重要方面,因为主要利益相关者是对照自己的预期来评价企业的业绩表现。

(三) 企业层面的差距分析

如果企业是一个经营多种业务的大企业,如何进行差距分析?战略的主要层面是业务层面。管理层需要对企业内的每项业务进行上述分析。然而,在企业层面上,还需要进行以下分析:企业(总体)战略与企业的能力差距分析以及企业(总体)战略与企业业绩差距的分析。后者与按照业务战略的分析方法得出企业业绩的差距类似。不同的是这里不需要进行企业行业分析,因为在企业内部的每个业务层面已经分析过了。

企业层面的差距分析方法和业务层面的差距分析方法是类似的。表3-5就是一个企业层面差距分析的简单例子。

表3-5　　　　　　　　　　企业层面的差距分析方法

企业战略	企业能力	是否存在差距
打入中国市场,实施多元化战略	企业在中国仅经营零售业	存在差距。像食品业等其他业务仅在国内经营
企业战略	企业业绩	是否存在差距
利润以每年10%的速度增长	在过去3年内,例如平均每年增加7%	存在差距

二、企业战略选择

完成差距分析,就清晰了企业为完成当前战略目标还应该着重关注的问题。管理层制定战略,应尽量缩小战略与目标的差距。战略制定是企业在战略分析的基础上,选择适宜战略的过程。战略制定是战略管理的关键环节,直接影响到战略的实施和控制。战略制定要从企业使命和目标出发,分析和评价各种战略的优势和劣势以及成本和收益,选择最符合企业实际并能实现企业目标的战略。以下是企业在制定战略时需要关注的问题:(1)企业计划扩充规模吗?(2)企业计划生产什么样的产品和服务?(3)企业的目标服务对象和目标市场是什么?(4)企业赢得市场地位的一般战略是什么?(5)企业计划在未来行业中如何定位?图3-5是各种战略方案的总结。

(一) 总体战略的选择

企业总体战略是指为实现企业总体目标,对企业未来基本发展方向所作出的长期性、总体性的谋划。总体战略决定了企业各项业务在战略谋划期间的资源分配和发展方向。对大多数企业来说,企业选择增长发展,因为它们都假定未来会不断扩大规模、不断增长。经济增长是大多数企业隐含的假定和预期。不仅企业所有者和高级管理层希望企业增长,其他的利

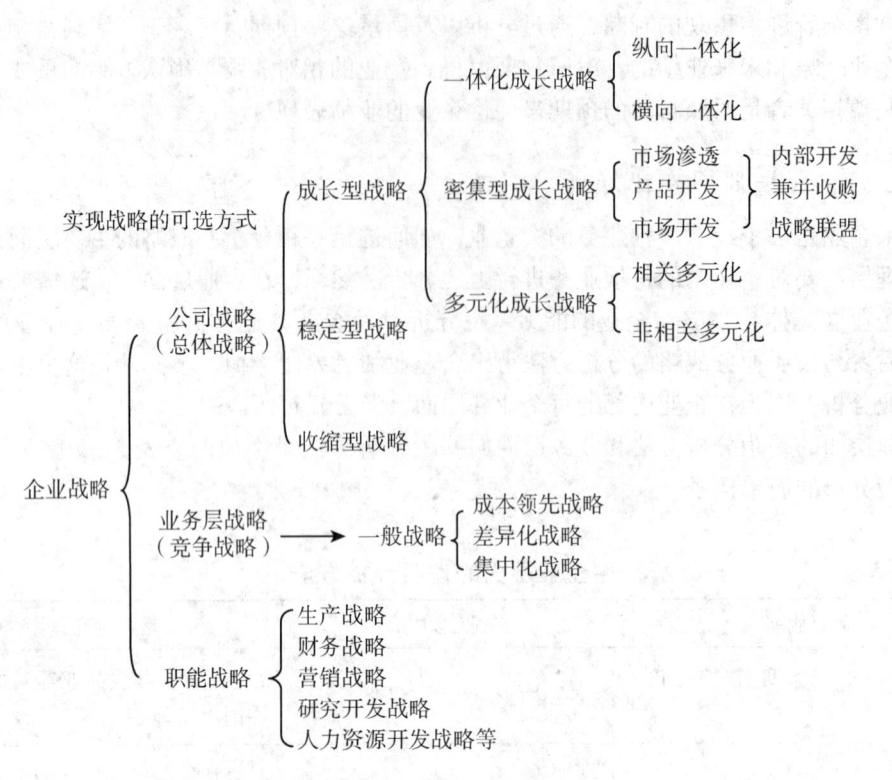

```
                                                                            ┌ 纵向一体化
                                              ┌ 一体化成长战略 ┤
                                              │                             └ 横向一体化
                                              │                     ┌ 市场渗透  ┐ 内部开发
                                ┌ 成长型战略 ┤ 密集型成长战略 ┤ 产品开发  ├ 兼并收购
            ┌ 实现战略的可选方式              │                     └ 市场开发  ┘ 战略联盟
            │                                 │                     ┌ 相关多元化
            │                                 └ 多元化成长战略 ┤
   ┌ 公司战略                                                         └ 非相关多元化
   │（总体战略）├ 稳定型战略
   │          │
   │          └ 收缩型战略
企业战略 ┤
   │                                          ┌ 成本领先战略
   ├ 业务层战略 → 一般战略 ┤ 差异化战略
   │（竞争战略）                               └ 集中化战略
   │
   │             ┌ 生产战略
   │             │ 财务战略
   └ 职能战略 ┤ 营销战略
                  │ 研究开发战略
                  └ 人力资源开发战略等
```

图 3-5　各种战略方案的总结

益相关者包括雇员、供应商以及融资者也都希望企业不断增长。作为企业主要的利益相关者，他们自己的未来依赖于该企业的发展。然而，在某些情况下，企业并不希望增长，如企业老板更希望保持对企业的严格控制，而不愿意雇用大量的员工。企业总体战略主要考虑的问题是企业业务应当扩张、收缩还是维持不变。相应地，企业总体战略可以划分为三种类型：成长型战略、稳定型战略和收缩型战略。

1. 成长型战略。

成长型战略是以发展壮大企业为基本导向，致力于使企业在产销规模、资产、利润或新产品开发等某一方面或几方面获得增长的战略。成长型战略是最普遍采用的企业战略。成长型战略主要包括三种基本类型：一体化战略、密集型战略和多元化战略。

一体化战略是指企业对具有优势和增长潜力的产品或业务，沿其经营链条的纵向或横向扩大业务的深度和广度，以扩大经营规模，实现企业增长。一体化战略按照业务拓展的方向可以分为纵向一体化和横向一体化。

（1）纵向一体化战略。纵向一体化战略是指企业沿着产品或业务链向前或向后，延伸和扩展企业现有业务的战略。从理论上分析，企业采用纵向一体化战略有利于节约与上下游企业在市场上进行购买或销售的交易成本，控制稀缺资源，保证关键投入的质量或者获得新客户。不过，纵向一体化也会增加企业的内部管理成本，企业规模并不是越大越好。纵向一体化战略可以分为前向一体化战略和后向一体化战略。

前向一体化战略是指获得分销商或零售商的所有权或加强对他们的控制权的战略。前向一体化战略通过控制销售过程和渠道，有利于企业控制和掌握市场，增强对消费者需求变化的敏感性，提高企业产品的市场适应性和竞争力。前向一体化战略的主要适用条件包括：企业现有的销售商销售成本较高或者可靠性较差而难以满足企业的销售需要；企业所在产业的增长潜力较大；企业具备向前一体化所需的资金、人力资源等；销售环节的利润率较高。

后向一体化战略是指获得供应商的所有权或加强对其的控制权。后向一体化有利于企业有效控制关键原材料等投入的成本、质量及供应可靠性，确保企业生产经营活动稳步进行。后向一体化战略在汽车、钢铁等行业采用的较多。后向一体化战略的主要适用条件包括：企业现有的供应商供应成本较高或者可靠性较差而难以满足企业对原材料、零件等的需求；供应商数量较少而需求方竞争者众多；企业所在产业的增长潜力较大；企业具备后向一体化所需的资金、人力资源等；供应环节的利润率较高；企业产品价格的稳定对企业十分关键，后向一体化有利于控制原材料成本，从而确保产品价格的稳定。

企业采用纵向一体化战略的主要风险包括：不熟悉新业务领域所带来的风险；纵向一体化，尤其是后向一体化，一般涉及的投资数额较大且资产专用性较强，加大了企业在该产业的退出成本。

（2）横向一体化战略。横向一体化战略是指企业收购、兼并或联合竞争企业的战略。企业采用横向一体化战略的主要目的是减少竞争压力、实现规模经济和增强自身实力以获取竞争优势。

横向一体化战略主要可以通过以下几种途径实现：购买，即一家实力占据优势的企业购买与之竞争的另一家企业；合并，即两家相互竞争而实力和规模较为接近的企业合并为一个新的企业；联合，即两个或两个以上相互竞争的企业在某一业务领域进行联合投资、开发和经营。

在下列情形，比较适宜采用横向一体化战略：企业所在产业竞争较为激烈；企业所在产业的规模经济较为显著；企业的横向一体化符合反垄断法律法规，能够在局部地区获得一定的垄断地位；企业所在产业的增长潜力较大；企业具备横向一体化所需的资金、人力资源等。

密集型战略，也称为加强型成长战略，是指企业充分利用现有产品或服务的潜力，强化现有产品或服务竞争地位的战略。密集型成长战略主要包括三种类型：市场渗透战略、市场开发战略和产品开发战略（见图3-6）。

	产品	
	现有的	新的
市场 现有的	市场渗透	产品开发
市场 新的	市场开发	多元化

图3-6 企业成长矩阵

第一，市场渗透——现有产品和市场。市场渗透战略的基础是增加现有产品或服务的市场份额，或增长正在现有市场中经营的业务。它的目标是通过各种方法来增加产品的使用频率。例如，改进罐头或盒子的配方、吸引竞争对手的顾客和新用户购买产品。增长方法有以下几种：

一是扩大市场份额。这个方法特别适用于整体正在成长的市场。企业可以通过提供折扣或增加广告来增加在现有市场中的销售额；改进销售和分销方式来提高所提供的服务水平；改进产品或包装来提高和加强其对消费者的吸引力并降低成本。

二是开发小众市场。目标是在行业中的一系列目标小众市场中获得增长，从而扩大总的市场份额。如果与竞争对手相比企业的规模较小，那么这种方法尤为适用。

三是保持市场份额。特别是当市场发生衰退时，保持市场份额具有重要意义。

企业运用市场渗透政策的难易程度取决于市场的性质及竞争对手的市场地位。当整个市场正在增长时，拥有少量市场份额的企业提高质量和生产力并增加市场活动可能比较容易，而当市场处于停滞状态时，则比较难。经验曲线效应使企业很难向成熟市场渗透，在成熟市场中领先企业的成本结构会阻止拥有少量市场份额的竞争对手进入市场。市场渗透战略主要适用于以下情况：

一是当整个市场正在增长，或可能受某些因素影响而产生增长时，企业要进入该市场可能会比较容易，那些想要取得市场份额的企业能够以较快的速度达成目标。相反，向停滞或衰退的市场渗透可能会难得多。

二是如果一家企业决定将利益局限在现有产品或市场领域，即使在整个市场衰退时也不允许销售额下降，那么企业可能必须采取市场渗透战略。

三是如果其他企业由于各种原因离开了市场，市场渗透战略可能是比较容易成功的。

四是企业拥有强大的市场地位，并且能够利用经验和能力来获得强有力的独特竞争优势，那么向新市场渗透是比较容易的。

五是市场渗透战略对应的风险较低、高级管理者参与度较高，且需要的投资相对较低的时候，市场渗透策略也会比较适用。

第二，产品开发——新产品和现有市场。拥有特定细分市场、综合性不强的产品或服务范围窄小的企业可能会采用这一战略。产品开发战略是通过改进或改变产品或服务以增加产品销售量的战略。产品开发战略有利于企业利用现有产品的声誉和商标，吸引用户购买新产品。

另外，产品开发战略是对现有产品进行改进，对现有市场较为了解，产品开发的针对性较强，因而较易取得成功。可采用多种方法来达成这个战略。例如，提供不同尺寸和不同颜色的产品，将产品分装在罐头和瓶子中。该战略比较富有挑战性，这是因为它通常要求企业致力于对产品进行强有力的研究和开发。这可能是由产品的本质或市场的需求决定的，例如，在技术较复杂的市场中，产品（如计算机）的寿命周期较短，或者是因为产品必须更具特色所迫使的。消费者对供应商会实施潜在的压力，要求企业在正常经营范围内提供丰富多样的产品或服务，这样便会促使企业去开发新的产品。由于消费者有许多选择空间，企业通常很难抵抗这种压力。

开发新产品可能会极具风险，特别是当新产品投放到新市场中时。这一点也会导致该战略实施起来有难度。尽管该战略明显带有风险，但是企业仍然有以下合理的原因采用该战略：充分利用企业对市场的了解；保持相对于竞争对手的领先地位；从现有产品组合的不足中寻求新的机会；使企业能继续在现有市场中保持安全的地位。

产品开发战略适用于以下几种情况：企业产品具有较高的市场信誉度和顾客满意度；企

业所在产业属于适宜创新的高速发展的高新技术产业；企业所在产业正处于高速增长阶段；企业具有较强的研究和开发能力；主要竞争对手以类似价格提供更高质量的产品。

新产品开发能有效地帮助企业发展，这是因为在大多数情况下，营销成功来源于对市场进行预测而不是仅仅对消费者的变化作出反应。真正的企业家会促使变化发生，创造需求。但是，不一定仅仅是对全新产品的开发，还包括对现有产品进行小小的改变（如将产品改为无糖的、无咖啡因的）和升级等技巧。

第三，市场开发——现有产品和新市场。市场开发战略是指将现有产品或服务打入新市场的战略。市场的战略成本和风险也相对较低。实施市场开发战略的主要途径包括开辟其他区域市场和细分市场。采用市场开发战略可能有几个原因：企业发现现有产品的生产过程的性质导致难以转向生产全新的产品，因此他们希望能开发其他市场；市场开发往往与产品开发结合在一起，例如，将工业用的地板或地毯清洁设备做得更小、更轻，这样可以将其引入民用市场；现有市场或细分市场已经饱和，这可能会导致竞争对手去寻找新的市场。

市场开发战略主要适用于以下几种情况：存在未开发或未饱和的市场；可得到新的、可靠的、经济的和高质量的销售渠道；企业在现有经营领域十分成功；企业拥有扩大经营所需的资金和人力资源；企业存在过剩的生产能力；企业的主业属于正在迅速全球化的产业。

多元化指企业进入与现有产品和市场不同的领域。企业从擅长的领域退出可能需要进行激烈的思想斗争。但是安索夫认为"在任何经营环境中，没有一家企业可以认为自身能够不受产品过时和需求枯竭的影响"。这个观点得到了许多人的认同。由于战略变化是如此迅速，企业必须持续地调查市场环境寻找多元化的机会。

当现有产品或市场不存在期望的增长空间时（如受到地理条件限制、市场规模有限或竞争太过激烈），企业经常会考虑多元化战略。但是，有些人认为多元化从本质上来说是一个消极的战略。多元化总是在逃避某些问题。它表明企业只是对整个企业所发生的不良事件作出反应。不管怎样，多元化已经成为日益常见的经营战略，采用多元化战略有下列三大原因：

一是在现有产品或市场中持续经营并不能达到目标。这一点可通过差距分析来予以证明。当前行业令人不满，原因可能是产品衰退而导致回报率低，或同一领域中的技术创新机会很少，或行业缺少灵活性。例如，企业不可避免地依赖单个顾客或单条生产线。

二是企业以前由于在现有产品或市场中成功经营而保留下来的资金超过了其在现有产品或市场中的财务扩张所需要的资金。企业是喜欢将多余的资金投入业务以外的领域还是寻找多元化机会，取决于可取得的相对回报率和管理层的偏好（管理层必须通过保持储备金的流动性而产生的内部灵活性与多元化产生的外部灵活性之间达成平衡）。

三是与在现有产品或市场中的扩张相比，多元化战略意味着更高的利润。广义上，多元化有两种：相关多元化和非相关多元化。

相关多元化。相关多元化也称同心多元化，是指企业以现有业务为基础进入相关产业的战略。采用相关多元化战略，有利于企业利用原有产业的产品知识、制造能力和营销技能优势来获取融合优势，即两种业务同时经营的盈利能力大于各自经营不同业务时的盈利能力之和。相关多元化的相关性可以是产品、生产技术、管理技能、营销技能以及用户等方面的类似。当企业在产业内具有较强的竞争优势，而该产业成长性或吸引力逐渐下降时，比较适宜采用同心多元化战略。

非相关多元化。非相关多元化也称离心多元化，是指企业进入与当前产业不相关的产业的战略。如果企业当前产业缺乏吸引力，而企业也不具备较强的能力和技能转向相关产品或服务，较为现实的选择就是采用非相关多元化战略。采用非相关多元化战略的主要目标不是利用产品、技术营销等方面的共同性，而是从财务上考虑平衡现金流或者获取新的利润增长点。

企业集团多元化是一项重要的手段，或者说是多元化和一体化的高级表现。企业决定采用企业集团多元化可能有以下几个原因：企业希望寻找高利润的市场机会；现有产品和市场存在缺陷；企业的某个部门能力过于薄弱，必须进行企业集团多元化；从增加产品市场广度和灵活性中获得好处；可避免与垄断有关的限制，这些限制使企业不能从现有产品和市场以外获得发展，能更容易地获得资金，部分原因是可以从更广泛的活动组合中获得资金；管理层的偏好和所受培训可能会使他们倾向于选择企业集团多元化。

企业集团多元化具有如下优点：

——分散风险。当现有产品及市场失败时，新产品或新市场能为企业提供保护。

——获得高利润机会。购买方通过购买同行业中比其自身拥有更佳经济特征的企业来提高自身的营利性和灵活性。

——从现有的业务中撤离。

——能更容易地从资本市场中获得融资。

——在企业无法增长的情况下找到新的增长点。

——运用盈余资金。

——利用未被充分利用的资源。

——获得资金或其他财务利益，如累计税项亏损。

——运用企业在某个市场中的形象和声誉来进入另一个市场，而在另一个市场中要取得成功，企业形象和声誉是至关重要的。

同时，企业集团多元化具有如下缺点：

——如果企业进入一个具有低市盈率的成长型行业中，其股东收益会被稀释。

——企业集团式收购不会给股东带来额外的利益。因为不产生协同效应，所以，与投资于控股企业相比，个人投资者对其子公司进行投资反而会获得更高的投资收益。

——企业集团式企业中缺乏共同的身份和目的。企业集团式企业要取得成功，各种负责联合经营的总部必须拥有优秀的管理能力和财务能力。

——某项业务的失败会将其他业务拖下水，因为它会耗尽资源。

——对股东来说这不是一个好办法。股东通过购买多样化的股票组合就可以轻而易举地分散掉投资风险，不需要管理层越俎代庖。

一般认为，相关多元化的风险比非相关多元化稍微低一些。企业作出了一些新的尝试，但是仍然在其自身所限定的行业中，并因此能运用自身的经验。通过技能和资源的分享与交流，相关多元化提供了获取协同效应的可能性。

2. 稳定型战略。

稳定型战略，又称防御型战略、维持型战略。即企业在战略方向上没有重大改变，在业务领域、市场地位和产销规模等方面基本保持现有状况，以安全经营为宗旨的战略。稳定型战略有利于降低企业实施新战略的经营风险，减少资源重新配置的成本，为企业创造一个加强内部管理和调整生产经营秩序的修整期,并有助于防止企业过快发展。应用较为广泛的稳定型战略主要有如下三种:暂停战略、无变战略和维持利润战略。

暂停战略是指在一段时期内降低成长速度、巩固现有资源的临时战略。暂停战略主要适用于在未来不确定性产业中迅速成长的企业,目的是避免出现继续实施原有战略导致企业管理失控和资源紧张的局面。

无变战略是指不实行任何新举动的战略。无变战略适用于外部环境没有任何重大变化、本身具有合理盈利和稳定市场地位的企业。

维持利润战略是指为了维持目前的利润水平而牺牲企业未来成长的战略。很多情况下,当企业面临不利的外部环境时,管理人员会采用减少投资、削减一些可控费用(如研发费用、广告费和维修费)等方式维持现有利润水平。维持利润战略只是一种渡过困境的临时战略,对企业持久竞争优势会产生不利影响。

总的来说,稳定型战略较适宜在短期内运用,长期实施则存在较大风险。这些风险主要包括:一是稳定型战略的成功实施要求战略期内外部环境不发生重大变化,竞争格局和市场需求都基本保持稳定;二是稳定型战略的长期实施容易导致企业缺乏应对挑战和风险的能力。

3. 收缩型战略。

收缩型战略,也称撤退型战略,是指企业因经营状况恶化而采取的缩小生产规模或取消某些业务的战略。采取收缩型战略一般是因为企业的部分产品或所有产品处于竞争劣势,以至于销售额下降、出现亏损等,从而采取的收缩或撤退措施,用以抵御外部环境压力,保存企业实力,等待有利时机。收缩型战略的目标侧重于改善企业的现金流量,因此,一般都采用严格控制各项费用等方式渡过危机。收缩型战略也是一种带有过渡性质的临时战略。按照实现收缩目标的途径,可将收缩型战略划分为三种类型:扭转战略、剥离战略和清算战略。

(1) 扭转战略是指企业采取缩小产销规模、削减成本费用、重组等方式来扭转销售和盈利下降趋势的战略。实施扭转战略,对企业进行"瘦身",有利于企业整合资源、改进内部工作效率、加强独特竞争能力,是一种"以退为进"的战略。

(2) 剥离战略是指企业出售或停止经营下属单位(如部分企业或子企业)的战略。实施剥离战略的目的是使企业摆脱那些缺乏竞争优势、失去吸引力、不盈利、占用过多资金或与企业其他活动不相适应的业务,以此来优化资源配置,使企业将精力集中于优势领域。在某些情况下,企业也通过实施剥离战略,为战略性收购或投资筹集资金。剥离战略适用于以下一些情形:企业已经采取了扭转战略而未见成效;某下属经营单位维持现有竞争地位所需投入的资源超出了企业现有能力;某下属经营单位经营失败,从而影响了整个企业的业绩;企业急需资金;该业务在管理、市场、客户、价值观等方面与企业其他业务难以融合。

但是,退出壁垒可能导致企业难以从产品市场中退出或需付出代价才能从市场中退出:成本方面的壁垒包括遣散费、租约及其他合同的解约罚金以及资产难以出售;市场方面的考虑可能会使企业推迟退出市场的时间,企业可能亏本销售某样产品以吸引顾客购买其他产品,这样做可能会提高企业的市场覆盖率;由于企业已经在某个项目上花了钱,管理者可能未能适当地运用沉没成本理念;心理方面,管理者不愿意承认失败,而且想避免退出市场产生的尴尬。

(3) 清算战略是指将企业的全部资产出售,从而停止经营的战略。全清算战略是承认经营失败的战略,通常是在实行其他战略全部不成功时的被迫选择。尽管所有管理者都不希望进行清算,但及时清算可能要比继续经营,以致巨额亏损更为有利的一种选择。清算能够有序地将企业资产最大限度地变现,并且股东能够主动参与决策,因而较破产更为有利。

成长型战略、稳定型战略和收缩型战略是最基本的企业总体战略。这些战略不仅可以单独使用,也可以组合使用。对于很多大型企业来说,一般都拥有多个业务单位,这些业务单位面临的外部环境和所需的内部条件都不尽相同,完全可能因地制宜、因时制宜地采用不同的总体战略。

(二) 业务单位战略的选择

业务单位战略,也称竞争战略,是指在给定的一个业务或行业内,企业用于区分自己与竞争对手业务的方式,或者说是企业在特定市场环境中如何营造、获得竞争优势的途径或方法。

企业在市场竞争中获得竞争优势的途径虽然很多,但有三种最基本的一般战略。一般战略思想源于波特(1980)。波特认为企业有三种一般战略,即成本领先战略、差异化战略和集中化战略,如图3-7所示。这是企业可以使用的最高战略,当企业对一般战略作出选择,这个战略应适用于企业所有活动,而不仅仅适用于市场营销的活动。波特(1980)提出,企业只需要选择三种战略中的一种。如果企业选择了超过一种的一般战略,那么企业就很难冒尖,因为这会造成企业集中化、成本领先或差异化方面都没有特别的优势。下面将依次讨论波特的这三种一般战略。此外,竞争战略能有效地抗衡"五力模型"中所有事倍功半的行业力量。它们可以被应用到市场中广义或狭义领域,这部分将在以下章节中讨论。

		竞争优势的基础	
		低成本	差异化
竞争范围	整体产业	成本领先	差异化
	细分市场	集中成本领先	集中差异化

图3-7 竞争战略

竞争压力会随着市场的发展而增加。一旦进入了成熟期,就只有两个竞争战略会产生竞争优势:

低成本。采用该战略的企业能更好地承受缩水的利润,这样当竞争对于从市场中消失时,企业可以留在行业中担当行业的领头羊,并比供应商和购买者具有更强的实力。

差异化战略。一家具有较高优势的供应商企业出现在市场时,可以通过避免直接的价格竞争来避免承担价格压力。

1. 成本领先战略。

成本领先战略的目标是成为整个行业中成本最低的制造商。低成本可能并不会减少消费者从产品中获得的价值，即使是购买一件低成本的产品，他们仍然愿意支付一个合理的价格。通过低成本生产，制造商在价格上可以与行业中的任一制造商竞争，并赚取更高的单位利润。

（1）成本领先战略的优势主要包括以下几个方面：一是可以抵御竞争对手的进攻。低成本使得企业可以制定比竞争者更低的定价，并仍然可以获得适当的收益。因此，即使面对激烈的竞争，成本领先者仍然可以有效地保护企业。二是具有较强的对供应商的议价能力。成本领先战略往往通过大规模生产和销售建立起成本优势，较大的购买量使得这类企业对供应商往往具有较强的议价能力，从而更增强了其成本优势。三是形成了进入壁垒。成本领先战略充分利用了规模经济的成本优势，使得无法达到规模经济的企业难以进入该行业并与之竞争。因此，成本领先者有可能获得高于平均水平的投资回报。

（2）成本领先战略主要适用于以下一些情况：市场中存在大量的价格敏感用户；产品难以实现差异化；购买者不太关注品牌；消费者的转换成本较低。这时，企业应当力求成为产业中的低成本生产者，使产品价格低于竞争者，以提高市场份额。

（3）实现成本领先战略的资源和技能包括：建立生产设备来实现规模经济；采用简单的产品设计，通过减少产品的功能但同时又能充分满足消费者需要来降低成本；采用最新的技术来降低成本和（或）改进生产力，或在可行的情况下采用廉价的劳动力；专注于生产力的提高，如通过改变生产流程来节省成本（将生产阶段改成自动化）；在高科技行业和在产品设计、生产方式方面依赖于劳动技能的行业中，充分利用学习曲线效应，通过比其他竞争对手生产更多的产品可以从学习曲线中获得更多的好处，并达到较低的平均成本；将制造成本降到最低。如企业办公区域或厂房能提供大量的成本优势——经营地点的适当定位能为产品分销提供便利；获得更优惠的供应价格。

（4）采取成本领先战略的风险主要包括：竞争者可能模仿，使得整个产业的盈利水平降低；技术变化导致原有的成本优势丧失；购买者开始关注价格以外的产品特征；与竞争对手的产品产生了较大差异；采用成本集中战略者可能在细分市场取得成本优势。

2. 差异化战略。

差异化战略是指企业针对大规模市场，通过提供与竞争者存在差异的产品或服务以获取竞争优势的战略。这种差异性可以来自设计、品牌形象、技术、性能、营销渠道或客户服务等各个方面。成功的差异化战略能够吸引品牌忠诚度高且对价格不敏感的顾客，从而获得超过行业平均水平的收益。与成本领先战略主要用于提高市场占有率不同，差异化战略有可能获得比成本领先战略更高的利润率。

（1）差异化战略主要适用于以下一些情形：产品能够充分实现差异化，且为顾客所认可；顾客的需求是多样化的；企业所在产业技术变革较快，创新成为竞争的焦点。

（2）实施差异化战略所应具备的资源和技能包括：强大的研发能力；较强的产品设计能力；富有创造性；很强的市场营销能力；企业在质量和技术领先方面享有盛誉；能够获得销售商的有力支持。

（3）采取差异化战略的风险主要包括：竞争者可能模仿，使得差异消失；产品或服务差异对消费者来说失去了重要意义；与竞争对手的成本差距过大；采用差异化集中战略者能够在细分市场实现更大的差异化。

3. 集中化战略。

集中化战略是针对某一特定购买群、产品细分市场或区域市场，采用成本领先或差异化以获取竞争优势的战略。采用集中化战略的企业，由于受自身资源和能力的限制，无法在整个产业实现成本领先或者差异化，故而将资源和能力集中于目标细分市场，实现成本领先或差异化。集中化战略一般是中小企业采用的战略，可分为两类：集中成本领先战略和集中差异化战略。

（1）集中化战略主要适用于以下情形：企业资源和能力有限，难以在整个产业实现成本领先或差异化，只能选定个别细分市场；目标市场具有较大的需求空间或增长潜力；目标市场的竞争对手尚未采用统一战略。

（2）实施集中化战略的风险主要包括：竞争者可能模仿；目标市场由于技术创新、替代品出现等原因导致需求下降；由于目标细分市场与其他细分市场的差异过小，大量竞争者涌入细分市场；新进入者重新细分市场。

4. 一般战略中的概念性难题。

在实践中，很难在上述三种一般战略之间又快又准地作出区分，因为它们存在许多概念性难题。

（1）在成本领先战略的概念中：第一，它只聚焦于内部措施，成本领先的概念只聚焦于内部措施而不是市场需求。它可用于获得市场份额，但内部措施只针对重要的市场份额，而不是成本领先中所指的所有市场份额。第二，它假设只有一家企业，如果全面的成本领先战略适用于整个行业，则只有一家企业能通过该战略获得成功。但是情况也并非绝对如此，因为在市场上可能会有多家企业想要采取全面的成本领先战略，特别是在频繁引进新科技的市场中。而参与整个市场竞争的企业可能具有各种不同的能力或优势，在不同细分市场中成功实现成本领先战略。第三，它假设低成本意味着较低的产品定价。事实上，低成本并不意味着必须采用较低的价格或与竞争对手打价格战。采用成本领先战略的企业可以选择"将高利润投资于研发或营销或在产品上实施差异化战略"。实施差异化战略也可以产生较高利润。成本领先战略的企业在选择其他竞争战略方面有更多的自由。

（2）在差异化战略概念中：第一，波特认为差异产品总能以高价出售。但是，为了增加市场份额，差异产品可能采用与竞争产品一样的售价。第二，在竞争对手的选择上难以作出决定：应与哪些企业形成差异，竞争对手是谁，他们是否为其他细分市场服务，他们是否在同样的基础上竞争。第三，对差异化的来源难以定论：包括企业所提供的产品及服务的所有方面，而不仅仅指产品。例如，饭店的目标在于营造一种氛围，以及提供高品质的食品。

（3）集中化战略的概念性难题可能比较少，因为它与市场细分的理念融合得非常贴切。在实务中，大多数企业或多或少都会采取该战略，设计能满足特定目标市场的产品和服务。

5. 成本领先战略及差异化战略和五力之间的关系。

表3-6识别了成本领先战略及差异化战略和五力之间的关系。

表 3-6　　　　　　　成本领先战略及差异化战略和五力之间的关系

竞争力	优点		缺点	
	成本领先战略	差异化战略	成本领先战略	差异化战略
新进入者	规模经济增加了进入壁垒	品牌忠诚度和被消费者接受的独特性构成了进入壁垒		
替代品	与成本效益较差的竞争对手相比，企业面对替代品时并不会像它们一样脆弱	消费者忠诚度成为对抗替代品的有力武器		
消费者	消费者无法再压低市场中下一个最具竞争力的企业所提供的价格	消费者在市场中找不到相应的替代品；品牌忠诚度能降低对价格的敏感度		消费者可能不再需要差异化因素；消费者迟早会变得对价格敏感
供应商	用弹性来应对成本的增长	高利润可弥补由于供应商价格上升而产生的利润损失	投入成本的增加可降低价格优势	
同业竞争	当竞争对手从价格竞争败出时，企业仍可保持盈利状态	独一无二的特色可降低直接竞争	技术进步要求企业投入资金或使竞争对手降低生产成本；竞争对手会通过模仿来学习；对成本的关注会导致忽视产品设计或营销方面的问题	模仿会缩小差异

6. 业务定位选择。

业务战略选择强调在行业内企业是如何给自己定位的。企业想保持怎样的定位，有无数种可能性，但是大多数企业都认为自己必须努力成为行业中最大的企业或者最大企业中的一个，尽管在多数行业中利润率和企业的规模并不是密切相关的。企业定位的选择应该和上面列出的成本领先战略、差异化战略和集中化战略的选择是一致的。关于业务定位的选择主要包括：全世界最好的、国内最好的、省内最好的、最大的市场份额、盈利最多、供应商的选择权以及最富创意等。这表明，定位的选择受限于企业的认知，并且到目前为止也没有特别的框架可以用来确定选择。选择是由重要利益相关者根据他们自己的一套价值观来确定的。需要注意的是，每个行业只有一个企业能成为第一，如果它们要成功地实现业务战略，就必须选择其他的战略定位。

（三）战略发展路径

以上章节讲述了企业可选择用来保持竞争优势的一些战略的基本理论以及各自适用的情况。企业追求增长，而增长有多种定义。例如，利润和市场份额的增长。每一种已选战略都有着不同的发展方式，这些方式可以分为三种类型：内部发展、并购战略、联合发展和战略联盟。

1. 内部发展。

内部发展，也称内生增长，是指企业在不收购其他企业的情况下利用自身的规模、利润、活动等内部资源来实现扩张。当企业在具有美好发展前景的市场中经营时，可以通过充分利用现有产品及服务和市场机会或通过多元化来实现内生发展。但是，由于现有产品的寿命有限，内生增长战略必须包括新产品开发计划和战略、新的能力和竞争力。企业必须富有创新精神。即使企业只追求稳定，也需要创新精神，因为企业不能永远依靠其现有的产品、服务和市场，因为消费者的品位、生活方式和社会潮流在变化。想要保持销售额和利润，企业必须开发新产品或服务来取代正在走下坡路的产品和服务。对于许多企业来说，特别是那些产品需要高科技设计或制造方式的企业，内部发展或内生增长已经成为主要的战略发展方式。因为开发过程被视作是获得必要技巧和知识从而使企业能充分利用其产品优势并在市场中立于不败之地的最佳方式。同样的道理也适用于企业通过直接参与来开发新市场的情况。

企业采取内生增长有以下动因：（1）开发新产品的过程使企业能最深刻地了解市场及产品；（2）不存在合适的收购对象；（3）保持同样的管理风格和企业文化，从而减轻混乱程度；（4）为管理者提供职业发展机会，避免停滞不前；（5）可能需要的代价较低，因为获得资产时无须为商誉支付额外的金额；（6）收购中通常会产生隐藏的或无法预测的损失，而内生增长不太可能产生这种情况；（7）这可能是唯一合理的、实现真正技术创新的方法；（8）可以有计划地进行，很容易从企业资金获得财务支持，并且成本可以按时间分摊；（9）风险较低，在收购中，购买者可能还需承担以前业主所作的决策而产生的后果。例如，由于医疗及安全方面的违规而欠下员工的债务。

尽管内部开发新活动的最终成本可能高于收购其他企业，但是成本的分摊可能会对企业更有利且比较符合实际，特别是那些没有资金进行大额投资的小企业或公共服务类型的组织来说，这是它们选择内部发展的一个主要理由。内部发展的成本增速较慢，这也可能有助于将战略发展对其他活动的干扰降至最低。但是，内部发展有一些缺点：（1）与购买市场中现有的企业相比，它可能会激化某一市场内的竞争；（2）企业并不能接触到另一知名企业的知识及系统，可能会更具风险；（3）从一开始就缺乏规模经济或经验曲线效应；（4）当市场发展得非常快时，内部发展会显得过于缓慢；（5）可能会对进入新市场产生非常高的壁垒。

2. 并购战略。

如上所述，企业可以通过内部发展实现增长，也可以通过收购与兼并实现增长。兼并（merger）是指两家或两家以上的企业合并，结果是一家企业继续存在或组成一家全新的企业。在后一种情况下，企业联合在一起被称为合并。兼并，比较典型的情况是两家企业自愿联合在一起，这样做是为了实现协同效应。收购（acquisition）是指一家企业购买另一家企业的控制权益。收购后，被收购企业既可以解散，也可以被改组成收购企业的所属部门或子公司。二者的共同特征是被并购企业的经营资源支配权发生了转移。

并购（merger and acquisition）是进入新业务领域最通行的一种做法。这不仅是因为与从头开始一项全新业务相比，它是一条进入目标市场的捷径，而且因为它提供了一种跨越壁垒进入新业务领域的有效办法。这些壁垒包括获得技术方面的经验、建立与供应商的联系、达到足够大的规模以抗衡对手的效率和单位成本、不得不在广告和促销方面进行大量开支以获得市场青睐和品牌承认、保证有足够的销量等。在很多行业中，选择内部创业的道路并试图发展为有效率的竞争者所必需的知识、资金、运作规模和市场声誉可能要花费数年的时间，而并购一个已建好的相关企业，则可以使进入者直接进入到在目标行业建立强大的市场地位的阶段。并购（M&A）是企业取得外部资源，谋求对外发展的战略，它包括兼并和收购两种含义。

（1）并购的动因。企业可能出于以下原因进行兼并或收购：

通过引进新的产品系列、占据市场份额来实现营销方面的优势。许多企业拥有较强实力和某些资源，在此情况下，通过并购同行业的企业和相关的企业，可以迅速达到壮大市场力量的目的。

通过收购本行业中的企业来对新进入者设置更为有效的壁垒。

实现多元化。实现多元化经营战略的最常用的方法之一就是进行并购。企业认为在现有的市场或业务领域内开发新产品和建立新企业是比较容易的，这是因为企业的管理者对产品和市场都非常了解。然而，企业要开发与现有业务完全不同的新产品或进入一个新的市场，管理者就会感到很困难。因此，多元化经营很少是通过内部开发来实现的，尤其是跨行业的非相关多元化，通常是通过并购实现的。

获取规模经济，以更大的产量和大批购买来削减成本。

获得技术与技能。

获得流行资源。购买方可通过发行额外的股票，特别是市盈率高的股票作为支付对价。

通过形成大到无法被收购的规模来避免被别人收购而保持独立性。

（2）并购的类型。企业并购有许多具体形式，这些形式可以从不同的角度加以分类。

第一，按并购双方所处的行业分类。按并购方与被并购方所处的行业相同与否，可以分为横向并购、纵向并购和混合并购三种。

横向并购是指并购方与被并购方处于同一行业。横向并购可以消除重复设施，提供系列产品或服务，实现优势互补，扩大市场份额。

纵向并购是指在经营对象上有密切联系，但处于不同产销阶段的企业之间的并购。按照产品实体流动的方向，纵向并购又可分为顺向并购与逆向并购。顺向并购是指沿着产品实体流动方向所发生的并购，如产品原料生产企业并购加工企业，或销售商或最终客户，或加工企业并购销售企业等；逆向并购是指沿着产品实体流动的反向所发生的并购，如加工企业并购原料供应商，或销售企业并购原料供应企业或加工企业等。纵向并购可以加强企业经营整体的计划性，协调供产销结构，增强企业竞争能力。

混合并购是指处于不同行业、在经营上也无密切联系的企业之间的并购。例如，一家生产家用电器的企业兼并一家旅行社。混合并购的目的在于实现投资多元化，减少行业不景气可能造成的经营风险，扩大企业经营规模。

第二，按被并购方的态度分类。按被并购方对并购所持态度不同，可分为友善并购和敌意并购。

友善并购通常是指并购方与被并购方通过友好协商确定并购条件，在双方意见基本一致的情况下实现产权转让的一类并购。此种并购一般先由并购方选择被并购方，并主动与对方的管理当局接洽，商讨并购事宜。经过双方充分磋商签订并购协议，履行必要的手续后完成并购。在特殊的情况下，也有被并购方主动请求并购方接管本企业的情形。

敌意并购又叫恶意并购，通常是指当友好协商遭到拒绝后，并购方不顾被并购方的意愿采取强制手段，强行收购对方企业的一类并购。敌意并购也可能采取不与被并购方进行任何接触，而在股票市场上收购被并购方股票，从而实现对被并购方控股或兼并的形式。由于种种原因，并购（尤其是兼并）往往不能通过友好协商达成协议，被并购方从自身的利益出发，拒不接受并购方的并购条件，并可能采取一切抵制并购的措施加以反抗。在这种情形下敌意并购就有可能发生。

第三，按并购方的身份分类，按照并购方的不同身份，可以分为产业资本并购和金融资本并购。

产业资本并购一般由非金融企业进行，即非金融企业作为并购方，通过一定程序和渠道取得目标企业全部或部分资产所有权的并购行为。并购的具体过程是从证券市场上取得目标企业的股权证券，或者向目标企业直接投资，以便分享目标企业的产业利润。正因为如此，产业资本并购表现出针锋相对、寸利必争的态势，谈判时间长，条件苛刻。

金融资本并购一般由投资银行或非银行金融机构（如金融投资企业、私募基金、风险投资基金等）进行。金融资本并购有两种形式：一种是金融资本直接与目标资本谈判，以一定的条件购买目标企业的所有权，或当目标企业增资扩股时，以一定的价格购买其股权；二是由金融资本在证券市场上收购目标企业的股票从而达到控股的目的。金融资本与产业资本不同，它是一种寄生性资本，既无先进技术，也无须直接管理收购目标。金融资本一般并不以谋求产业利润为首要目的，而是靠购入然后售出企业的所有权来获得投资利润。因此，金融资本并购具有较大的风险性。

第四，按收购资金来源分类。按收购资金来源渠道的不同，可分为杠杆收购和非杠杆收购。无论以何种形式实现企业收购，收购方总要为取得目标企业的部分或全部所有权而支出大笔的资金。收购方在实施企业收购时，如果其主体资金来源是对外负债，即是在银行贷款或金融市场借贷的支持下完成的，就将其称为杠杆收购。相应地，如果收购方的主体资金来源是自有资金，则称为非杠杆收购。

杠杆收购的一般做法是由收购企业委托专门从事企业收购的经纪企业，派有经验的专家负责分析市场，发现和研究那些经营业绩不佳却有发展前途的企业。确定收购目标后，再以收购企业的名义向外大举借债，通过股市途径或以向股东发出要约的方式，收购目标企业的经营控制权。

杠杆收购的突出特点是收购者不需要投入全部资本即可完成收购。一般而言，在收购所需的全部资本构成中，收购者自有资本只占收购资本总额的 10%～15%，银行贷款占收购资本总额的 50%～70%，发行债券筹资占 20%～40%（一般资本结构稳健的企业，债务资本不会超过总资本的 2/3，而举借高利贷收购的企业，其债务资本则远远超过其自有资本，往往占总资本的 90%～95%）。由于这种做法只需以较少的资本代价即可完成收购，即利用"财务杠杆"原理进行兼并，故而被称为杠杆收购。很显然，只有企业的全部资产收益大于借贷资本的平均成本，杠杆才能产生正效应。因此，杠杆收购是一种风险很高的企业并购方式。杠杆收购在20世纪60年代出现于美国，其后得到较快发展，80年代曾风行于美国和欧洲。

（3）并购失败的原因分析。在企业并购的实践中，许多企业并没有达到预期的目标，甚至遭到了失败。一些学者对此作了大量的分析研究，发现企业并购失败的主要原因有以下几个方面。

一是并购后不能很好地进行企业整合。企业在通过并购战略进入一个新的经营领域时，并购行为的结束只是成功的一半，并购后的整合状况将最终决定并购战略的实施是否有利于企业的发展。企业完成并购后，面临着战略、组织、制度、业务和文化等多方面的整合。其中，企业文化的整合是最基本、最核心，也是最困难的工作。企业文化是否能够完善地融为一体影响着企业生产运营的各个方面。如果并购企业与被并购企业在企业文化上存在很大的差异，企业并购以后，被并购企业的员工不喜欢并购企业的管理作风，并购后的企业便很难管理，而且会严重影响企业的效益。例如，通过并购得到迅速发展的海尔集团提出自己的经验：在并购时，首先去的地方不应是财务部门，而应是被并购企业的企业文化中心。企业应当重视用企业文化而不是资产来改造被并购企业。

二是决策不当的并购。企业在并购前，或者没有认真地分析目标企业的潜在成本和效益，过于草率地并购，结果无法对被并购企业进行合理的管理；或者高估并购后所带来的潜在的经济效益，高估自己对被并购企业的管理能力，结果遭到失败。例如，20世纪70年代中期，一些软性饮料公司认为自己可以运用在饮料方面的完善的营销能力控制美国的酿酒行业，但在收购了几家酿酒公司以后，它们认识到酒类产品与饮料产品是大不相同的，各自有不同的消费者、定价系统及分销渠道。软性饮料公司最终只好将酿酒公司卖出，结果损失极大。

三是支付过高的并购费用。当企业想以收购股票的方式并购上市公司时，对方往往会抬高股票价格，尤其是在被收购公司拒绝被收购时，会为收购企业设置种种障碍，增加收购的代价。另外，企业在用竞标方式进行并购时，也往往要支付高于标的价格才能成功并购。这种高代价并购会增加企业的财务负担，使企业从并购的一开始就面临着效益的挑战。

凡此种种，企业在并购时应引起注意，避免由于准备不足或过于自信而造成并购失败。

（4）跨境并购。跨境并购提供了一种更快或以较低成本（与尝试开发自有资源相比）进入新市场或增加市场份额的机会。然而，购买海外企业会更具风险。购买方应当对以下方面进行评估：行业中技术进步的前景；竞争对手对该收购的反应；政府干预及法规制约的可能性；竞争对手的规模及优势；从兼并或收购中获得的协同效应；行业所处的阶段及其长期前景。

（5）协同效应。协同效应指从两个或两个以上的企业并购中所获得的好处，一般这些好处无法从独立的企业中获得。有时，协同效应被表示为"1＋1＝3"。协同效应产生于互补资源，而这些资源与正在开发的产品或市场是相互兼容的，协同效应通常通过技术转移或经营活动共享得以实现。协同效应有四大来源：

一是营销与销售协同效应。即可将一家企业的品牌用于另一家企业的产品，采用共同的销售团队和广告来为客户提供更广泛的产品。

二是经营协同效应，包括：在购买原材料和固定设备等方面的规模经济；共同使用分销渠道和仓库存储；将后勤、商店和工厂等进行整合；清除季节性波动的影响，如一家企业处于旺季时另一家企业正处于淡季。

三是财务协同效应。风险分散可使企业能够以较低的成本取得资金。如果兼并企业属于类似行业，可减少市场竞争；可从相同的研发中分享利益，保持更稳定的现金流和出售盈余资产。

四是管理协同效应。高薪聘请管理者来管理境况不佳的企业而不是管理境况良好的企业。他们在整个企业中传播知识，为较大企业中的管理专业化提供更多的机会。

(6) 选择并购对象时的价值评估。管理层要对并购对象的价值进行评估。可采用以下几种方法：

市盈率法。将目标企业的每股收益与收购方（如果双方是可比较的）的市盈率相乘，或与目标企业处于同行业运行良好的企业的市盈率相乘。这样就为评估目标企业的最大价值提供了一项指引。

目标企业的股票现价。这可能是股东愿意接受的最低价。一般股东希望能得到一个高于现价的溢价。

净资产价值（包括品牌）。这是股东愿意接受的另一个最低价，但是可能更适用于拥有大量资产的企业或计划对不良资产组进行分类时的情况。

股票生息率。为股票的投资价值提供了一项指引。

现金流折现法。如果收购产生了现金流，则应当采用合适的折现率。

投资回报率。根据投资回报率所估计出的未来利润对企业进行估值。

在并购中，一方可发行股票，然后通过"股份交换协议"来购买被收购企业的股份以支付收购的代价；或通过借债来购买目标企业的股份（被称为杠杆收购）；或使用现金或综合采用上述方式进行收购。

(7) 波特的吸引力测试。收购不可能改变由于行业结构缺陷而导致的长期无利润的局面。由于成本原因，理想的收购应该发生在一个不太具有吸引力但能够变得更具吸引力的行业中。波特提出了两项测试：

第一，"进入成本"测试。事实上，通常有吸引力的行业往往需要较高的进入成本。为收购企业而支付的溢价是一个很重要的考虑因素。

第二，"相得益彰"测试。收购必须能为股东带来他们自己无法创造的好处。仅为企业利益而进行的多元化并购不能增加股东的财富。资产剥离也只能产生一次性的好处，并不能为长远投资打下良好的基础。

3. 联合发展和战略联盟。

联合发展的新策略已经变得十分普遍，因为企业并不总是能仅依赖内部资源来应对日益复杂的环境。它们可能发现自己较难获得所需的原料、技术、资金或新市场，而通过合作就可轻易地得到这些，如同企业完全拥有这些资源一样。其他企业采用联合战略可能是受到全球化战略带来的好处的影响。战略联盟具有众多形式，而且可以采用许多不同手段，为联盟者提供了一种保障长期业务合作关系的纽带。战略联盟可能会衍生出合资经营、技术共享、市场与销售协议、风险资本投资、特许经营、OEM 等发展战略。联盟企业之间在合作中竞争，在竞争中合作，并在合作过程中获取更多的竞争优势。以下介绍常用的几种战略形式。

(1) 合营企业。合营企业是指两个或两个以上的企业成立第三方组织，进行共同管理、共同承担风险和共享利润的企业,或以其他系统化的方式合作来共同对企业进行控制。合营企业对小型企业或风险规避型企业特别有吸引力,或者特别适用于研发成本非常高的技术开发。

合营企业具有以下优点:一是允许企业覆盖大量的国家或地区;二是可减少政府干预的风险;三是可对经营进行更紧密的控制;四是合营企业中有本地企业可提供当地知识;五是它也可以作为一项学习活动;六是为成本高的技术研究项目提供资金;七是经常可用于购买或建立全资的国外制造企业;八是可从另一家企业那里获得在一家企业中无法获得的核心竞争力。

合营企业的缺点:一是在利润分成、投资金额、合营企业的管理以及营销战略方面存在严重的冲突;二是合营各方为保护知识产权(如专有的产品设计)而产生的冲突;三是当合作一方改变经营战略或被另一家企业收购时,它可能会计划退出合营企业;四是缺少管理权益,合营企业的管理者可能会被排除于母公司的管理核心之外;五是可能会难以跨地理领域或法规领域实施合同权利。

(2) 特许经营。特许经营是指具有产品、服务或品牌竞争优势的企业,选择并授权若干家企业从事其特许业务活动的一种经营方式。特许经营的本质是控制、沟通、自主及持续关系,即授权企业为实现合作的双赢对接受特许权的企业进行经营指导和控制,并收取一定的特许费。合作企业之间既是一种控制的关系,也是一种相互沟通协作、彼此尊重对方的自主权的持续关系。一旦特许方发现被特许方有违反协议的行为或要求,或者双方感到这种合作无利可图,那么特许方可以收回特许权,被特许方也可以退出特许经营,从而终止这种关系。

现有的特许经营体系有四种类型:第一种,制造企业与零售业相结合,如汽车企业或石油企业对销售店或加油站的特许;第二种,制造企业与批发商相结合,如著名饮料企业把商标或品牌的特许权转让给批发商;第三种,服务企业与零售店相结合,如日常生活中经常遇到的快餐服务、食品销售、美容美发等以服务为中心的零售特许;第四种,批发商和零售店相结合,即批发商把个人的商誉卖给零售店而结成的一种关系,是零售店得到的一种品牌或在一定地区的特许代理权、包销权。

(3) OEM(Original Equipment Manufacture)。OEM 即为一方(委托方)提供技术、工艺、设计方案、市场、规范、标准、质量要求等产品要素,另一方(制造方)按订单加工的长期战略联盟方式,也称委托制造。

从理论上讲,OEM 的运行必须具有一定的基础和条件,简单地说,就是要具备外部卓越的制造能力和自身优秀的无形资产。更通俗地理解为"别人的设备,自己的品牌"。在此基础上,要求建立系统的 OEM 运行体系和完善的管理机制,以保证 OEM 的高效运作。

第一,委托方应该具备的条件:优秀的技术输出能力;优秀的品牌形象;广泛的市场网络;产品开发能力;技术控制能力。

第二,制造方应该具备的条件:过剩的、优秀的制造能力;真诚的合作意愿;缺乏市场开拓能力。

OEM 方式实际是一种强强联合的方式,合作双方是优势互补。一方拥有过剩的生产力,通过产销量的增长来降低单位产品的制造成本;而另一方则是通过原有的网络优势、品牌优势促进产品销售,降低各种广告、促销费用,相对地降低了营销成本。这种方式节省固定资产投资,使大量的资本投资用于更好的资源配置,使项目的财务成本得以降低。

三、战略评估及选择

面对几个战略，管理者必须作出最佳选择。不同的决策者对最佳战略的定义各有不同。毫无疑问，许多管理者采用的是经验法则，但近年来人们最常讨论的是增长和份额矩阵、生命周期理论以及相关的产品或市场评估组合矩阵、差距分析和定向政策矩阵。这些模型中所探讨的关系都是非常重要的，但它们只是了解了战略的组成，绝对不能取代对企业现状及未来方向的全面了解。这些模型的结构极具说明性，因为它们非常简单，用它们能很方便地解释某个投资组合问题或战略组成要素。它们的优点是将复杂的变量简化成易于理解的参数并用易于解释的同语来予以描述。

可以基于以下几点去理解评判战略的成功标准：

1. 可行性标准。

它评估战略在实践中会如何运行。例如，是否有足够的资源使战略得以实施？是否有足够的资金？是否可获得相关技术的支持？我们的员工能力是否足够？

2. 可接受标准。

它评估战略的收益结果是否可被接受。例如，战略产生的利润或增长是否足以达到高级管理者、股东及其他权益持有者的期望？接受标准的另一指标是该战略所涉及的风险水平：该战略的实施是否需要对企业结构进行重大改变？

3. 适宜性标准。

它评价备选战略在多大程度上适用于战略分析中所识别出的问题。该战略是否充分利用了企业的优点，克服或避免了企业的缺点并且应对了环境方面的威胁？它是否有助于企业实现目标？

图3-8中的框架说明了如何运用适宜性评估来对战略进行筛选。先对战略逻辑、文化适宜性和研究证据进行适宜性评估，选择出一些可行的战略后，采用可行性标准和可接受标准对其进行更详细的评估。

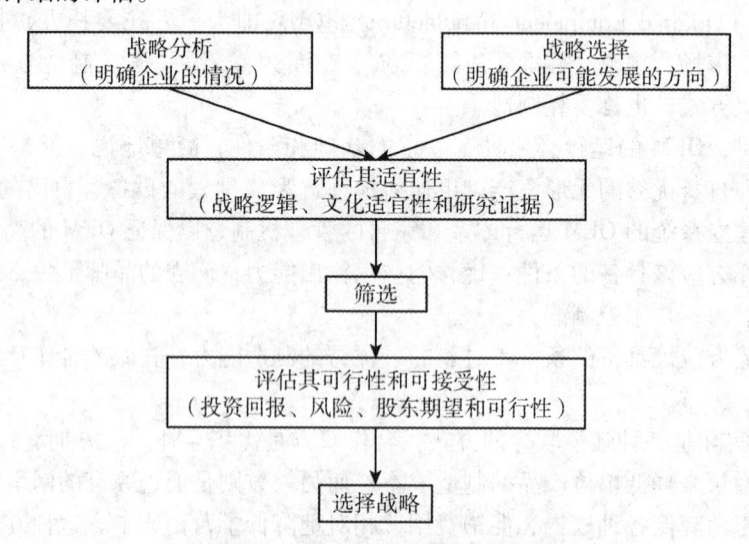

图3-8 战略评判的成功标准框架

(一) 战略适宜性的分析

1. 评估战略适宜性的考虑因素。

适宜性是指备选战略是否与组织的期望和能力相一致,以及战略是否对周围相关的事件及趋势作出适当反应。战略的适宜性的分析围绕着以下几个选择展开:

(1) 维持市场份额,即企业在所处的某一市场中维持现有的市场份额。例如,当管理者因自身临近退休而希望企业保持现有规模时,这一战略可能是比较适用的。

(2) 市场扩张,即企业在所处的某一市场中增加市场份额。例如,当企业有多余的生产能力或分销能力时,希望增加现有客户的购买量,这一战略可能是比较适用的。

(3) 市场紧缩,即企业在所处的某一市场中减少市场份额。例如,当企业没有资金投入大型的投资改善计划以保持市场份额,或当企业的市场受到廉价产品的侵蚀时,这一战略可能是比较适用的。适宜性评估是用于战略筛选的有效方法,对可选战略进行以下提问:

该战略是否充分利用了企业的优点。例如,为技术娴熟的工匠提供了工作或充分利用了环境优势,以及是否帮助组织在市场中建立新的增长领域?

该战略在多大程度上解决了分析中所识别的难题。例如,是否提高了企业的竞争地位、解决了企业的资金流动性问题或减轻了企业对特定供应商的依赖?

所选择的战略是否与企业的目标一致。例如,是否达到了利润目标和增长期望值,或是否保持了业主的控制权?

2. 生命周期分析。

生命周期分析基于这样一个理念:一方面,产品或业务单元的生命周期的各个阶段之间存在可预测的关系;另一方面,战略的各个要素之间存在可预测的关系。本书的第七章会有更详尽的讨论。

3. 资源和能力考虑。

为了实现竞争优势,企业需要采用一个基于组织现有资源和能力的战略,并且需要制定战略来发展其他资源和能力。对任何新战略进行评估时,应重点考虑其是否适用于该企业的现有战略资源。如果备选战略需要现有战略资源以外的战略资源,并且需要大量地提高企业现有的能力,则该战略有可能不适用于该企业。

4. 企业概况分析。

该方法将可用的战略的预期效果与研究发现所确定的有利参数进行比较来评估备选战略的适宜性。这些参数包括市场地位、财务实务、质量、产量、生产能力、经营效率、营销支出、议价能力以及后勤等。

(二) 战略筛选

在评估战略的适宜性后,可进行战略筛选。一般来说,三种可行的战略筛选方法包括:

1. 情景分析法。

这种方法将特定战略与一系列可能的未来结果匹配在一起,特别适用于存在高度不确定性的情况。

2. 评级和评分法。

这种方法按照与企业战略情况相关的一套预定因素对战略进行分级。

3. 决策树法。

这种方法也是按照一系列关键战略因素来评估特定战略。当需要按顺序作出几项决策且决策过程变得很复杂时，这个方法特别有效。使用决策树，可将复杂的问题分解成一系列简单的问题，同时使决策者能在问题的每个阶段取得相关的专家意见。这个方法通过淘汰其他战略来对各种战略进行分级。淘汰过程中应识别几个关键要素和未来将采用的发展方向。例如，增长、投资和多元化。编制决策树的方法如下：

(1) 画出决策树，显示所有选择、结果及其价值，以及相关的概率。
(2) 计算决策点的期望值，向前推进制订出最佳行动方案。

每棵决策树从决策点开始，这些决策点具有决策者正在考虑的备选决策应当为每个备选决策或方案画一根线或一根树枝。如果某个选择的结果是确定的，那么与该备选决策相应的树枝就是确定的。相反，如果某个选择的结果是不确定的，那么必须画出各种可能的结果。在决策树中要应用特别的符号来确定决策点和不确定的结果点。经常用的符号有三角形、圆形和正方形。

(三) 战略的可行性分析

对战略的可行性进行评估时，必须考虑以下因素：(1) 该战略是否能得到足够的资金支持；(2) 企业的绩效是否能达到必需的水平，例如，质量或服务是否达到必需的水平；(3) 是否能达到必需的市场地位，并且是否具有必要的营销技巧；(4) 企业是否能处理来自竞争对手的挑战；(5) 企业将如何确保管理层和经营层具有必要的能力；(6) 是否具有足以在市场中进行有效竞争的技术（与产品和流程相关的技术）；(7) 是否能获得必要的原料和服务；(8) 企业是否能够交付该战略中指定的商品和服务；(9) 是否有足够的时间来实施该战略。

有些战略并不能利用企业的现有能力、人员技能和专业技术。此时，企业需要获得新能力；那么，这些战略的可行性就存在疑问。主要原因：通过内生增长来获得专业技术和经验比较费时；如果为了快速进入一个新的产品市场领域而必须收购另一家企业，那么收购政策的坏处可能会大于好处；必须有时间让新的企业模式和沟通模式得以发展、自由运行，让个人能力及关系变得成熟。

评估战略可行性的方法有三种：资金流量分析、盈亏平衡分析和资源配置分析。

1. 资金流量分析。

资金流量分析的目的是为了确定一个战略需要哪些资金以及这些资金有哪些来源。例如，对备选战略的评估可能会经历下列流程：(1) 评估必需的资金投资；(2) 预测可赚得的累计利润；(3) 估计必须增加的营运资本；(4) 估计纳税义务和预期的股息支付。关于不同类型的融资内容，请参考第七章。

2. 盈亏平衡分析。

盈亏平衡分析是一种简单且广泛使用的方法，有助于研究可行性评估的一些关键方面。盈亏平衡可以被定义为：新战略的总成本和总收入相等的那个点。盈亏平衡分析的盈亏平衡点，即固定成本和变动成本之和等于总的销售收入。知道某些产品的盈亏平衡点后，即可对净利润进行预测，而净利润是从各种以数量或金额表示的销售量计算得出的。它经常被用于评估某战略是否能达到目标回报率，如利润。它也对各阶段的风险进行评估，特别是在不同的备选战略需要截然不同的成本结构的情况下。盈亏平衡分析可针对几个方面的问题：（1）是否达到了生存所必需的市场渗透水平；（2）是否会允许竞争对手进入市场分割利润；（3）实际上是否可达到假设的成本和质量；（4）是否获得资金，为工厂运行提供必需的产量和熟练劳动力。但是，由于以下假设，使得这种方法在实务中比较受争议：（1）成本能容易地被分为固定成本和变动成本；（2）固定成本保持不变；（3）在分析中所用的数量范围内，变动成本和收入的关系是线性的；（4）在一定的限制条件下，变动成本随着销售收入成比例变动；（5）能够预测变动价格下的销售数量。

尽管存在这些问题，盈亏平衡分析法仍然具有简单且容易理解的优点。只要谨慎使用，它就是战略选择分析中的一个有用工具。

3. 资源配置分析。

前两种方法集中于评估财务方面的可行性。对企业特定战略相关的资源实力进行更广泛的评估通常也颇具价值。可以通过资源配置分析来实现这一点，这是一种对备选战略进行比较的方法。

资源配置分析是一种在资源方面对战略进行评分的方法。企业应当列出未来将选用的战略的资源需求，并注明每个战略的重点，然后应当进行与备选战略相匹配的资源分析。通过重点分析价值活动使资源配置分析与竞争战略紧密联系在一起。这些价值活动是成本优势或价值创造过程的最坚实的基础，从而可将资源配置分析作为股东价值分析的一部分。资源配置分析可能存在风险，因为它可能促使企业选择一个最合适现有资源配置的战略，而忽视了未来。资源配置分析的真正作用应该是对战略的内涵进行评估，以确定必须对组织资源进行哪些改变。

（四）战略的可接受性分析

1. 评估可接受性的考虑因素。

在进行战略的适宜性和可行性评估后，应该进行可接受性评估。可接受性评估主要是对所有股东的看法进行评估，特别是那些拥有重大权利且愿意行使权利的股东。它涉及评估人们的期望值和战略的预期绩效。这包括对投资回报率（股东可能得到的好处）和风险（不能达到目标的风险以及相关后果）进行考虑。

"谁可接受该战略所产生的结果？"这一问题要求企业在进行分析时必须考虑周全。回答以下问题有助于确定战略可能产生的结果：（1）企业会获得怎样的利润？相应地，对公众企业应当进行成本和效益评估。对战略进行评估时应考虑该战略在多大程度上有助于实现主要目标，如投资回报率、增长率、每股收益和现金流量。这些财务指标主要用于衡量股东的满意度。（2）财务风险（如流动性）将如何变化？（3）该战略会对资本结构（资产负债比率或股份所有权）产生哪些影响？（4）部门、小组或员工的职责，是否会发生重大改变？（5）企业与外部的利益相关者（如供应商、政府、团体和客户）之间的关系是否会改变？客户可能会反对某个战略，因为它意味着减少服务，也可能他们也别无选择。其他有影响的利益相关者包括银行和政府。根据与垄断及兼并相关的法规，政府可能会禁止涉及收购的战略。同样地，战略对环境的影响可能导致利益相关者不同意该战略。例如，国家及地区政府不赞同在郊区建超市。（6）企业所处的环境是否接受该战略所产生的后果，如严重的噪声或污染。

在对利益相关者的分析中，会发现需要进一步考虑以下因素：一是财务方面因素，对战略在多大程度上有助于实现增加股东财富的主要目标进行评价，可采用投资回报率、利润、增长率、每股收益和现金流量等指标；二是客户可能会反对某个战略，因为它意味着减少服务，但也可能他们也别无选择；三是银行是否对现金资源、债务水平等感兴趣；四是根据与反垄断及兼并相关的法规，政府可能会禁止涉及收购的战略。同样地，战略对环境的影响可能导致利益相关者不同意该战略；五是该分析还包括对道德及企业的社会责任加以考虑。

可接受性分析中还有一个重要问题——风险。不同的利益相关者对风险持不同态度。一个战略，无论是出于什么原因，一旦风险收益率改变，它就可能不会被利益相关者所接受。

2. 测试战略的可接受性。

有好几种方法可用于测试选定战略的可接受性。它们包含了目标和行动计划应当达到的各种标准。可将这些标准作为要素排列在矩阵的一个轴上，而该矩阵的另一个轴排列着各种备选战略。然后针对每项标准对各战略进行评分。最后可根据每个战略的得分来选出最佳战略。选定的战略应当符合以下方面：

（1）环境因素。即环境分析中所确定的环境因素。选定的战略应该能解决主要威胁和利用重大机会，无论是现在的还是将来的。毕竟，战略的主要作用之一是将企业与环境融合在一起。只有通过利用机会避免或克服威胁，企业才有可能与环境融合在一起。

（2）内部能力和特征。这是指应该将谁的能力和技能包含在战略中，以便对其进行强调；应该提及谁的缺点以便在恰当的时间内对其进行纠正。另一个内部特征是指管理能力，即现有的或未来的管理层必须能够实施该战略。

（3）可用资源。该战略必须适用于企业现在和未来可获得的实物设施和财务资源。未来的资源必须是企业的能力范围以内可获得的资源，并且必须对其进行详细的了解。为说明新战略对企业产生的财务影响而编制的预计财务报表，可用来说明企业生产是否有能力获得必要的资源。

（4）风险偏好。这涉及确保选定的战略完全适用于管理层和所有者的风险收益偏好。喜欢冒险的人会倾向于选择包含高风险但可能带来高回报的战略。他们往往会强调企业的优点和环境所产生的机会，充满信心和雄心地进行经营，并且处理好所面临的挑战；通常他们喜欢创新胜过模仿。而逃避风险的人喜欢防御性较强、比较保守的战略。他们试图维持现有的能力，而不想进行需要新能力和技术的项目，遇到不确定情况会畏缩不前，而且往往成为市场中的追随者而非领先者。

3. 特定战略所产生的投资回报。

衡量战略的可接受性的主要方法是对特定战略可能产生的投资回报进行评估，对影响投资决策的战略性问题进行量化并不容易甚至不可能。通常需要使用以下四种财务技术方法：投入资本回报率法、现金净流量法、投资回收期法和未来现金流折现分析法。

（1）投入资本回报率法。投入资本回报率等于获取利润的数量除以新战略需要投入的资本。预期营业利润是指评估战略实施一段时间之后的营业利润，通常是税前利润。预计营业利润除以项目中投入的资本，后者通常是年内投入资本的平均值。对正在进行的商业投资，企业通常会有一个资本回报率的门槛，如果达不到这种投资回报率，就可能需要认真讨论是否放弃这项战略。这个门槛的设定通常和企业的资本成本有关。如果资本是廉价的，就会设定一个较低的门槛。

（2）现金净流量法。现金净流量是折旧前的利润减去在项目营运资本上的周期性投资。这种现金流量计算方法的重要性在于企业破产能够承受的负现金流量能力。它完全可能在未来带来巨额的利润，因此资本报酬率看上去不错。但是，可能短期内有大额的负的现金流量，意味着企业将会破产，企业在等待未来利润时可能无法支付当前的负债。还有一种近似现金净流量的计算方法，是将新战略产生的税前利润的总额加上折旧，减去在新战略中投入的资本。

（3）投资回收期法。当项目在最初几年需要大量的资本投资时，通常使用投资回收期法。由于企业从冒险中获得利润，在经营中产生的净现金流首先作为收回初始投资，之后才作为利润。投资回收期就是收回初始投资所用的时间，通常以年来计算。回收的现金流量不能折现，只是在他们发生的年度里进行简单的平均加减。一般来说，汽车行业的投资回收期通常为3~5年。这是因为这一行业中资本投入巨大且行业竞争激烈，使得毛利率很低。在消费品行业，投资回收期可能比较短，不是因为这个市场竞争性较弱，而是由于这一行业中某些项目的毛利率较高。

（4）未来现金流折现分析法（DCF）。折现现金流是在重新评估了现金流量的每个单独因素之后，根据未来战略中的预计现金流量和组织的资本成本计算出其资本的净现值。DCF现在广泛应用于战略选择的评估中。从本质上讲，DCF和投资回收期法不同，前者认为5年后的现金没有目前现金的价值高。这种方法从一开始就评估了项目未来年度的现金净流量，这一点和回收期法相同。这些现金净流量是税后的。在计算时使用组织的资本成本（即回报率或利率）作为折现因子来将每年的现金净流量折成现值。在资本投入的最初几年，现金净流量可能是负的，随后由于销售收入的增加而变为正的。净现值等于未来所有折现现金流在今天的价值之和。采用一些通行的计算机程序就可以使计算过程变得更为简易。

折现现金流量分析法是最广泛使用的投资评估方法，而且实质上是投资回报评估的一种延伸。对净现金流进行评估时，产生现金流的时间越早，折现值越会递增，从而反映了越早产生的现金流越具有价值。

以上的成本和效益分析尝试对备选战略的所有成本及效益（包括无形资产）进行货币价值分析。成本和效益分析的难点之一是确定分析的范围。尽管成本和效益分析有一定的困难，但是在了解它的局限性之后，仍不失为一个很有用的方法。它的主要好处是使人们非常清楚地知道各种影响战略选择的可能因素。

4. 成本和效益分析的局限性。

成本和效益分析经常被用于在公用行业中进行战略评估，在这些公用行业中，一个项目的多项成本及效益往往是无法确定的。这是因为市场力量理论未必能够确定社会成本及效益。

成本和效益分析确定了项目情况及其总目标，并对成本及效益进行了详细的分析。有时对社会成本进行估值会有困难。例如，建一条新的公路可以减少市民大众花在交通上的时间和金钱，但同时也会导致当地居民要忍受过高的噪声。分析时应将这些效益与成本进行比较，并用折现现金流量分析法对项目进行评估，如净现值法或成本效益比率法。

（五）行动计划

一旦选定战略，管理层就可草拟行动计划。选定的行动计划应当与已明确理解的目标相联系，特别是那些与利润表现有关的目标。如果未能将行动计划与被广泛接受和理解的目标相联系，则难以对业绩进行监控。

行动计划除了要与目标相关联外，还应当将竞争对手的反击降到最低。这里应当考虑两个问题。首先，战略应避免在竞争对手最擅长的领域内与其进行直接对抗。当竞争对手的某个优点未受到直接攻击时，它采取应对措施时可能会信心不足。要成功地挑战竞争对手的优势就需要投入大量资金，因此企业一般不会采取这一行为。如果企业只投入很少资金就向竞争对手进行挑战，则它失败的可能性极高，但是如果竞争对手在这方面比较弱，则挑战可能会获得成功。其次，攻击竞争对手的弱点是一个风险较低的做法，但它产生的投资回报率可能不足以证明这种做法是正确的。例如，汽车制造商的主要弱点是不能生产"独一无二"的汽车。全世界范围内，有许多企业尝试充分利用竞争对手的弱点，但是只有少数企业获得了成功。

第三节 战略实施

一、组织结构的基本概念

组织结构是组织为实现共同目标而进行的各种分工和协调的系统。它可以平衡企业组织内专业化与整合两个方面的要求，运用集权和分权的手段对企业生产经营活动进行组织和控制。不同产业、不同生产规模的企业结构是不同的。因此，组织结构的基本构成要素是分工与整合。

（一）分工

分工是指企业为创造价值而对其人员和资源的分配方式。将组织中的任务切割成较小的部分以完成组织工作，此过程即为专业化分工。组织工作经过专业化分工以后，工作的完成是经过片段的组合，每位员工不需要完成整个工作的全部步骤，只需要从事专精的小部分，不必每样工作都精通，如此每位员工均从事其最专业的部分，有助于提升工作效率。一般来讲，专业化程度越高，企业的分工程度就越高。

1. 纵向分工。

管理层次的构成及管理者所管理的人数，即为纵向分工。纵向分工是企业的经营分工，在这条线上决定绩效的分配、权力的分配，所以常常又称之为职权线。

2. 横向分工。

横向分工是企业资源的分工，也就是说公司所有的资源都在这条线上进行专业分配，保障业务部门能够获得支持，所以横向分工是职能线。横向分工最重要的是专业化分工以及专业化水平，同时为了能够确保资源的有效使用，横向分工一定要尽可能简单，尽可能精简，能够减少就不增加，能够合并就合并。

专业化程度是描述组织中把工作任务划分成若干步骤来完成的细化程度。20世纪初，亨利·福特通过建立汽车生产线而富甲天下，享誉全球。他的做法是给公司每一位员工分配特定的、重复性的工作。例如，有的员工只负责装配汽车的右前轮，有的则只负责安装右前门。通过把工作分化成较小的、标准化的任务，使工人能够反复地进行同一项操作。福特利用技能相对有限的员工，每10秒钟就能生产出一辆汽车。福特的经验表明，让员工从事专门化的工作，他们的生产效率会提高。专门化的实质是不由一个人完成一项工作的全部，而是把一项工作分解成若干步骤，每一步骤由一个人独立去做。

（二）整合

整合是指企业为实现预期的目标而用来协调人员与职能的手段。将工作专业分工，被切割成许多小部分以后，再将之整合，整合即实行部门化管理。

一旦通过工作专门化完成任务细分之后，就需要按照类别对它们进行分组以便使共同的工作可以进行协调。对工作活动进行分类主要是根据活动的职能。制造业的经理通过把研发、会计、制造、人事、采购等方面的专业人员划分成共同的部门来组织其工厂。当然，根据职能进行部门的划分适用于所有的组织。一个医院的主要职能部门可能有研究部、护理部、财会部等；而一个职业足球队则可能设球员人事部、售票部、旅行及后勤部等。这种职能分组法的主要优点在于，把同类专家集中在一起，能够提高工作效率，实现规模经济。

总之，分工是将企业转化成不同职能及事业部的手段，而整合是要将不同的部门结合起来。

（三）纵向分工结构

1. 纵向分工结构的基本类型。

纵向分工是指企业高层管理人员为了有效地贯彻执行企业的战略，选择适当的管理层次和正确的控制幅度，并说明连接企业各层管理人员、工作以及各项职能的关系。

在纵向分工中，基本有两种形式：一是高长型组织结构；二是扁平型组织结构。

（1）高长型组织结构。高长型组织结构是指具有一定规模的企业的内部有很多管理层次。在每个层次上，管理人员的控制幅度较窄。这种结构有利于企业内部的控制，但对市场变化的反应较慢。

（2）扁平型组织结构。扁平型组织结构是指具有一定规模的企业的内部管理层次较少。在每个层次上，管理人员的控制幅度较宽。这种结构可以及时地反映市场的变化，并作出相应的反应，但容易造成管理的失控。

企业的管理层次过多，企业的战略难以实施，而且管理费用会大幅度地增加。

管理层次也称为控制层次，它是描述组织纵向结构特征的一个概念。管理幅度也称为管理跨度、控制幅度，它是指一名领导者直接领导的下级部门和人员的数量。管理幅度在很大程度上决定着组织要设置多少层次，配备多少管理人员。在其他条件相同时，管理幅度越宽、管理层次越少，组织效率越高。在成本方面，管理幅度宽的组织效率更高。但是，在某些方面宽幅度可能会降低组织的有效性，也就是说，如果管理幅度过宽，由于主管人员没有足够的时间为下属提供必要的领导和支持，员工的绩效会受到不良影响。

管理幅度窄管理者就可以对员工实行严密的控制。但管理幅度过窄主要有三个缺点：管理层次会因此而增多，管理成本会大大增加；管理层次增多也会减慢决策速度，并使高层管理人员趋于孤立，使组织的垂直沟通更加复杂；容易造成对下属监督过严，妨碍下属的自主性。

2. 纵向分工结构组织内部的管理问题。

（1）集权与分权。在企业组织中，集权与分权各有不同的适用条件，应根据企业的具体情况而定，处理集权与分权的关系，既要防止"失控"，又不能"管死"，应遵循战略上的集权和战术上的分权以及因势而变的原则。

——集权。集权是指企业的高层管理人员拥有最重要的决策权力。在战略管理中，集权可以使企业高层管理人员比较容易地控制与协调企业的生产经营活动，以达到企业预期的目标。特别是在企业遇到危机时，集权制更为重要，它能够及时迅速地对外部环境的变化作出决策，并保证企业内部作出一致的反应。集权型企业一般拥有多级管理层，并将决策权分配给顶部管理层；其管理幅度比较窄，从而呈现出层级式结构。产品线数量有限且关系较为密切的企业更适合采用集权型结构。

集权型决策的优点：一是易于协调各职能间的决策；二是对上下沟通的形式进行了规范；三是能与企业的目标达成一致；四是危急情况下能够作出快速决策；五是有助于实现规模经济；六是这种结构比较适用于由外部机构（如专业的非营利性企业）实施密切监控的企业，因为所有的决策都能得以协调。

集权型决策的缺点：一是高级管理层可能不会重视个别部门的不同要求；二是由于决策时需要通过集权职能的所有层级向上汇报，因此决策时间过长；三是对级别较低的管理者而言，其职业发展有限。

——分权。分权是指将权力分配给事业部、职能部门以及较低层次的管理人员。在管理中，通过分权制，企业降低内部的管理成本，并减少沟通协调的问题。同时，企业的较低层管理人员拥有一定的权力和责任后，会激发他们的责任心，有利于企业的管理。

分权型结构一般包含更少的管理层次，并将决策权分配到较低的层级，从而具有较宽的管理幅度并呈现出扁平型结构。事业部制结构就是一种以产品或市场分组为基础的分权型结构。每个事业部都具有其自身的职能资源。控股企业结构就是分权型结构的扩展，其中每个业务单元都是一家独立经营的企业。

（2）中层管理人员人数。企业在选择管理层次和指挥链时，要根据自己的实际情况。选择高长型组织结构时，要注意这种结构需要较多的中层管理人员，会增加行政管理费用。企业为了降低成本，使其结构效率化，应尽量减少管理层次。

（3）信息传递。企业内部信息传递是企业组织管理中的一个重要环节。企业内部管理层次越多，信息在传递的过程中就会发生不同程度的扭曲，不可能完整地到达信息传递的目的地。这样，也会增加管理的费用。因此，企业在选择高长型组织结构时，应比较慎重。

（4）协调与激励。企业的管理层次过多时，会妨碍内部员工与职能部门间的沟通，增加管理费用。指挥链越长，沟通越困难，会使管理没有弹性。特别是在新技术的企业里，如果采用高长型组织结构，企业通常会遇到各种障碍，不能有效地完成企业的目标。在这种情况下，企业应当采用扁平型组织结构。

在激励方面，高长型组织中的管理人员在行使权力时，往往会受到各种限制。结果，企业的管理人员容易产生推诿现象，不愿意承担责任。高层管理人员就需要花费大量的时间从事协调工作。而在扁平型组织中，一般管理人员拥有较大的职权，并可对自己的职责负责，效益也可以清楚地看出，并有较好的报酬。因此，扁平型组织结构比高长型组织结构更能调动管理人员的积极性。

(四) 横向分工结构

1. 横向分工结构的基本类型。

从横向分工结构考察，企业组织结构有 8 种基本类型：创业型组织结构、职能制组织结构、事业部制组织结构、M 型企业组织结构（多部门结构）、战略业务单位组织结构（SBU）、矩阵制组织结构和 H 型结构（控股企业/控股集团组织结构）和国际化经营企业的组织结构。

（1）创业型组织结构。

含义：创业型组织结构是多数小型企业的标准组织结构模式。创业型组织结构是一种最早的、最简单的组织结构。这种组织结构没有职能机构，从最高管理层到最低层实现直线垂直领导。企业的所有者或管理者对若干下属实施直接控制，并由其下属执行一系列工作任务。这一结构类型的弹性较小并缺乏专业分工，其成功主要依赖于该中心人员的个人能力。

优点：结构比较简单，责任分明，命令统一。

缺点：它要求行政负责人通晓多种知识和技能，亲自处理各种业务。这在业务比较复杂、企业规模比较大的情况下，把所有管理职能都集中到最高主管一人身上，显然是难以胜任的。

适用范围：只适用于规模较小、生产技术比较简单的小型企业，对生产技术和经营管理比较复杂的企业并不适宜。

（2）职能制组织结构。

含义：职能制组织结构是一种按职能划分部门的纵向职能结构，即 U 型结构。企业内部按职能（如生产、销售、开发等）划分成若干部门，各部门独立性很小，均由企业高层领导直接进行管理，即企业实行集中控制和统一指挥。

如在厂长下面设立职能机构和人员，协助厂长从事职能管理工作。这种结构要求行政主管把相应的管理职责和权力交给相关的职能机构，各职能机构就有权在自己业务范围内向下级行政单位发号施令。因此，下级行政负责人除了接受上级行政主管指挥外，还必须接受上级各职能机构的领导。

优点：一是能够通过集中单一部门内所有某一类型的活动来实现规模经济。例如，所有的销售和营销工作都通过销售和营销部门来执行。二是有利于培养职能专家。三是由于任务为常规和重复性任务，因而工作效率得到提高。四是董事会便于监控各个部门。

缺点：一是由于对战略重要性的流程进行了过度细分，在协调不同职能时可能出现问题。二是难以确定各项产品产生的盈亏。三是导致职能间发生冲突、各自为政，而不是出于企业整体利益进行相互合作。四是等级层次以及集权化的决策制定机制会放慢反应速度。

适用范围：职能制组织结构主要适用于中小型的、产品品种比较单一、生产技术发展变化较慢、外部环境比较稳定的企业。

职能制组织结构主要适用于简单/静态环境。在这种环境中，很少有意外事件发生，管理部门的主要作用在于，确保已建立起来的一套常规工作和规章制度能执行下去。

规范化是指组织中的工作实行标准化的程度。如果一种工作的规范化程度较高，就意味着做这项工作的人对工作内容、工作时间、工作手段没有多大自主权。人们总是期望员工以同样的方式投入工作，能够保证稳定一致的产出结果。

在高度规范化的组织中，有明确的工作说明书，有繁杂的组织规章制度，对于工作过程有详尽的规定。而规范化程度较低的工作，相对来说，工作执行者和日程安排就不是那么僵硬，员工对自己工作的处理权限就比较宽。由于个人权限与组织对员工行为的规定成反比，因此工作标准化程度越高，员工决定自己工作方式的权力就越小。工作标准化不仅减少了员工选择工作行为的可能性，而且使员工无须考虑其他行为选择。

组织之间或组织内部不同工作之间规范化程度差别很大。一种极端情况是，众所周知，某些工作规范化程度很低，如出版公司的推销商的工作自由权限就比较大，他们的推销用语不要求标准划一。在行为约束上，不过就是每周交一次推销报告，并对新书出版提出建议。另一种极端情况是那些处于同一出版公司的职员与编辑位置的人，他们必须遵守管理人员制定的一系列详尽的规章制度。

（3）事业部制组织结构。

含义：事业部制组织结构最早是由美国通用汽车总裁斯隆于1924年提出的，也叫"联邦分权化"，实行"集中决策，分散经营"，是一种高度集权下的分权管理体制。事业部制组织结构的战略决策和经营决策相分离。根据业务按产品、服务、客户、地区等设立半自主性的经营事业部，公司的战略决策和经营决策由不同的部门和人员负责，使高层领导从繁重的日常经营业务中解脱出来，集中精力致力于企业的长期经营决策，并监督、协调各事业部的活动和评价各部门的绩效。

事业部制是分级管理、分级核算、自负盈亏的一种形式，即一个公司按地区或按产品类别分成若干个事业部，从产品的设计、原料采购、成本核算、产品制造、一直到产品销售，均由事业部及所属工厂负责，实行单独核算，独立经营，公司总部只保留人事决策、预算控制和监督大权，并通过利润等指标对事业部进行控制。

类型：事业部制组织结构可按照产品、服务、市场或地区为依据进行细分。

第一类，区域事业部制结构：按照特定的地理位置来对企业的活动和人员进行分类。

优点：在企业与其客户的联系上，区域事业部制能实现更好更快的地区决策；与一切皆由总部来运作相比，建立地区工厂或办事处会削减成本费用；有利于海外经营企业应对各种环境变化。

缺点：管理成本的重复；难以处理跨区域的大客户的事务。

第二类，产品/品牌事业部制结构：以企业产品的种类为基础设立若干产品部，而不是以职能或区域为基础进行划分。

优点：生产与销售不同产品的不同职能活动和工作可以通过事业部/经理来予以协调和配合；各个事业部可以集中精力在其自身的区域；易于出售或关闭经营不善的事业部。

缺点：各个事业部会为了争夺有限资源而产生摩擦；各个事业部之间会存在管理成本的重叠和浪费；若产品事业部数量较大，则难以协调，且事业部的高级管理层会缺乏整体观念。

第三类，客户细分或市场细分事业部制结构：通常与销售部门和销售工作相关，由管理者负责联系主要客户。

（4）M型企业组织结构（多部门结构）。

含义：将该企业划分成若干事业部，每一个事业部负责一个或多个产品线。

优点：便于企业的持续成长；首席执行官所在总部员工的工作量会有所减轻；职权被分

派到总部下面的每个事业部；能够对事业部的绩效进行财务评估和比较。

缺点：为事业部分配企业的管理成本比较困难并略带主观性；经常会在事业部之间滋生功能失调性的竞争和摩擦；当一个事业部生产另一个事业部所需要的部件或产品时，确定转移价格也会产生冲突。

适用范围：在 M 型企业组织结构中，重要决策可以在较低的组织层次作出，因此，与职能制组织结构相比，它有利于以一种分权的方式来开展管理工作。M 型企业组织结构一般适于在具有较复杂的产品类别或较广泛的地区分布的企业中采用。

（5）战略业务单位组织结构（SBU）。

含义：战略业务单位组织结构是在 M 型企业组织结构基础上建立的。目的是对多个事业部进行相对集中管理，即分成几个"大组"，便于协调和控制。但它的出现并未改变 M 型企业组织结构的基本形态。

优点：降低了企业总部的控制跨度；控制幅度的降低减轻了总部的信息过度情况；使得具有类似使命、产品、市场或技术的事业部之间能够更好地协调；易于监控每个战略业务单位的绩效。

缺点：总部与事业部和产品层的关系变得疏远；战略业务单位经理为了取得更多的企业资源会引发竞争和摩擦，而这些竞争会变成功能性失调并会对企业的总体绩效产生不利影响。

适用范围：战略业务单位组织结构适用于规模较大的多元化经营的企业。

（6）矩阵制组织结构。

含义：矩阵制组织结构是指既包含职能专业化又包含产品或项目专业化的二元组织结构。矩阵制组织结构是为了改进职能制组织结构横向联系差、缺乏弹性的缺点而形成的一种组织结构形式。矩阵制组织结构由纵、横两套管理系统叠加在一起组成一个矩阵，其中纵向系统是按照职能划分的指挥系统，横向系统一般是按产品、工程项目或服务组成的管理系统。

优点：一是由于项目经理与项目的关系更紧密，因而他们能更直接地参与到与其产品相关的战略中来，从而激发其成功的动力；二是能更加有效地优先考虑关键项目，加强对产品和市场的关注，从而避免职能型结构对产品和市场的关注不足；三是与产品主管和区域主管之间的联系更加直接，从而能够作出更有质量的决策；四是实现了各个部门之间的协作以及各项技能和专门技术的相互交融；五是双重权力使得企业具有多重定位，这样职能专家就不会只关注自身业务范围。

缺点：一是可能导致权力划分不清晰（如谁来负责预算），并在职能工作和项目工作之间产生冲突。二是双重权力容易使管理者之间产生冲突。如果采用混合型结构，非常重要的一点就是确保上级的权力不相互重叠，并清晰地划分权力范围。下属必须知道其工作的各个方面应对哪个上级负责。三是管理层可能难以接受混合型结构，并且管理者可能会觉得另一名管理者将争夺其权力，从而产生危机感。四是协调所有的产品和地区会增加时间成本和财务成本，从而导致制定决策的时间过长。

适用范围：矩阵制组织结构主要适用于复杂/动态环境。在复杂/动态环境中工作的管理人员，在进行决策时往往面临很多不确定因素，常常需要迅速处理一些新的、变化着的问题。这些问题需要多种类型的专业判断和技术知识。而矩阵制组织结构显然是帮助管理人员应付这类环境的有效手段之一。矩阵制组织结构适合应用于因技术发展迅速和产品品种较多而具有创新性强、管理复杂的特点的企业。例如，军事工业、航天工业采用这种组织结构形式，具有突出的优越性。一般工业企业中的科研、新产品试制和规划工作，也可运用这种形式。

（7）H型结构（控股企业/控股集团组织结构）。控股企业/控股集团组织结构是一种多个法人实体集合的母子体制，母子之间主要靠产权纽带来连接。控股企业/控股集团结构较多地出现在由多元化合并而形成的企业之中，这种结构使合并后的各子公司保持了较大的独立性。子公司可分布在完全不同的行业，而母公司则通过各种委员会和职能部门来协调与控制子公司的目标和行为。这种结构的公司往往独立性过强，缺乏必要的战略联系和协调，因此，公司整体资源战略运用存在一定难度。

（8）国际化经营企业的组织结构。企业国际化经营的战略基本上有四种类型，即国际战略、多国本土化战略、全球化战略与跨国战略。

——与"国际战略"相配套的"国际部结构"。"国际战略"是企业国际化经营早期的战略类型。此时，企业的全球化协作程度低，产品对东道国市场需求的适应能力也比较弱，在这种情况下，企业多把产品开发的职能留在母国，而在东道国建立制造和营销职能。其组织结构往往采用国际部制。

国际部也应该是一种事业部制，其事业部的划分可以是按区域划分，也可以是按产品划分，甚至还可能是按区域和产品的混合划分。

——与"多国本土化战略"相配套的"全球区域分部结构"。多国本土化战略是根据不同国家的不同的市场，提供更能满足当地市场需要的产品和服务。采用这种类型的企业往往采用"全球区域分部结构"。

"全球区域分部结构"使地区和国家经理有高度的自主权，可以改变本国的产品战略，使它能适应于所在国家或地区的特殊环境。通常，当地情况对消费者需求影响越大，国家经理所获的自主权也应越大。这样做的主要成效是公司获得了本地迅速适应的能力。因此，区域分部结构对追求多国本土化战略的公司最适用。

从优势的角度看，全球区域分部结构的好处在于使公司能够获得更高的当地反应能力和灵活性。全球区域分部结构最大的弱点在于，母公司对其自治的子公司施行支配性的战略时产生阻力和困难，从而会失去专业化分工带来的好处，最终将以效率的损失为代价。在不同的地区进行研究与开发、采购、营销和分配活动会加大生产和管理成本，而成本的增加给公司带来的负担有时是难以承受的。

——与"全球化战略"相配套的"全球产品分部结构"。全球化战略是向全世界的市场推销标准化的产品和服务，并在较有利的国家集中地进行生产经营活动，由此形成经验曲线和规模经济效益，以获得高额利润。采用这种类型的企业往往采用"全球产品分部结构"。这里的产品分部可以是事业部，也可以是战略业务单位。

当公司在全球范围内进行资源寻求时，产品经理可以根据各国成本和技术的差异来设置活动。在全球产品分部结构下，一些活动会被分散进行，如零件加工和装配；而其他活动则集中进行，如研制开发活动。为了降低成本，欧美公司通常是把一些劳动密集型的活动转移到那些工资水平低、拥有熟练技术工人的国家和免税地区。

在全球产品分部结构下，下属公司的运营并没有太大的自主权，他们只是全球组织中的一个组成部分，谈不上发挥独立的战略作用。在这种情况下，母公司和下属公司之间的协调就变得十分关键。由于专业化是全球化公司战略的核心，下属公司在很大程度上被看作是供货的来源或销售部门。一旦产品进行了最终装配，就由母公司管理整个国际市场的营销。

从优势的角度看，全球产品分部结构的好处是获得了更高的全球效率。全球产品分部结构最大的弱点是，随着时间的推移，下属公司越来越对母公司依赖，母公司与下属公司的互动缺乏创造力，从而导致子公司对当地市场的反应能力受到限制。

——与"跨国战略"相配套的"跨国结构"。跨国战略是将全球化战略的高效率与多国本土化的适应能力结合起来的战略类型。采用这种战略的企业试图通过发展混合型的结构来同时获得两种结构的优势，跨国结构因此而产生。跨国结构是从全球性产品——地区混合结构思路出发，从下属公司的功能与权力角度，对组织结构作进一步优化。

跨国结构试图获得全球区域分部结构和全球产品分部结构的优势，其本质上是一个运作网络，多个总部分布在不同国家。下属公司对本地产品有绝对的控制权，对某些全球化产品提供支持，并控制其他部分全球化产品。为了有效地运作，跨国公司强调广泛的水平联系、有效的沟通和最大限度的灵活性，使公司总部及其下属公司均能增强对竞争的反应能力。全球性产品——区域混合结构适用于那些产品多样化程度很高、地区分散化程度也很大的跨国公司。

跨国结构的目的是力求同时最大限度地提高效率、地区适应能力和组织学习能力。下属公司仍可生产1~2种提供给世界市场的产品，但它们不但要起到工厂的作用，还要对其他产品承担世界范围的责任。换句话说，下属公司可在某些地区起类似国内产品分部的作用，而在另一些地区承担全球产品的责任。

（五）横向分工结构的基本协调机制

协调机制就是建立在企业的分工与协调上的制度。企业组织的协调机制基本上有六种类型：相互适应，自行调整（创业型组织结构、矩阵制结构）；直接指挥，直接控制（创业型组织结构）；工作过程标准化（职能制结构）；工作成果标准化（事业部制结构）；技艺（知识）标准化（专业型企业）；共同价值观（理想型企业）。

1. 相互适应，自行调整（创业型组织结构、矩阵制结构）。

这是一种自我控制方式。组织成员直接通过非正式的、平等的沟通达到协调，相互之间不存在指挥与被指挥的关系，也没有来自外部的干预。这种机制适合于最简单的组织结构。在十分复杂的组织里，由于人员构成复杂，工作事务事先不能全部规范化，因而也采用这种协调机制，使组织成员边工作、边调整，互相适应、互相协调。

相互调节意味着通过简单的沟通就可以协调工作。以"阿波罗计划"为例：人类首次登月，毫无成例可以借鉴，工作被精细分工到难以置信的地步，数以千计的专家从事不同的工作，最初没有人知道该干什么。随着工作的开展，知识也在增长，之所以最后获得成功，很多时候靠的仍是专家们在未知道路上的相互适应能力。

2. 直接指挥，直接控制（创业型组织结构）。

这是指组织的所有活动都按照一个人的决策和指令行事。负责人发布指示，监督工作。形象地讲，这种协调机制如人的大脑一样，同时协调两只手的活动。直接监督受规模的限制，领导者的精力毕竟有限，一个10来个人的组织，也许他还能玩得转，人再多一些，恐怕就力不从心了。这个时候，组织会出现分层，即出现中间管理层，同时组织成员的工作会出现标准化倾向。

3. 工作过程标准化（职能制结构）。

这是指组织通过预先制定的工作标准来协调生产经营活动。在生产之前，企业向职工明确工作的内容，或对工作制定出操作规程及其规章制度，然后要求工作过程中所有活动都要按这些标准进行，以实现协调。

如果工作本身是单调的，如流水线上的一个工人每天上千次地重复一个动作，另一个工人每天上千次重复另一个动作，那么就可以说这个流程是可控的。通过规章制度，很多问题就解决了，顶多再出现一个泰勒式的人物，整天琢磨着如何让动作更有效率，然后制度化。这种工作协调方式便是工作流程标准化。

4. 工作成果标准化（事业部制结构）。

这是指组织通过预先制定的工作成果标准，实现组织中各种活动的协调。这种协调只规定最终目标，不限定达到目标的途径、方法、手段和过程。如果工作流程复杂到不可控，那么制度的作用便不明显了，就只能通过对工作输出（即工作结果）的控制来达到协调工作的目的。对于一个背着资料和样品满世界跑的营销人员来说，管理者无法时刻监控他做了什么，用严格的制度规定他怎么工作也是不明智的。只需要明确地告诉他，这个月的销售额要达到多少，至于如何实现，自己看着办。

5. 技艺（知识）标准化（专业型企业）。

这是指组织对其成员所应有的技艺、知识加以标准化。有些组织内的工作专业性强，工作过程和工作成果均无法标准化，那么组织只能通过将员工的技能标准化来实现工作协调的目的。这种协调机制主要是依靠组织成员在任职以前就接受了必要的、标准化的训练，成为具有标准化知识和技能的人才。

在实际工作中，他们便可以根据自己的知识和技艺，相互配合与协调。这是一种超前的间接协调机制。例如，陶器厂直接从学校雇用制陶工人，医院直接雇用医生。麻醉师和外科医生在给病人切除阑尾时，几乎不用交流，凭借其接受过的培训，他们就知道从对方手里接过什么器械。

6. 共同价值观（理想型企业）。

这是指组织内全体成员要对组织的战略、目标、宗旨、方针有共同的认识和共同的价值观念，充分地了解组织的处境和自己的工作在全局中的地位和作用，互相信任、彼此团结，具有使命感，组织内的协调和控制达到高度完美的状态。鉴于内部条件和外部环境都是在不断变化的，因而，企业对内要及时调整，发挥创新精神，协调效果和整体优势；对外要灵活适应，快速行动。

从六种类型的关系来看，企业组织简单时，只需要相互适应、自行调整的协调机制。企业组织扩大需要某人单独执行控制工作时，便产生了直接指挥、直接控制机制。当工作变得更加复杂时，协调机制便趋向标准化。在工作相当复杂时，企业便需要采用成果标准化或技艺标准化。在工作极其复杂、难以标准化时，企业往往又自行转回到互相适应调整这种最简单而又最灵活的协调机制上。

不过，这不是一种简单的循环，而是螺旋式上升。实际上，企业不可能在一段时间内只依靠一种协调机制，往往根据不同任务的侧重点不同，混合使用这六种协调机制。

二、企业战略与组织结构

组织结构的功能在于分工和协调,是保证战略实施的必要手段。在探索战略与结构的关系方面,钱德勒在其经典著作《战略和结构》中,首次提出组织结构服从战略的理论。

钱德勒的组织结构服从战略理论可以从以下两个方面展开:

1. 战略的前导性与结构的滞后性。

战略与结构的关系基本上是受产业经济发展制约的。从钱德勒对美国工业企业历史发展的四个阶段分析可以看出,在不同的发展阶段中,企业应有不同的战略,企业的组织结构也相应作出了反应。企业最先对经济发展作出反应的是战略,而不是组织结构,即在反应的过程中存在着战略的前导性和结构的滞后性现象。

(1) 战略前导性。这是指企业战略的变化快于组织结构的变化。这是因为,企业一旦意识到外部环境和内部条件的变化提供了新的机会和需求时,首先会在战略上作出反应,以此谋求经济效益的增长。例如,经济的繁荣与萧条、技术革新的发展都会刺激企业发展或减少现有企业的产品或服务。而当企业自我积累了大量的资源以后,企业也会据此提出新的发展战略。当然,一个新的战略需要有一个新的组织结构,至少在一定程度上调整原来的组织结构。如果组织结构不作出相应的变化,新战略也不会使企业获得更大的效益。

(2) 结构滞后性。这是指企业组织结构的变化常常慢于战略的变化速度。造成这种现象的原因有两种:一是新旧结构的交替需要一定的时间过程。当新的环境出现后,企业首先考虑的是战略。二是新的战略制定出来后,企业才能根据新战略的要求来改组企业旧的组织结构,同时,旧的组织结构管理人员已经熟悉、习惯,且运用自如。

当新的战略制定出来后,他们仍沿用旧有的职权和沟通渠道去管理新的经营活动,总认为原来有效的组织结构不需要改变;另外,当管理人员感到组织结构的变化会威胁到他们个人的地位、权利和心理的安全感时,往往会以各种方式抵制必要的改革。

从战略的前导性和组织结构的滞后性可以看出:在环境变化、战略转变的过程中,总是有一个利用旧结构推行新战略的阶段,即交替时期。

因此,在经济发展时,企业不可错过时机,要制定出与发展相适应的经营战略与发展战略。一旦战略制定出来以后,要正确认识组织结构有一定反应滞后性的特性,不可操之过急。但是,结构反应滞后时间过长将会影响战略实施的效果,企业应努力缩短结构反应滞后的时间,使结构配合战略的实施。

2. 企业发展阶段与结构。

钱德勒有关结构跟随战略的理论是从对企业发展阶段与结构的关系的研究入手的。企业发展到一定阶段,其规模、产品和市场都发生了变化。这时,企业会采用合适的战略,并要求组织结构作出相应的反应。

钱德勒发现了企业趋向于通过一些可预知的模式成长:先是通过数量,然后是地域,再是整合(纵向的),最后是通过产品或业务的多元化,即企业的成长历程决定其组织结构。

(1) 市场渗透战略(数量扩大战略阶段)。在产业发展的初期,企业的外部环境比较稳定。企业着重发展单一产品,只要扩大生产数量,提高生产效率,通过更强的营销手段而获得更大的市场占有率,便可获得高额利润。此时,企业只需采用简单的结构或形式。

(2) 市场开发战略（地区扩散战略阶段）。随着产业进一步发展，在一个地区的生产或销售已不能满足企业的发展速度和需要时，则要求企业将产品或服务扩展到其他地区中去。为了协调这些产品和服务形成标准化和专业化，企业组织要求建立职能部门结构。

(3) 纵向一体化战略（整合阶段）。在产业增长阶段的后期，企业所承受的竞争压力增大。为了减少竞争的压力，企业希望自己拥有一部分原材料的生产能力，或者拥有自己的分销渠道，这就产生了纵向一体化战略。在这种情况下，企业应运用事业部制结构。

(4) 多元化经营战略。在产业进入成熟期，企业为了避免投资或经营风险，持续保持高额利润，开发与企业原有产品不相关的新产品系列。这时企业应根据规模和市场的具体情况，分别采用矩阵结构或战略业务单位结构。

三、组织的战略类型

战略的一个重要特性就是适应性。它强调企业组织要运用已有的资源和可能占有的资源去适应企业组织外部环境和内部条件为企业所发生的相互变化。这种适应是一种复杂的动态的调整过程，要求企业在加强内部管理的同时，不断推出适应环境的有效组织结构。在选择的过程中，企业可以考虑以下四种类型：

1. 防御型战略组织。防御型战略组织主要是要追求一种稳定的环境，试图通过创造一个稳定的经营领域，占领一部分市场，来达到自己的稳定性。防御型组织常采用竞争性定价或高质量产品等经济活动来阻止竞争对手进入它们的领域，保持自己的稳定。

一般来说，技术效率是防御型战略组织获得成功的关键。通过纵向整合，可以提高防御型组织的技术效率，也就是将从原材料供应到最终产品销售的整个过程合并到一个组织系统里来。在行政管理上，防御型组织常常采取"机械式"结构机制，这样，有利于产生并保持高效率，最终形成明显的稳定性。防御型组织适合于较为稳定的行业。但是，该产业也有潜在的危险，不可能对市场环境作重大的改变。

2. 开拓型战略组织。开拓型组织追求一种更为动态的环境，将其能力表现在探索和发现新产品和市场的机会上。在开拓型组织里，开创性问题是为了寻求和开发产品与市场机会。这就要求开拓型组织在寻求新机会的过程中必须具有一种从整体上把握环境变化的能力。由此可见，寻求和开发产品与市场机会是开拓型组织的战略核心任务。

开拓型组织要求它的技术和行政管理具有很大的灵活性，这类组织的结构应采取"有机的"机制。开拓型组织在不断求变当中可以减少环境动荡的影响，但它要冒利润较低与资源分散的风险。在工程技术问题上，该组织由于采用了多种技术，所以很难发挥总体的效率，缺乏效率性，很难获得最大利润。同样，在行政管理上有时也会出现不能有效地使用，甚至错误地使用组织的人力、物力和财力的问题。总之，开拓型组织缺乏效率性，很难获得最大利润。

3. 分析型战略组织。防御型组织与开拓型组织分别处于一个战略调整序列的两个极端。分析型组织处于中间，可以说是开拓型组织与防御型组织的结合体。这种组织总是对各种战略进行理智的选择，试图以最小的风险、最大的机会获得利润。

分析型组织在寻求新的产品和市场机会的同时，会保持传统的产品和市场。它的市场转变是通过模仿开拓型组织已开发成功的产品或市场完成的。同时，该组织又保留防御型组织的特征，依靠一批相当稳定的产品和市场保证其收入的主要部分。因此，成功的分析型组织必须紧随领先的开拓型组织，同时又在自己稳定的产品和市场中保持良好的生产效率。由于其经营业务具有两重性，造成这种组织并不完美。为了达到经营业务上的二重性，该组织必须建立一个双重的技术中心，同时还要管理各种计划系统、控制系统和奖惩系统，这就在一定程度上限制了组织的应变能力，造成既无效能又无效率的危险。

4. 反应型战略组织。上述三种类型的组织尽管各自的形式不同，但在适应外部环境上都具有主动灵活的特点。从两个极端来看，防御型组织在其现有的经营范围内，不断追求更高的效率，而开拓型组织则不断探索环境的变化，寻求新的机会。随着时间的推移，这些组织对外部环境的反应会形成一定的稳定一致的模式。

反应型组织是指企业根据外部环境变化作出反应时，采取一种动荡不定的调整模式的组织形态。由于这种组织形态缺少在变化的环境中随机应变的机制，所以它往往会对环境变化和不确定性作出不适当的反应，对以后的经营行动犹豫不决，随后又会执行不适当的战略决策。结果，反应型组织永远处于不稳定的状态。因此，反应型战略组织在战略选择中是一种下策。只有在上述三种战略都无法运用时，企业才可以考虑使用这种战略。

一个企业组织之所以成为反应型组织，主要有三个原因：

（1）决策层没有明文表达企业战略。这是指企业中只有某个负责人掌握企业的战略。在他领导下，企业会有很好的发展。一旦该负责人由于某种原因离开这个企业时，企业便会陷入一种战略空白的状态。此时，如果企业的各个业务单位都卓有成效，它们会为各自的特殊市场和产品利益发生争执。在这种争执的情况下，新选出来的负责人不可能提出一种统一的企业战略，也不可能形成果断一致的行动。

（2）管理层次中没有形成可适用于现有战略的组织结构。在实践中，战略要与具体的经营决策、技术和行政管理决策统一起来。否则，战略只是一句空话，不能成为行动的指南。例如，企业考虑进一步发展某一经营领域，但被指定完成这一任务的事业部采用的是职能结构，又与其他事业部分享成批生产的技术。在这种情况下，该事业部很难对市场机会做出迅速反应。这个例子说明，这个企业的组织结构没有适应战略的要求。

（3）只注重保持现有的战略与结构的关系，忽视了外部环境条件的变化。有的企业在某些市场方面取得了领先地位，逐渐地采用防御战略。为了降低成本、提高效率，该企业将生产经营业务削减减少数几类产品，并将经营业务整合。但是，当企业的市场饱和以后，大多数产品利润已经减少时，这家企业如果还固守防御型战略和结构，不愿作出重大的调整，必然在经营上遭到失败。

反应型战略组织只适用于经营垄断或被高度操纵的行业。一个企业组织如果不是存在于经营垄断或被高度操纵的产业里，就不应采取反应型组织形态。即使采取了这种战略，也要逐步地过渡到防御型、开拓型或分析型战略组织形态。

四、企业文化

尽管在企业文化的定义和范围上存在着很大的分歧，也没有两个企业的文化是完全相同的。但是，英国当代最知名的管理大师查尔斯·汉迪在1976年提出的关于企业文化的分类至今仍具有相当重要的参考价值。他将文化类型从理论上分为四类，即：权力（power）导向型、角色（role）导向型、任务（task）导向型和人员（people）导向型。

（一）文化分类

1. 权力导向型。

权力导向型文化，也称作集权式文化、铁腕型家长文化，权力中心只有一个，通常是由一位具有领袖魅力的创始人或其继任者，以相当权威化的方式运作。企业的领导方式很强势，有决断力，反应速度很快。而中间管理阶层采取主动的空间不大。这种企业文化，在决策正确的情况下，有助于公司快速成长。但是，同样可能发生的情况是，如果决策错误，将为公司带来灾难。在企业运行中明显忽视人的价值和一般福利。这类企业经常被看成是专横和滥用权力的，因此它可能因中层人员的低士气和高流失率而蒙受损失。权力导向型文化通常存在于家族式企业和初创企业。

2. 角色导向型。

角色导向型文化，也称作各司其职的文化，在大型且注重既定程序的公司里经常可见，每个人的角色、工作程序，以及授权程度，均清楚界定。在这种文化之下，既定的工作说明与工作程序比个人特质重要。这类组织相当稳定且规律化，但也缺乏弹性、步调迟缓。这种企业被称作官僚机构，此类文化最常见于一些历史悠久的银行与保险公司，以及集团企业（如日本的株式会社）、国有企业等。

角色导向型文化十分重视合法性、忠诚和责任。这类企业的权力仍在上层，这类结构十分强调等级和地位，权利和特权是限定的，大家必须遵守。这类企业采用的组织结构往往是职能制结构。

角色导向型文化具有稳定性、持续性的优点，企业的变革往往是循序渐进，而不是突变。在稳定环境中，这类文化可能导致高效率，但是，这类企业不太适合动荡的环境。

3. 任务导向型。

任务导向型文化，也称作目标导向型文化，在这种文化中，管理者关心的是不断地和成功地解决问题，对不同职能和活动的评估完全是依据它们对企业目标做出的贡献。这类企业采用的组织结构往往是矩阵式的，为了对付某一特定问题，企业可以从其他部门暂时抽调人力和其他资源，而一旦问题解决，人员将转向其他任务。所以无连续性是这类企业的一个特征。

实现目标是任务导向型企业的主导思想，不允许有任何事情阻挡目标的实现。企业强调的是速度和灵活性，专长是个人权力和职权的主要来源，并且决定一个人在给定情景中的相对权力。这类文化常见于新兴产业中的企业（特别是一些高科技企业）、公关公司、房地产经纪公司，以及销售公司等。

这类文化具有很强的适应性，个人能高度掌控自己分内的工作，在十分动荡或经常变化的环境中会很成功。但是，这种文化也会给企业带来很高的成本。由于这种文化有赖于不断地试验和学习，所以建立并长期保持这种文化是十分昂贵的。

4. 人员导向型。

这类文化完全不同于上述三种。人员导向型文化，也称作利他导向型文化，在这种文化中，重视个人的文化，主要由个人主导工作，强调个人价值与专业，员工对企业的忠诚度较低。员工通过示范和助人精神来互相影响，而不是采用正式的职权。这一文化常见于俱乐部、协会、专业团体和小型咨询公司。

这类文化中的人员不易管理，企业能给他们施加的影响很小，因而很多企业不能持有这种文化而存在，因为它们往往有超越员工集体目标的企业目标。

（二）文化与绩效

下面，从三个方面讨论文化与绩效的关系：文化为企业创造价值的途径，文化、惯性和不良绩效以及企业文化成为维持竞争优势源泉的条件。

1. 企业文化为企业创造价值的途径。

文化简化了信息处理是指文化减少了企业内个人的信息处理要求，允许个人更好地把注意力集中于他们的本职工作。具体来讲，企业文化中的价值观、行为准则和相应的符号，可以使员工的活动集中于特定的有范围的安排之中。这使他们没有必要就他们在企业中的工作任务是什么进行讨价还价，因而可以减少决策制定的成本并促进工作的专门化，也使得一起工作的员工分享对他们工作的一系列预期，因而减少了不确定性。同时，共同的文化，使得在一起工作的员工始终存在共同关注的焦点，从而提高企业的技术效率。

文化补充了正式控制是指文化补充了正式的控制制度，减少了企业中监督个人的成本。具体来讲，文化作为集体价值观和行为准则的集合体，在组织中能发挥一种控制功能。文化对员工行动的控制是基于他们对企业的依附，而不是基于激励和监督。那些在价值观上依附企业文化的员工将会调整他们个人的目标和行为，使之符合企业的目标和行为。如果文化在企业中具有这种功能，那么，员工主动的自我控制、员工间的非正式监督和不涉及具体细节的组织准则结合在一起，员工会比在正式制度下更可能地去服从，从而，控制员工行为将比只有正式控制制度更有效。

文化促进合作并减少讨价还价成本文化影响了企业中个人的偏好，使他们趋向于共同的目标。这就降低了企业中个人的谈判和讨价还价成本，并促进了更多协作行动的产生和发展。具体来讲，在企业内部，由于各利益相关者讨价还价的权力之争，也会导致市场竞争中可能出现的个体理性与集体理性的矛盾。企业文化通过"相互强化"的道德规范，会减轻企业内权力运动的危害效应，这就使得在市场上利己主义的个人之间不可能出现的多方受益的合作行为在企业内部可能出现。

2. 文化、惯性和不良绩效。

但是，也必须看到，文化也可能损害企业的绩效。文化和绩效之间存在明显消极联系的例子几乎与存在积极联系的例子一样普遍。

例如，直到1986年，美国IBM公司还被认为是强有力的值得模仿的企业，它的管理的深入性和公司文化得到了广泛称赞。然而，不到10年后，IBM又因其惯性的文化而受到责难。IBM公司并不是由于能力变化而失掉产业领导地位，未能保持其优势的原因在于其惯性文化的影响，使该公司没有预期到产品变化的方向，并让竞争对手（特别是微软公司）在市场份额和网络外部性的基础上夺取了市场优势地位。

文化与绩效相联系，是因为企业战略成功的一个重要前提是战略与环境相匹配。当战略符合其环境的要求时，文化则支持企业的定位并使之更有效率；而当企业所面对的环境产生了变化，并显著地要求企业对此适应以求得生存时，文化对绩效的负面影响就变得重要起来。尤其是在一个不利的商业环境中，文化的不可管理性将使之成为一种惯性或阻碍变化的来源。管理人员企图阻碍变化而不是解决环境问题，这种不合时宜的决策也将变得十分明显。

这种惯性的产生来自多方面的原因：在企业中任职很长的行政人员可以在企业繁荣时期熟悉他们的工作，却可能对处理变化毫无经验，他们所选择的规划和所运行的工作程序对突然的变化可能是保守的；企业中的权力基础可能使企业中受威胁的团体去阻碍变化等。

3. 企业文化成为维持竞争优势源泉的条件。

杰伊·巴尼给出了企业文化可以成为维持竞争优势的一个源泉的条件：首先，文化必须为企业创造价值。其次，作为维持竞争优势的一个源泉，公司文化必须是企业所特有的。如果一个企业的文化和市场上大多数的企业是相同的，它往往反映的是国家或地区文化或一系列行业规范的影响，那么它不可能导致相对竞争优势。最后，企业文化必须是很难被模仿的。如果成功的企业文化体现了企业的历史积累，这种复杂性就会让其他企业很难仿效，也使得其他企业的管理者很难从本质上修改他们企业的文化以显著提高绩效。相反，如果企业文化很容易被模仿，那么，一旦该企业成功的话，其他企业都将会模仿它，这将使文化带给企业的优势很快就会消失。

五、战略控制

（一）战略失效与战略控制

战略失效与战略控制的概念。战略失效是指企业战略实施的结果偏离了预定的战略目标或战略管理的理想状态。

导致战略失效的原因：（1）企业内部缺乏沟通；（2）战略实施过程中各种信息的传递和反馈受阻；（3）战略实施所需的资源条件与现实存在的资源条件之间出现较大缺口；（4）用人不当，主管人员、作业人员不称职或玩忽职守；（5）公司管理者决策错误，使战略目标本身存在严重缺陷或错误；（6）企业外部环境出现了较大变化，而现有战略一时难以适应等。

战略失效的类型：早期失效，在战略实施初期，由于新战略还没有被全体员工理解和接受，或者战略实施者对新的环境、工作还不适应，就有可能导致较高的早期失效率；偶然失效，在战略实施过程中，偶然会因为一些意想不到的因素导致战略失效，这就是偶然失效；晚期失效，晚期失效是指当战略推进一段时间之后，原先对战略环境条件的预测与现实变化发展的情况之间的差距会随着时间的推移变得越来越大，战略所依赖的基础就显得越来越糟，从而使失效。

战略控制是指监督战略实施进程，及时纠正偏差，确保战略有效实施，使战略实施结果符合预期战略目标的必要手段。

战略控制系统的步骤包括：执行策略检查；根据企业的使命和目标，识别各个阶段业绩的里程碑（即战略目标）；设定目标的实现层次，不需要专门定量；对战略过程进行正式监控；奖励。

构建战略控制系统时应考虑如下方面：

（1）链接性。如果在重要机构之间架起沟通的桥梁，那么应以避免破坏的方式进行合作。

（2）多样性。如果系统具有多样性，要注意从多样策略控制系统选择适合性较高的控制系统。

（3）风险。高风险的企业战略决策状态可能会对整个企业不利。在高风险的企业的战略控制系统中，需要包含较多性能标准，以便更容易地把可能存在的问题检测出来。

（4）变化。能迅速地应对战略控制系统环境的变化。

（5）竞争优势。为控制目标，要有目的地区分两个类型的业务：一是具有较弱竞争优势的业务；二是具有较强竞争优势的业务。

战略性业绩计量的特征：它重点关注长期的事项，对大多数企业而言可能是股东财富；它有助于识别战略成功的动因，如企业是如何长期创造股东价值的；它通过企业提高业绩来支持企业学习；它提供的奖励基础是基于战略性的事项而不仅仅是某年的业绩。

识别成功关键因素的意义：（1）识别成功关键因素的过程可以提醒管理层关注那些需要控制的事项，并显示出次要的事项；（2）传统的预算控制可能使报告的成本与标准成本存在差异。而成功关键因素能够转化为按照相同方式定期报告的关键性业绩指标；（3）成功关键因素能够保证管理层定期收到有关企业的关键信息，以指导信息系统的发展；（4）它们能够用于将组织的业绩进行内部对比或者与竞争对手比较。

企业经营业绩的衡量可能基于财务信息也可能基于非财务信息。

业绩衡量的主要目的：（1）业绩评价是整体控制或者反馈控制系统的一部分，提供了刺激任何必要的控制行为的必要反馈；（2）业绩评价是与利益相关者群体沟通的重要组成部分；（3）业绩评价与激励政策以及业绩管理系统紧密相关；（4）由于管理层追求获得评价为满意的业绩，这会增加管理层的动力。

（二）战略控制方法

1. 预算控制。

预算的类型主要有：增量预算，新的预算使用以前期间的预算或者实际业绩作为基础来编制，在此基础上增加相应的内容；零基预算，零基预算方法是指在每一个新的期间必须重新判断所有的费用。零基预算开始于"零基础"，需要分析企业中每个部门的需求和成本。

2. 预算的优点比较。

增量预算的优点：（1）预算是稳定的，并且变化是循序渐进的；（2）经理能够在一个稳定的基础上经营他们的部门；（3）系统相对容易操作和理解；（4）遇到类似威胁的部门能够避免冲突；（5）容易实现协调预算。

零基预算的优点：（1）能够识别和去除不充分或者过时的行动；（2）能够促进更为有效的资源分配；（3）需要广泛的参与；（4）能够应对环境的变化；（5）鼓励管理层寻找替代方法。

3. 预算的缺点比较。

增量预算的缺点：（1）它假设经营活动以及工作方式都以相同的方式继续下去；（2）不能拥有启发新观点的动力；（3）没有降低成本的动力；（4）它鼓励将预算全部用光以便明年可以保持相同的预算；（5）它可能过期，并且不再和经营活动的层次或者执行工作的类型有关。

零基预算的缺点：（1）它是一个复杂的、耗费时间的过程；（2）它可能强调短期利益而忽视长期目标；（3）管理团队可能缺乏必要的技能。

4. 企业业绩衡量指标中财务衡量指标。

使用比率来进行绩效评价的原因和局限性的分析如下：

（1）使用比率来进行绩效评价的原因：通过比较各个时期的相应比率可以很容易发现这些比率的变动；相对于实物数量或货币价值的绝对数，比率更易于理解；比率可以进行项目比较并有助于计量绩效；比率可以用作目标；比率提供了总结企业结果的途径，并在类似的企业之间进行比较。

（2）使用比率来进行绩效评价的局限性：可比信息的可获得性；历史信息的使用；比率不是一成不变的；需要仔细解读；被扭曲的结果；鼓励短期行为；忽略战略目标；无法控制无预算责任的员工。

非财务指标中非财务业绩计量是基于非财务信息的业绩计量方法，可能产生于经营部门或者在经营部门使用，以监控非财务方面的活动。和传统的财务报告不同，非财务信息计量能够很快地提供给管理层，而且很容易计算和被非财务管理层理解并有效使用。

（三）平衡计分卡的业绩衡量方法

1. 平衡计分卡的定义。

平衡计分卡表明了企业员工需要什么样的知识技能和系统，分配创新和建立适当的战略优势和效率，使企业能够把特定的价值带给市场，从而最终实现更高的股东价值。

平衡计分卡平衡了短期与长期业绩、外部与内部业绩、财务与非财务业绩，以及从不同利益相关者的角度进行平衡。

（1）财务角度。财务角度中包含了股东的价值。财务角度主要关注股东对企业的看法，以及企业的财务目标。常用的财务业绩指标主要有：利润、销售增长率、投资回报率、现金流量和经济增加值等。

（2）顾客角度。顾客角度通常包括：定义目标市场和扩大关键细分市场的市场份额。常用的顾客指标主要有：客户满意度、客户忠诚度、客户获得率和在目标市场上的份额等。

（3）内部流程角度。业务流程角度包括一些驱动目标，它们能够使企业更加专注于客户的满意度，并通过开发新产品和改善客户服务来提高生产力、效率、产品周期与创新。常用的内部流程指标主要有：处理过程中的缺陷率、投入产出比率、安排产品批量、原材料整理时间或批量生产准备时间、订单发送准确率、售后保证、保修和退还、账款回收管理。

（4）创新与学习角度。平衡计分卡最大的优点就是它能够把创新与学习列为四个角度中的一个。创新与学习角度对任何企业能否成功执行战略都起到举足轻重的作用。常用的创新与学习指标主要有：职工的满意程度、职工的稳定性、职工的培训和技能、职工的创新性和信息系统的开发能力。

2. 平衡计分卡的特点。

（1）平衡计分卡为企业战略管理提供强有力的支持。平衡计分卡的评价内容与相关指标和企业战略目标紧密相连，企业战略的实施可以通过对平衡计分卡的全面管理来完成。

（2）平衡计分卡可以提高企业整体管理效率。平衡计分卡所涉及的四项内容，都是企业未来发展成功的关键要素，通过平衡计分卡所提供的管理报告，将看似不相关的要素有机地结合在一起，可以大大节约企业管理者的时间，提高企业管理的整体效率，为企业未来成功发展奠定坚实的基础。

（3）注重团队合作，防止企业管理机能失调。团队精神是一个企业文化的集中表现，平衡计分卡通过对企业各要素的组合，让管理者能同时考虑企业各职能部门在企业整体中的不同作用与功能，使他们认识到某一领域的工作改进可能是以其他领域的退步为代价换来的，促使企业管理部门考虑决策时要从企业出发，慎重选择可行方案。

（4）平衡计分卡可提高企业激励作用，扩大员工的参与意识。平衡计分卡强调目标管理，鼓励下属创造性地（而非被动）完成目标，这一管理系统强调的是激励动力。

（5）平衡计分卡可以使企业信息负担降到最少。平衡计分卡可以使企业管理者仅仅关注少数而又非常关键的相关指标，在保证满足企业管理需要的同时，尽量减少信息负担成本。

3. 平衡计分卡的作用。

（1）平衡计分卡的出现，使得传统的绩效管理从人员考核和评估的工具转变成战略实施的工具。

（2）平衡计分卡的出现，使得领导者拥有了全面的统筹战略、人员、流程和执行四个关键因素的管理工具。

（3）平衡计分卡的出现，使得领导者可以平衡长期和短期、内部和外部，确保持续发展的管理工具。

（4）平衡计分卡被誉为近75年来世界上最重要的管理工具和方法。平衡计分卡的核心思想就是通过财务、顾客、内部流程及创新与学习四个方面的指标之间相互驱动的因果关系展现组织的战略轨迹，实现绩效考核—绩效改进以及战略实施—战略修正的战略目标过程。

（四）统计分析与专题报告

1. 统计分析报告。

（1）统计分析报告的含义。统计分析报告，就是指运用统计资料和统计分析方法，以独特的表达方法和结构特点，表现所研究事物本质和规律性的一种应用文章。

（2）统计分析报告的特点：以统计数据为主体，用简洁的文字来分析叙述事物量的方面及其关系，并进行定量分析；以科学的指标体系和统计方法来进行分析研究说明，通过一整套科学的统计指标体系进行数量研究，进而说明事物的本质；具有独特的表达方式和结构特点，统计分析报告属于应用文体，基本表达方式是叙述事实，让数字说话，在阐述中议论，在议论中分析；在结构上的突出特点是脉络清晰、层次分明。

2. 专题报告。

（1）专题报告的含义。专题报告是根据企业管理人员的要求，指定专人对特定问题进行深入、细致的调查研究，形成包括现状与问题、对策与建议等有关内容的研究报告，以供决策者参考。

（2）专题报告的意义。专题报告有助于企业对具体问题进行控制，有助于企业管理人员开阔战略视野，有助于企业内外的信息沟通。

第四章

公司战略管理案例一

第一节 案例一:"互联网+"对传统农业企业的颠覆与创新——北大荒集团供应链管理的战略变革

目前,在农业生产中有一种技术叫作农产品安全溯源系统,它是通过在生产、加工环节给农产品本身或货运包装中加装无线射频识别电子标签、二维码等,并在运输、仓储、销售环节不断添加、更新信息,搭建有机农产品安全溯源系统。有机农产品安全溯源系统加强了农业生产、加工、运输到销售等全流程数据的共享与透明管理,实现了农产品全流程可追溯,提高了农业生产管理效率,促进了农产品品牌建设,提升了农产品的附加价值。

这种系统发源于欧盟,尤其是活牛和牛肉制品的可追溯系统。欧盟把农产品可追溯系统纳入法律框架下。根据牛肉标签法,欧盟国家在生产环节要对活牛建立验证和注册系统,在销售环节要向消费者提供足够清晰的产品标识信息。2000年1月欧盟发表了《食品安全白皮书》,提出以控制"从农田到餐桌"全过程为基础,明确所有相关生产经营者的责任。欧盟规定每一个农产品企业必须对其生产、加工和销售过程中所使用的原料辅料及相关材料提供保证措施和数据,确保其安全性和可追溯性。

欧盟对食品安全的重视已经敲响了我国食品安全的警钟,我国的食品安全问题也频频令国人侧目,其中自然离不开传统的农产品行业。那么,我们国家是不是也可以引进这样的食品安全溯源系统呢?作为我国传统农业企业的先行者,北大荒集团也在思考这样的问题,利用现代互联网科技与传统农业相结合,创造一个新型的农业发展模式,不失为农业发展的一条全新道路。

一、企业简介

北大荒集团地处东北亚经济区位中心,于1998年3月经国务院批准组建,并且已被列入国家大型企业试点单位行列。北大荒集团总部设在黑龙江省哈尔滨市,集团的农业机械化、科学化程度以及粮食综合生产能力都较强,已形成米、麦、油、乳、肉等十大支柱性产业,是我国重要的商品粮生产基地和粮食战略后备基地,也是我国耕地规模最大的现代化农业企业集团。

北大荒集团的公司注册资本达60亿元,资产总额约421亿元。北大荒农业股份有限公司也于2002年在上海证券交易所正式上市,这使得北大荒集团在中国资本市场上拥有一席之地。2013年,北大荒集团的营业总收入达1 139.9亿元,居中国企业500强第104位。

北大荒集团不断学习先进科学技术,注重科技自主创新,已培育了众多国家知名品牌,绿色、特色系列产品畅销国内外。集团拥有"完达山乳业""北大荒米业""九三油脂""北大荒丰缘麦业""北大荒麦芽"5家国家级重点产业化龙头企业,"北大荒肉业""北大荒种业""多多集团"等10家省级产业化龙头企业。

"十三五"时期,北大荒集团将加快农业现代化进程,转变农业发展方式,调整农业结构,促进职工持续增收,加快推进农垦改革,着力打造具有国际竞争力的现代农业企业集团,率先基本实现农业现代化,率先全面建成小康社会。估计到2020年,地区生产总值和居民人均可支配收入比2010年翻一番以上,年均增速保持在6%以上,粮食生产能力稳定在400亿斤以上。

以其上市公司黑龙江北大荒农业股份有限公司主要会计数据和财务指标为例。黑龙江北大荒农业股份有限公司营业收入主要来源是农业行业、工业行业和房地产行业。图4-1和表4-1为2015年北大荒农业股份有限公司主营业务分行业的收入成本情况。

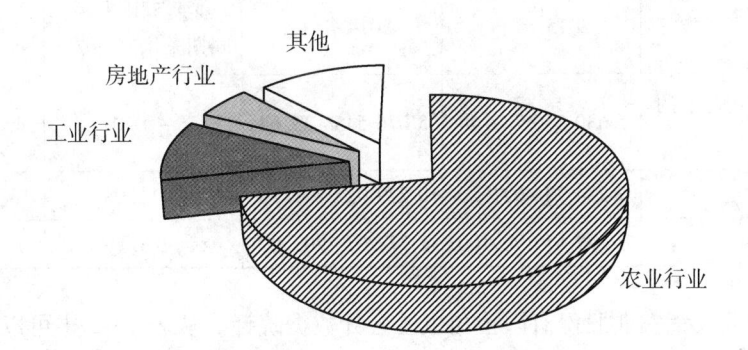

图4-1 北大荒农业股份有限公司主营业务分行业的收入

表4-1　　　　　北大荒农业股份有限公司主营业务分行业的收入成本

行业	营业收入(元)	营业成本(元)	毛利率(%)	营业收入比上年增减(%)	营业成本比上年增减(%)	毛利率比上年增减
农业行业	2 637 577 960.46	158 615 722.51	93.99	-4.83	-44.00	增加4.26个百分点
工业行业	371 925 834.20	423 072 373.00	-13.75	-69.82	-66.12	减少12.41个百分点
房地产行业	202 656 805.40	150 466 794.37	25.75	-21.13	-25.14	增加3.97个百分点

由此可见,北大荒农业股份有限公司的主营业务是农业行业,也就是农产品买卖。农业

行业的供应链系统对于其经营成果的好坏来说至关重要。因此其战略改革的方向必然是改进供应链。

表4-2　　　　　　　　　北大荒股份有限公司主要会计数据统计

主要会计数据	2015年	2014年	本期比上年同期增减（%）	2013年
营业收入	3 653 774 696.62	5 109 087 463.61	-28.48	9 388 556 005.73
归属于上市公司股东的净利润	658 742 276.21	799 807 532.35	-17.64	-3 767 785 088.77
归属于上市公司股东的扣除非经常性损益的净利润	675 270 822.14	209 284 959.27	222.66	-320 206 807.81
经营活动产生的现金流量净额	775 783 029.26	1 910 070 353.49	-59.38	1 819 510 249.40
	2015年末	2014年末	本期末比上年同期末增减（%）	2013年末
归属于上市公司股东的净资产	5 630 570 789.44	5 676 545 123.64	-0.81	4 884 568 553.90
总资产	7 234 734 621.30	8 229 025 291.55	-12.08	13 852 994 091.76
期末总股本	1 777 679 909.00	1 777 679 909.00	0.00	1 777 679 909.00

表4-2为北大荒农业股份有限公司主要会计数据统计。从表4-2中可以看出黑龙江北大荒农业股份有限公司的整体经营水平有所下滑，我们认为这与当今时代的发展是不可分割的，农业企业作为传统行业，现代化水平并没有达到一定的高度，面对当今社会上电子商务的热潮，农业企业面临业绩下滑、盈利能力下降的生存危机。面对当前的宏观环境和日趋激烈的竞争环境，北大荒更应该知觉威胁，并结合自身所拥有的企业优势，回避或加强自身企业的不足，通盘考虑后制定企业的发展战略，获得持续性竞争优势，已成为农业企业当前必须认真考虑的关键问题。北大荒股份有限公司不能掉以轻心，要根据市场的变化调整自己的战略，利用自身的一些优势，来抑制经营的下滑，这样才能保证企业良好的发展。北大荒股份有限公司2011~2015年会计数据及公司成长能力如表4-3、图4-2和图4-3所示。

表4-3　　　北大荒股份有限公司2011~2015年主要会计数据统计　　　　单位：元

年份	资产总额	主营收入	主营利润	净利润
2011	18 002 472 210.28	13 333 152 202.92	379 809 411.95	423 504 266.34
2012	15 696 307 762.11	13 605 393 995.36	-253 736 122.22	-318 384 049.00

续表

年份	资产总额	主营收入	主营利润	净利润
2013	13 852 994 091.76	9 409 513 052.16	-414 330 616.46	-510 482 495.27
2014	8 229 025 291.55	5 113 819 813.61	838 107 918.28	722 561 892.73
2015	7 234 734 621.30	3 654 397 734.62	672 705 555.71	621 815 009.43

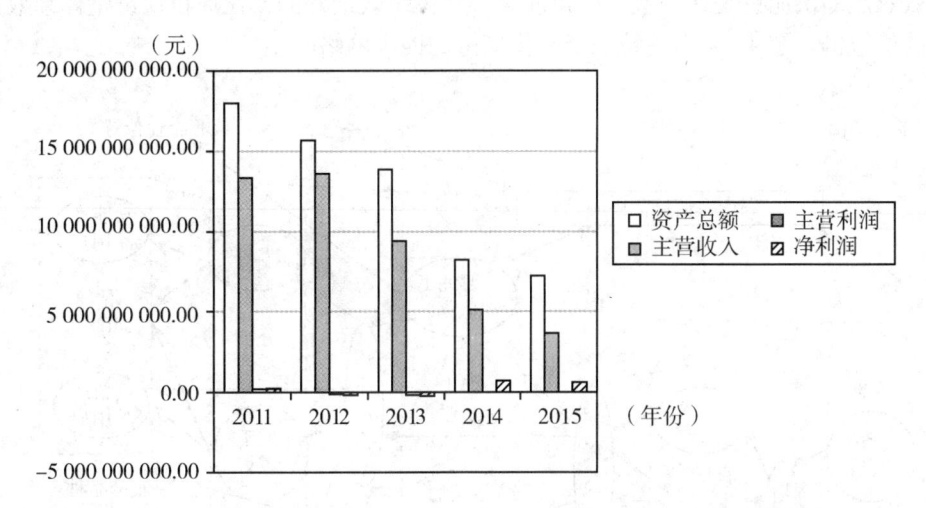

图 4-2　北大荒股份有限公司 2011~2015 年主要会计数据统计

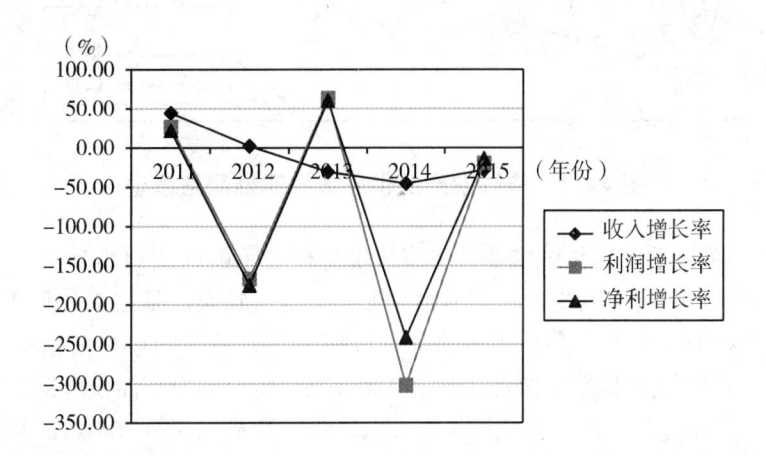

图 4-3　北大荒股份有限公司成长能力趋势

由于黑龙江北大荒农业股份有限公司 2015 年经营业绩的暂时下滑，我们将北大荒农业股份有限公司 2011~2015 年这 5 个会计年度的经营情况进行对比，发现北大荒农业股份有限公司的发展不是很稳定，近年来几乎处于一个下降状态，这说明企业需要制定一个良好的发展战略，利用"互联网+"将北大荒股份有限公司带出低谷。

二、北大荒集团供应链的"山重水复"

北大荒集团传统农业供应链

农产品供应链是由农业生产资料供应商、种植者、养殖者、加工者、中介代理、批发商、物流服务经销商、消费者等与大宗农产品密切相关的各个环节构成的组织形式或网络结构。有效农产品供应链是指一些可行供应链中整体绩效最好的或比原供应链整体绩效得到明显改进的供应链。图4-4为传统农产品供应链的四维网络模型。

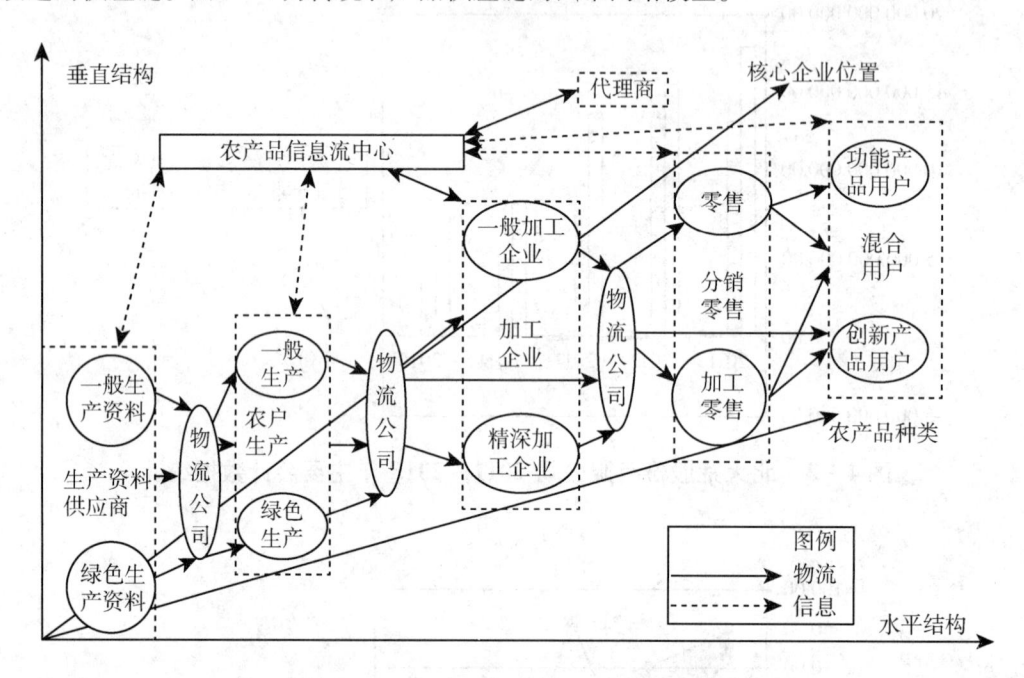

图4-4 传统农产品供应链的四维网络模型

从图4-4中可以看出,传统农业首先将从供应商处采购的资料由物流公司运送到农户手中,由其进行生产,再将其生产出产品由物流公司运送到农产品加工企业进行下一步的加工,加工之后再将加工好的产品运往零售商处分销零售,其中的信息由信息流中心统一控制,这样的方式导致信息不能有效地传播。由此可见,传统的农产品供应链太过繁杂,环节太多,导致资金占用过多。由于供应链中存在多级批发造成供应链成本增加和效率低下,同时,参与者众多且分散,对农产品品质监管困难。而且,市场交易行为多为随机、偶然的市场行为,环节之间连接不紧密,容易导致供应链的不稳定。这种方式从客观上抑制了农业产业链的效率,抑制了农业增产、农民增收的潜力。但是,随着科技的发展,传统农业企业的供应链也得到了很大的改善,尤其是当智能化与互联网融合在一起后,传统的农业企业也在慢慢的改变,也是大势所趋,发达国家的农业已经向工业化发展,这就大大降低了农业企业的成本。

图4-5为2011~2015年北大荒农业股份有限公司的主营业务成本变化趋势,从图4-5中可以看出,随着农业科技化的发展,营业成本也必将越来越低。因此,我国传统农业企业需要对"互联网+"战略下的供应链进行一番改革。

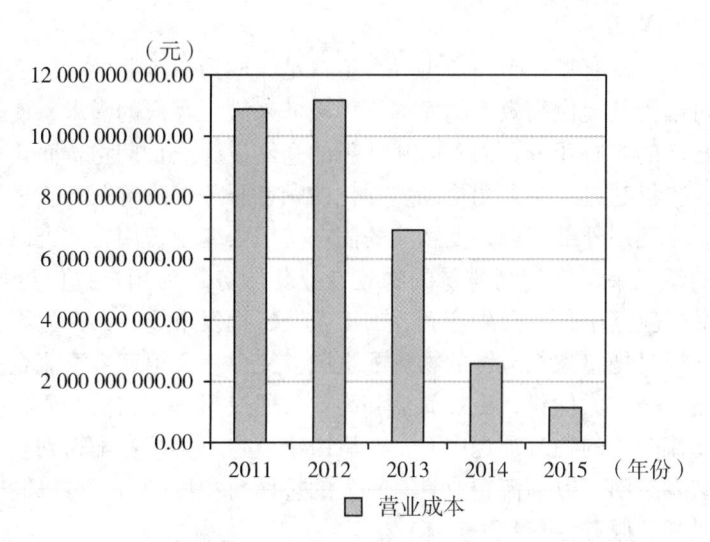

图 4-5 主营业务成本变化趋势

三、"互联网+"战略下北大荒集团供应链的"柳暗花明"

农业企业的发展离不开供应链，供应链是围绕核心企业，通过对商流、信息流、物流、资金流的控制，从采购原材料开始到制成中间产品及最终产品，最后由销售网络把产品送到消费者手中的一个由供应商、制造商、分销商、零售商直到最终用户所连成的整体功能网链结构。因此，北大荒集团的战略改革要从供应链开始。

（一）新型采购模式

采购的基本作用，就是将资源从资源市场的供应者手中转移到用户手中的过程。在这个过程中：一是进行商品的所有权转移；二是要实现将资源的物质实体从供应商手中转移到用户手中。前者是一个商流过程，主要通过商品交易、等价交换来实现商品所有权的转移。后者是一个物流过程，主要通过运输、储存、包装、装卸、流通加工等手段来实现商品空间位置和时间位置的完整结合，缺一不可。只有这两个方面都完全实现了，采购过程才算完成。因此，采购过程实际上是商流过程与物流过程的统一。

1. 从商流的方向来看。

库存管理最大的问题就在于信息不对称，而利用"互联网+"可以建立信息共享与沟通的系统。利用 EDI 和 POS 系统，条码和扫描技术以及 Internet 的优势，在供需之间建立一个畅通的信息系统，使各经销商协调一致，快速响应用户要求。北大荒集团的采购方式是在网上招标，这是"互联网+"条件下的新型采购方式，在网上发布招标信息有利于企业拥有更多的选择性，选择更好的企业来进行采购，保证了企业采购原材料的质量，更加保证了采购的安全性。大力发展电子招标投标是优化竞争环境、提高资源配置效率的必然要求，是顺应"互联网+"发展趋势、推动招标投标行业转型升级的重要途径，也是深化招标投标领域"放管服"改革、创新监管体制机制的有力抓手。

2. 从物流的方向来看。

由于资源的限制，没有哪一个公司可以自给自足，成为一个业务上面面俱到的专家。第三方物流供应商可以为其提供高效率的库存管理服务来满足客户的需求，使得供应链上的供应方集中精力于自己的核心业务，而不必建造新的仓储设施或长期租赁而花费过多资金，从而降低库存成本，提供超过雇主公司更加多样化的顾客服务，改善服务质量。第三方物流战略，对制造商来说是利用外部资源，变物流的固定费用为变动费用，并可以得到物流专家的经验与物流技术的新成果，接受高质量的物流专业化服务，为用户提供更加满意的增值服务。在整个农产品供应链中，涉及生产者、加工企业、批发市场、第三方物流企业、连锁超市和最终消费者。通过把整条供应链的物流配送服务交由一个第三方物流企业来负责，整条供应链上的物流路径被大大优化，更加简洁和高效。通过第三方物流企业，生产者分散的农产品可以集中到物流企业的物流配送中心，然后由物流企业再统一配送到整条供应链的各个节点企业以及消费者。第三方物流企业具有较大的规模与物流能力，可以同时为多个上游环节及下游环节提供物流服务。

北大荒集团虽然有自己的物流公司，但是运行一个物流公司占用的资源过多，不利于企业的成长，所以北大荒集团采取第三方物流和自己物流相结合的方式，利用物联网技术，实时监控物流动态，对物流系统可以全面控制，进而提高物流的使用效率，这样进行的农产品供应，可以优化供应链的配置。

（二）农业生产现代化

库存管理系统是生产、计划和控制的基础。本系统通过对仓库、货位等账务管理及入/出库类型、入/出库单据的管理，及时反映各种物资的仓储、流向情况，为生产管理和成本核算提供依据。通过库存分析，为管理及决策人员提供库存资金占用情况、物资积压情况、短缺/超储情况、ABC分类情况等不同的统计分析信息。通过对批号的跟踪，实现专批专管，保证质量跟踪的贯通。利用库存管理系统能够更好地对存货进行周转。

现在的农业生产都是智慧农业生产。智慧农业是农业生产的高级阶段，集新兴的互联网、移动互联网、云计算和物联网技术于一体，在农业生产与经营中各个产业环节依托部署在农业生产现场的各种传感器节点（环境温湿度、土壤水分、二氧化碳浓度、图像等）和无线通信网络，实现农业生产环境的智能感知、智能预警、智能决策、智能分析、专家在线指导，为农业生产提供精准化种植，可视化管理，智能化决策，对库存进行更好的管理。

北大荒集团的前进农场在现代化大农业发展方面进行了大量的投入。成立了现代化农业发展中心，招聘大量农学专业优秀毕业生，为现代化农业生产注入新生力量。引进了育秧大棚物联网技术、水稻"空间电场"技术、卫星遥感技术等，提升全场农业智能化、精准化、农业生产监测预警、农产品质量安全可追溯等能力和水平。

尤其是育秧大棚物联网技术的应用，可以使种植户在任何时间、任何地点用智能手机对水稻育秧大棚的通风、浇灌进行控制和管理，大大提高劳动效率，降低劳动强度。虽然目前仅限于农业发展中心小范围的试验和使用阶段，但农场有12 428栋育秧大棚，这将成为农场现代化大农业发展的必然趋势。

2016年，农场还将投入111万元，上马智能化灌溉及物联网技术和设备。该智能化灌溉施肥一体化计算机控制系统，是构建农田小气候、土壤水分和灌溉压力、流量等系统运行状况的远程监测系统，可以从灌溉管网到每一个田间灌溉阀门所构成的灌溉系统的全自动化控制，达到精准的灌溉施肥效果，同时能监测项目区的农田小气候，实时动态监测各个地块的土壤墒情以及灌水施肥情况，实现灌溉施肥运行的数据采集、记录、存储，建立灌溉运行管理数据库，通过对项目区的监控，辐射全场，最终达到提高灌溉施肥管理水平、降低管理成本、显著提高效益的目的。

此外，北大荒集团八五〇农场投资35万元，引入了垦通追溯系统，建设包括生产资料、土地、农产品、加工销售环节、消费者终端五要素的产前、产中、产后全程可追溯体系，实现追溯精度到户，并结合农田监控系统和诚信体系建设，提高消费者对产品的信任度，不断扩大可追溯面积。"绿色"和"定制"是"互联网+"农业的两大热点。个体家庭农场便于实现"定制"，但是要使用户放心它是"绿色"的却不太容易。让用户放心的方法是建立农产品生产过程的"追溯系统"，对于家庭农场而言，要建立"追溯系统"是很困难的。大型农场可以通过建立传感器网/物联网和信息系统实现"食品追溯系统"，但要实现变化万千的"定制"就比较困难。北大荒集团发展高端定制农业电商，将"绿色"和"定制"很好地结合起来。北大荒集团采用家庭农场承包模式管理运营，每户约200亩地。用户通过公司与家庭农场签合同，形成一个 C2B 的生产模式。农户根据用户要求安排生产，一个用户需要量小可以众筹模式安排。用户利用农场的食品追溯系统通过手机可以跟踪绿色大米生产的全过程。要实现"追溯系统"需要建立一个以地块为基础的信息系统和农业物联网系统。发展"互联网+"需要有相应的基础设施的支持，北大荒集团能够发展高端定制农业电商，建立食品追溯系统得益于其已经建立的数据中心控制中心和农业物联网。

（三）新型销售渠道

销售是企业去库存的主要方式，在库存管理中，企业追求的是零库存，这在以前几乎是不可能实现的，如果一个企业想要发展就要确保其销售的畅通，销售渠道就是一个销售网络，销售主要分直销和渠道销售，直销就是直接面对最终使用客户，渠道销售的对象是代理商和经销商。销售渠道按其有无中间环节和中间环节的多少，可分为四种基本类型：生产者—用户、生产者—零售商—用户、生产者—批发商—零售商—用户和生产者—代理商—批发商—零售商—用户。中间环节越多，就越得不到保障，而在"互联网+"的背景下，使生产者—用户这一模式变得轻而易举，省去了中间商的环节，使得企业得以更好的发展，在网络上进行电子商务来销售，几乎可以做到零库存，因为我们可以提前拿到订单，这对库存管理来说至关重要。

北大荒集团前进农场的5.173万公顷耕地中，99%以上种植寒地粳稻，每年全场种植户收获的水稻可达47.1吨，加工之后就是全国闻名的东北大米。但是95%的水稻以国家保护价出售给粮库、大米加工企业及仓储企业，只有很少的一部分种植户以合作社的形式自行加工大米出售。可是，无论是大米加工企业还是合作社，它们加工的大米都没有形成在全国叫得响的品牌，所以在销售渠道和价格上都没有优势。

农场水稻育秧大棚二次利用和菜农种植的有机蔬菜面积共666.7公顷，种植户水稻地点生态养殖的土鸡、土鸭、土鹅等禽类年累积数量可达1万余只，年产蛋量至少8万余枚，在互联网上销售这些农产品其实有潜力可挖。

农场也鼓励大众创业，让创客通过电子商务的平台进行销售。以秋粮销售为例，农场工作人员把质量追溯相关的种植户信息、地号情况、田间作业等数据,随时更新到网络销售平台上,经销商通过网上发布的信息,可以参与到质量追溯的过程中,达成一种信任度后就可以进行提前认购。第三管理区种植户朱军家的18公顷水稻,是2016年首批被外地经销商选定的认购地块,他家的水稻在9月初还没收获时,就以高于市场价0.1元的价格被认购,相比于传统销售2016年多收入了3万多元。而荣获全国工人先锋号的现代种业发展中心大学毕业生团队,他们在主任王丹的带领下,注册了进粮农业合作社,把水稻加工成大米,自己设计包装,创立了"丹姐"牌东北大米,在淘宝开设网店进行销售。图4-6为食品网络零售模式。

图4-6 食品网络零售模式

据了解,北大荒股份八五三分公司也通过发展"互联网+农业",借助阿里巴巴1688、北大荒购物网、中国绿色食品销售网等,建立农产品电商销售平台,对粮食销售市场进行分析、研判,将分公司、合作社及加工企业生产的优质稻米、杂粮、酒类等农产品进行销售转化。垦威农民专业合作社等11家农民专业合作社的杂粮、农产品借助电商平台实现了网上销售;"雁窝岛"品牌大米进驻淘宝浙江宁波旗舰店、"雁窝岛"酒系列产品进驻"1号店"黑龙江馆。

图4-7为北大荒集团农产品电子商务平台框架。

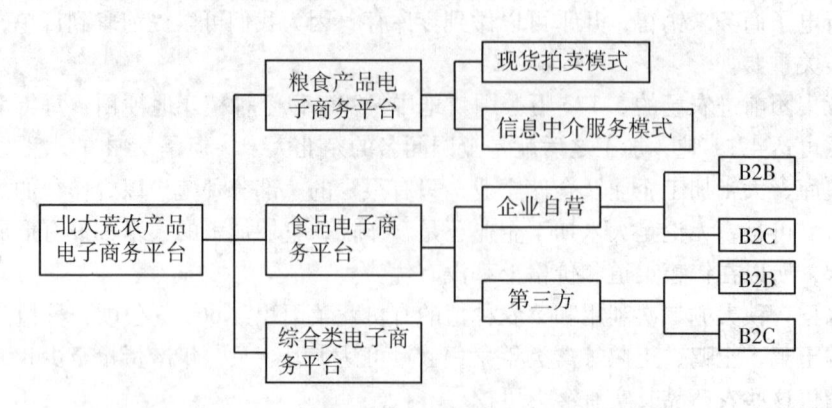

图4-7 北大荒集团农产品电子商务平台框架

北大荒农业股份有限公司宝泉岭分公司瑞丰源农民专业合作社生产的精品大米"冰膳御品"系列已入驻京东商城萝北宝泉岭馆，这标志着这个分公司的电商和微商业务已全面展开。

为加快电商平台建设，这个分公司制定了《加快电子商务实施意见》和《电子商务实施方案》等文件措施及配套办法，在土地、政策、资金、交通、服务等方面全力扶持，重点面向东部沿海省市、中南部省区建设"网上北大荒"宝泉岭粗粮仓、取货点。加强与阿里巴巴、京东商城、1号店等知名电商合作，推进淘宝特色专区发展。与此同时，这个分公司鼓励企业建设"农家微店"，整合线上线下渠道，实现全方位居民生活服务供求衔接，营造便利、快捷的消费"微环境"，以此发挥电商在农特产品流通中的作用，提高企业经济利润。

四、结语

北大荒集团积极利用网络销售平台推动销量，提高垦区绿色有机产品的销量。垦区农业的优势是"种得好"，短板是"卖得差"。因此，我们要在着力强化农产品流通体系建设，提升农产品营销水平的基础上，充分运用"互联网+"绿色有机农业模式，建立开放式、立体化定制平台，大力组织农产品网上营销，启动"互联网+"营销电子商务化，解决我们地域偏远、信息和运输劣势"瓶颈"问题。当前，垦区已经启动了"我在农场有块田共享北大荒品质"为主题的绿色有机农产品网上众筹活动，制定了众筹基地及产品标准并在一定范围内进行了启动宣传，目前众筹基地互联网正在进一步完善、产品套餐及订购平台建设均在稳步推进，预计近期垦区网上众筹平台将正式上线。此举将进一步加快推动垦区绿色有机农业与互联网深入融合和创新发展，促进农业结构调整、提质增效和职工增收，实现"互联网+"条件下供应链的改革。把"互联网+"真正做实。突出关键问题、关键环节。"互联网+"精准农业要突出农业生产过程和重要环节管理；"互联网+"绿色（有机）农业要突出农业投入品管理和食品安全全程可追溯。重点围绕水稻等优势产业，构建全产业链质量的可追溯体系，打造垦区绿色（有机）健康的品牌形象。"互联网+营销"要顺应发展大势，加快发展电子商务。鼓励各管理局、农（牧）场积极加入"大农网"，并认真学习借鉴"大农网""乡淘、村淘"等好经验、好做法，采取混合所有制的方式，加快发展"局淘、场淘"。北大荒集团有优越的自然环境，先进的大农场+农户承包的体制，又建立了先进的信息基础设施，发展"互联网+"绿色农业可以说是"天时地利人和"，前途广阔。

五、参考资料

[1] 喻晓马，程宇宁，喻卫东．互联网生态重构商业规则 [M]．北京：中国人民大学出版社，2016．

[2] 张雅南．北大荒青年"互联网+农业"创新创业论坛在杭州举行 [N]．北大荒日报，2016-01-13．

[3] 张莉岩，郑大伟，史明睿．积极抢抓"互联网+"机遇 进一步叫响"北大荒"品牌 [N]．北大荒日报，2015-10-13．

［4］张元强, 孟庆山. 开启"互联网＋农机作业"新时代——北大荒股份七星分公司强化农机作业管理纪实［J］. 中国农垦, 2016, 02: 52-53.

［5］孙立明. 北大荒集团国际化发展战略研究［D］. 黑龙江大学, 2015.

［6］李晓东. 北大荒集团绿色食品营销研究［D］. 东北林业大学, 2013.

［7］李玲. 我国农业企业电子商务模式研究［D］. 华中师范大学, 2013.

［8］张晟义. 涉农供应链管理理论体系构建［D］. 西南财经大学, 2010.

［9］冷志杰, 唐焕文. 大宗农产品供应链四维网络模型及应用［J］. 系统工程理论与实践, 2005, 03: 39-45.

［10］于矗. 黑龙江省大宗农产品物流网络系统研究［D］. 东北农业大学, 2012.

［11］李艳. 北大荒农资与农产品分销系统的设计与实现［D］. 北京邮电大学, 2008.

［12］北大荒农业股份有限公司2016年第一季度季报。

［13］北大荒农业股份有限公司2015年年报。

［14］北大荒农业股份有限公司2014年年报。

［15］北大荒农业股份有限公司2013年年报。

［16］北大荒农业股份有限公司2012年年报。

［17］北大荒农业股份有限公司2011年年报。

六、讨论题目

近年来，"互联网＋"不断飞速发展，北大荒集团积极追赶时代的脚步，用创新意识和创客精神，对"互联网＋"采购，"互联网＋"生产，"互联网＋"销售等时代发展的新型执政模式、生产方式和致富渠道进行了探索。其探索途径带给传统农业企业太多的启示，引发人们太多的思考。重点思考如下问题：

1. "互联网＋"为传统农业企业供应链带来了怎样的冲击？
2. "互联网＋"下北大荒集团采购管理的应对措施？
3. "互联网＋"下北大荒集团生产管理的应对措施？
4. "互联网＋"下北大荒集团销售管理的应对措施？
5. 北大荒集团"互联网＋"战略改革带给我们的启示是什么？
6. 案例延伸思考："互联网＋"背景下北大荒集团选择的战略应该是什么？

第二节 案例二：华联终被"乳化"——华联矿业跨行业并购广泽乳业

一、引言

2016年8月22日晚，华联矿业发布重磅消息称，经公司向上海证券交易所申请，公司证券简称自2016年8月26日起将由"华联矿业"变更为"广泽股份"，公司证券代码"600882"保持不变。

在这平静的晚上，听闻此消息，先是松了一口气，亦有终于尘埃落定之感。细细想来，这一消息也不算出人意料，早在2016年4月24日、5月17日华联矿业就召开了第九届董事会第九次会议及2015年年度股东大会并审议通过同意将公司中文名称"山东华联矿业控股股份有限公司"变更为"广泽食品科技股份有限公司"（以工商核准为准）。并且，8月12日，公司已经完成了上述工商变更登记手续，取得了由上海市工商行政管理局换发的《营业执照》，公司名称正式变更为"上海广泽食品科技股份有限公司"。

在2014年10月，证监会发布新的《上市公司重组管理方法》和《收购管理办法》，全面放松上市公司并购重组的行政审核，鼓励上市公司实施市场化并购。我们都知道，只要政策引导，市场就会不负所望。2015年毫无疑问就是我国上市公司并购重组的大年，证监会全年共审核重组339单，其中：194单无条件通过，123单有条件通过，22单未通过。和2014年相比猛增70%，实属井喷式的发展。终于，在2016年5月，证监会叫停上市公司跨行业定增，涉及互联网金融、游戏、影视、VR等四个行业。同时，这四个行业的并购重组和再融资也被叫停。华联矿业以及广泽乳业均不属于这四个行业，所以并未受到影响。

真正让华联矿业受到重重一击的是，2016年6月，证监会就修改重大资产重组管理办法公开发布的征求意见稿。这是继2014年11月之后，证监会针对并购重组办法的再次修订。此次修订的重点是针对市场借壳上市行为（下称"重组上市"），旨在给炒壳降温。

虽然，这"一击"来势汹汹，但是就目前华联矿业的重组方案来看，两项标的资产作价8.06亿元，占上市公司控制权发生变更的前一个会计年度（2014年度）经审计的合并财务会计报告期末资产总额16.6亿元的48.52%，未达到100%。

因此，即使上市公司刚刚发生了控制权变更，上述交易亦不构成重组上市。并不构成"重组上市"（旧称"借壳"），不过若执行新规显然将会被划入这一类别，如今华联矿业未选择强行"闯关"股东会而是主动刹车，其态度亦值得玩味。

说到这里，不得不说一下借壳上市。目前规定的借壳上市条件与IPO标准等同，IPO上市难，A股市场入口不畅，借壳上市成为部分企业进入资本市场的最首要选项。构成借壳上市有两个必要条件，一是控制权发生变更，二是置入资产超过上市公司前一年资产规模的100%；有些市场主体通过分步走模式，先通过审核门槛较低的定向增发、实现控制权变更，然后再进行下一步资产运作，以规避触及上述借壳红线，但最后仍可达到借壳上市效果。所以，一直以来因为突击入股、吹高估值、高额套利、利益输送等问题，借壳上市饱受诟病，监管层多次出手规范，不过实际效果仍不理想。所以才有证监会要给炒壳降温这一说法。

华联矿业真可谓是"在夹缝中求生存"。2015年11月12日，发布了跨界"卖牛奶"的重组预案，其预案自发布之日起就饱受证监会的质疑，其后不停重改重组方案，也饱受投资者的质疑，柴琇谋划旗下广泽乳业变相借壳华联矿业上市的分步走路径昭然若揭。

随着证监会重组新规的公布，及重组方案的一再重改，使得这次收购案举步维艰，收购双方也进入了相持阶段，收购重要条款一直未能达到一致。直到2016年8月3日，华联矿业宣布，其与实际控制人控制的吉林省乳业集团有限公司之间的重大资产置换实施完毕。2016年8月26日起将由"华联矿业"变更为"广泽股份"。波澜起伏的收购之路，很是值得我们去研究及思考。

二、华联矿业及广泽乳业企业概况

(一) 华联矿业

山东华联矿业控股股份有限公司(简称"华联矿业")前身为淄博市华联矿业有限责任公司,是 1997 年由东里镇政府、县电业局、驻地周围村及职工共同出资在原韩旺选矿厂基础上组建的有限责任公司,下设采矿、选矿、机修、铸造等八个分厂和华联绿色果业、华联金属、格赛博玻纤、华联玻纤等控股公司。公司的经营范围:矿石销售(不含国家限制经营的产品);货物进出口;矿山设备及配件的销售;矿业开发及管理咨询;矿业技术服务;对矿山、资源类企业进行投资、管理。2012 年借壳大成农药上市,主营业务包括铁矿石采选、铁精粉生产和销售,主要产品为铁精粉。由于钢铁市场不景气、铁精粉售价也持续下跌,该公司的营收从 2013 年的 10.02 亿元降至 2015 年的 3.61 亿元,从盈利2.21 亿元变为亏损 2.75 亿元。

2015 年 8 月 29 日,还因重组处于停牌的华联矿业宣布"易主",公司现任实际控制人柴琇与以现金方式收购东里镇中心、汇泉国际、华旺投资等合计持有的 7 200 万股上市公司股份。2015 年 9 月,华联矿业控股股东及实际控制人由齐银山及其一致行动人,变更为广泽投资控股集团有限公司总裁柴琇。该次交易完成后,柴琇持有上市公司 18.03% 的股份,成为控股股东及新实际控制人。柴琇的另一重身份,正是吉林省乳业集团的实控人。此后,该公司便开始了大股东旗下的乳业资产置入计划。2015 年 11 月,华联矿业发布公告,其全资子公司吉林科技签订股权转让协议,以自有资金 8 600 万元受让妙可蓝多(天津)食品科技有限公司(下称"妙可蓝多")100% 股权。妙可蓝多主营业务为再制奶酪生产、销售,主要产品包括精制马苏里拉丝、工业奶酪、奶油芝士等,主要用户为餐饮类企业和食品加工企业。

2015 年末,公司拥有三个重要全资子公司,分别为山东华联矿业股份有限公司、沂源县源成企业管理咨询有限公司和妙可蓝多(天津)食品科技有限公司。公司基本情况如下:山东华联矿业股份有限公司,住所为淄博市沂源县东里镇;法定代表人:齐银山;注册资本为 42 500 万元,截至 2015 年末,总资产为 1 559 362 395.79 元、净资产1 096 438 130.77 元、净利润为 -281 442 049.48 元;其经营范围为:铁矿石开采、精选(有限期限以许可证为准),货物进出口业务(依法须经批准的项目,经相关部门批准后方可开展经营活动)。

公司股票于 1995 年 12 月 6 日在上海证券交易所上市交易,股票代码为:600882。截至 2015 年 12 月 31 日,公司累计发行股本总数 399 238 045 股,注册资本为 399 238 045元。山东华联矿业股份有限公司前身为淄博市华联矿业有限责任公司,是 1997 年由东里镇政府、县电业局、驻地周围村及职工共同出资在原韩旺选矿厂基础上组建的有限责任公司,下设采矿、选矿、机修、铸造等八个分厂和华联绿色果业、华联金属、格赛博玻纤、华联玻纤等控股公司。

截至并购前,华联矿业股权结构与 2015 年末一致,未发生变化。具体股东情况如表 4-4 所示。

表 4-4　　　　　　　　　　2015 年末前 10 名股东持股情况

股东名称（全称）	持股数量（股）	比例（%）	持有有限售条件股份数量	质押或冻结情况 股份状态	质押或冻结情况 数量	股东性质
柴琇	72 000 000	18.03	0	质押	72 000 000	境内自然人
亓瑛	51 629 107	12.93	0	无		境内自然人
沂源县东里镇集体资产经营管理中心	28 996 422	7.26	0	质押	21 438 588	其他
沂源华旺投资有限公司	13 358 211	3.35	0	无		境内非国有法人
沂源华为投资有限公司	9 848 126	2.47	0	无		境内非国有法人
董方军	6 214 711	1.56	0	无		境内自然人
董方国	4 378 400	1.10	0	无		境内自然人
齐银山	4 329 121	1.08	0	无		境内自然人
湖南富兴投资发展有限公司	2 795 500	0.70	0	未知	未知	未知
中国化工农化总公司	1 500 000	0.38	0	未知		国有法人

(二) 广泽乳业

广泽乳业有限公司（以下简称"广泽乳业"）是吉林省内一家大型乳制品加工企业，成立于 2001 年 9 月 10 日，注册资本人民币 1500 万元，由吉林省大民实业股份有限公司和吉林省大民粮油贸易有限公司分别以现金方式出资 1 400 万元和 100 万元，持股比例分别为 93% 和 7%。所属行业为乳制品生产、加工及销售行业。截至 2015 年 12 月 31 日，公司注册资本为人民币 30 000 万元。经营范围：乳制品的生产、加工并销售产品；奶牛饲养；利用自有资金对外投资、咨询服务。

2015 年 10 月，根据《股东决议》，广泽乳业将注册资本由 10 000 万元增加至 30 000 万元。根据吉林众诚会计师事务有限公司出具的《验资报告》（吉众验字 [2015] 第 42 号），广泽乳业新增注册资本 20 000 万元，该等新增注册资本全部由柴琇以现金认缴。该次增资完成后，广泽乳业的股权结构如表 4-5 所示。

表 4-5　　　　　　　　　　　　2015 年末股东持股情况

股东名称	注册资本（万元）	持股比例（%）
吉林省广泽乳业投资有限公司	10 000	33.33
柴琇	20 000	66.67
合计	30 000	100

三、跨行业并购的背景与进程

（一）并购前情况介绍

1. 华联矿业财务状况。

表 4-6 是华联矿业 2013～2016 年 3 月 31 日财务重要指标的列示。从表 4-6 可以看出，应收账款、存货、在建工程这些项目无明显变化。应收账款 2013～2016 年占总资产的比例一直保持 5% 左右变动；存货在 2013～2016 年变化幅度亦趋于平稳；固定资产占总资产的比例一直保持稳定的变化。

表 4-6　　　　　　　　　　华联矿业财务状况　　　　　　　　　　单位：万元

报告日期	2016年3月31日	占总资产比例（%）	2015年12月31日	占总资产比例（%）	2014年12月31日	占总资产比例（%）	2013年12月31日	占总资产比例（%）
货币资金	33 705	19.40	36 611	22.47	7 023	4.23	8 613	4.85
应收账款	8 294	4.77	8 334	5.11	7 670	4.62	11 026	6.21
存货	5 313	3.06	5 322	3.27	11 300	6.80	10 961	6.18
长期股权投资	3 000	20.27	—	—	—	—	8 142	4.59
固定资产	52 214	30.05	52 633	32.30	69 373	41.74	44 785	25.24
在建工程	1 132	0.65	1 202	0.74	818	0.49	12 433	7.01
短期借款	28 200	41.92	21 000	38.94	60	0.21	3 500	11.15
长期借款	5 280	7.85	980	1.82	—	—	—	0.05

变化较大的是货币资金及短期借款。货币资金从 2013 年的 8 000 万元增至 2015 年的 36 000 万元，变化幅度大于 400%。短期借款 2013～2016 年的变化幅度与货币资金一致，可见华联矿业在 2015 年、2016 年借入了大量的短期债务。针对变化较大的货币资金、短期借款，我们从图 4-8 可以更清楚地看到惊人的变化。

(万元)

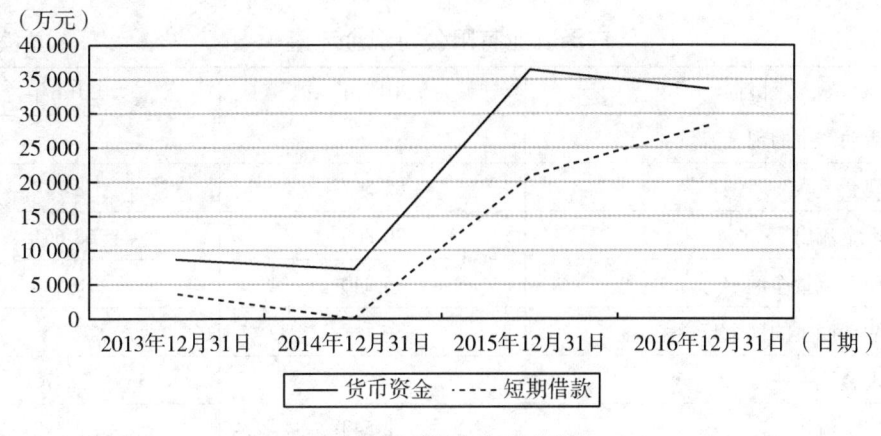

图4-8 资产变化折线

2. 华联矿业经营状况。

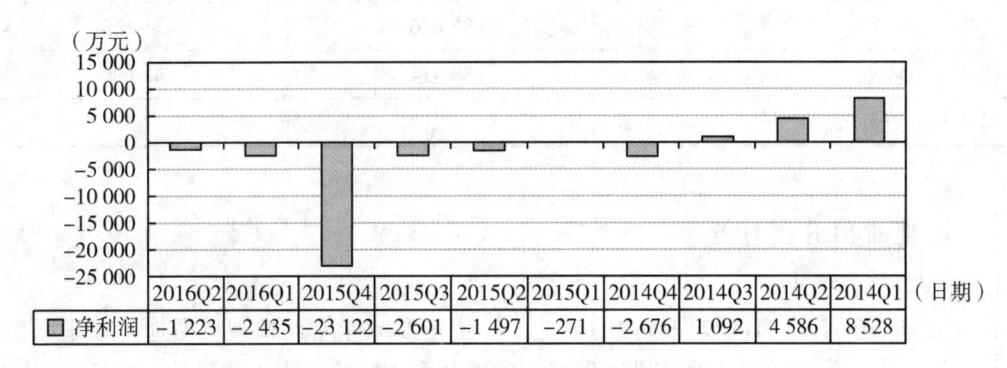

日期	2016Q2	2016Q1	2015Q4	2015Q3	2015Q2	2015Q1	2014Q4	2014Q3	2014Q2	2014Q1
净利润	-1 223	-2 435	-23 122	-2 601	-1 497	-271	-2 676	1 092	4 586	8 528

图4-9 净利润变化趋势

根据华联矿业披露的财报（图4-9）显示，我们可以看出从2014年第四季度开始华联矿业的营业利润一直为负，主要由于国内经济形势严峻，钢铁行业经营状况持续困难，导致矿山行业受到冲击，市场行情萎缩，铁精粉价格的持续走低，是造成净利润下滑的主要原因。面对严峻的经济形势，公司在2015年采取现金收购方式收购妙可蓝多100%股权，并与2015年11月正式进入上市公司合并财务报表范围。公司希望以此为契机，快速进入乳制品行业，以此来提升公司业绩，实现公司的战略转移。根据华联矿业最新披露的财报显示，妙可蓝多已实现营业收入5 388万元，净利润1 255万元，收购妙可蓝多成功之后，公司着手开始并购广泽乳业，开启了矿业跨界"卖牛奶"之路。

3. 广泽乳业现金流量。

从表4-7我们可以看出，经营活动产生的现金流量净额在2015年为负数，主要是由于在本期公司的应收款项及应付款项与2014年相比大幅增加，预收款项大幅减少。这说明在这一年企业很可能采取的是市场扩张战略，这一阶段企业侧重的是市场份额的增长。投资活动产生的现金流量2014~2015年一直为负，说明公司的投资活动在增加，属于正常现象；公司在2015年筹资活动产生的现金流量净额为正数，表示公司本期有筹措资金，不管是发行股票或贷款收到的资金产生筹资活动均为正数。

表 4-7　　　　　　　　广泽乳业有限公司现金流量　　　　　　　　单位：万元

科目	2015年	2014年
一、经营活动产生的现金流量：		
经营现金流入	65 567	78 787
经营现金流出	70 808	68 661
经营现金流量净额	-5 240	10 126
二、投资活动产生的现金流量		
投资现金流入	822	978
投资现金流出	2 543	3 348
投资现金流量净额	-1 721	-2 370
三、筹资活动产生的现金流量		
筹资现金流入	36 626	31 160
筹资现金流出	30 414	40 696
筹资现金流量净额	6 212	-7 536

(二) 曲折的并购过程

1. 新官上任三把火。

在 2015 年 10 月 22 日的投资者说明会上，一位短发职业女性精神抖擞地坐在华联矿业董事长的位置上，发表关于未来在乳业发展上的踌躇满志，这位引人注目的"新官"正是 9 月份新上任的华联矿业董事长兼总经理——柴琇。说到这位"新官"不得不说一下她的另一重身份，正是吉林省乳业集团的实控人。正是因为柴总的这一重身份，华联矿业才得以果断地选择乳业来实现企业的多元化发展。俗话说，新官上任三把火。柴总的第一把火就是要改变企业的战略发展，带领华联矿业走上"卖牛奶"的路子。

之后，在 2015 年 11 月 12 日，华联矿业便发布了跨界"卖牛奶"的重组预案，此次并购则是华联矿业短期内面向乳业及下游产品发起的第二桩并购交易。拟置入的广泽乳业是吉林省规模最大的乳制品生产企业，公司拟以 8.79 元/股非公开 9 173.90 万股，合计作价 8.06 亿元收购广泽乳业 100% 股权和吉林乳品 100% 股权；同时拟以 10.24 元/股非公开发行募集配套资金不超过 8 亿元主要用于标的资产主营业务发展，其中公司实际控制人柴琇拟认购 7 亿元，内蒙古蒙牛拟认购 1 亿元；发行完成后，崔民东、柴琇夫妇合计持股比例将增至 40.78%。公司股票将继续停牌。两项标的资产作价 8.06 亿元，占上市公司控制权发生变更的前一个会计年度（2014 年度）经审计的合并财务会计报告期末资产总额 16.6 亿元的 48.52%，未达到 100%。因此，即使上市公司刚刚发生了控制权变更，上述交易亦不构成重组上市。

华联矿业表示，此次交易完成后，公司将在保留原有业务的基础上，增加乳制品生产及销售业务，有利于降低公司经营风险，改善公司的资产质量。同时广泽乳业、吉林乳品将成为公司的全资子公司，可以在充分结合自身发展阶段和良好行业发展机遇的情况下，有效使用募集配套资金投资建设乳制品加工项目，进一步提升市场竞争力。

2. 一波未平一波又起。

华联矿业的"卖牛奶"之路并不好走。2016年3月因修改方案而停牌，并于4月26日发布了修改后的重组预案和一份新的增发募资方案。此次重组方案的核心是将原来的定增购买资产以及配套募资，变更为一份资产置换方案以及一份定增募资方案，且后者的实施将以公司重大资产置换方案实施完毕为前提。

2016年5月，华联矿业（600882.SH）披露重大资产重组方案，将置出山东华联矿业股份有限公司（简称"华联股份"）99.13%股权和沂源县源成企业管理咨询有限公司100%股权，并置入广泽乳业有限公司（简称"广泽乳业"）和吉林市广泽乳品有限公司（简称"吉林乳品"）的100%股权，上市公司更名为广泽食品科技股份有限公司（简称"广泽股份"），主营业务变更为乳制品生产及销售。

公司6月7日最新发布的重组报告书，原本计划在重组后依然保留的铁矿石业务将被剥离上市公司拟置出铁矿石业务相关资产，作价约11.6亿元，拟置入资产两项资产保持不变，作价8.16亿元，其差额部分由吉乳集团以现金方式向上市公司补足。事实上，在前一次重组方案发布时，公司曾因会形成"两大主业"格局遭上交所问询，而公司在2015年11月28日公布的回复函中明确表示，"上市公司无未来三年内处置矿业资产的计划或方案"。而不到半年，却计划置出铁矿石业务相关资产，除存在信息披露前后不一的问题外，其背后动机亦值得关注。从本质上而言，在新的方案下，公司控制权已经发生变更，且原有主营业务被剥离，类似"净壳"置换入了实际控制人的资产，完全变成乳制品公司，相当于进行了一次"重组上市"。但是，在当时的认定标准下，因为置入资产规模问题，并不触发当时的借壳标准。

在这种万事俱备只欠东风的情况下，东风没有等来，倒是等来了"噩耗"。2016年6月，证监会发布了《上市公司重大资产重组管理办法》征求意见稿，这个修订后的新规被称为"史上最严"，在新的认定标准中，华联矿业因主营业务发生根本变化，可能在新规下被划入"重组上市"，重组需要重新被评估。6月17日重组新规征求意见的消息正式发布，就在消息正式发布后的第一个交易日，即6月20日，华联矿业发布午间公告，即称"监管政策调整，公司决定取消原定于6月22日召开的2016年第一次临时股东大会。"其官方表态已经变更为"重组风险提示"，且称监管政策出现重大调整，可能会对本次重组造成重要影响，并可能导致重组方案被暂停、中止、调整或取消。然而实际情况是，两项标的资产作价8.06亿元，占上市公司控制权发生变更的前一个会计年度（2014年度）经审计的合并财务会计报告期末资产总额16.6亿元的48.52%，未达到100%。因此，即使上市公司刚刚发生了控制权变更，上述交易亦不构成重组上市。所以，目前华联矿业的重组方案并不构成"重组上市"（旧称"借壳"），不过若执行新规显然将会被划入这一类别，如今华联矿业未选择强行"闯关"股东会而是主动刹车，其态度亦值得玩味。

3. 山重水复疑无路，柳暗花明又一村。

在大家玩味的目光中，华联矿业又强势回归。2016年7月20日，华联矿业发布公告称，公司原拟筹划收购某乳制品上游产业类公司，经与相关方磋商，最终未能就本次收购的重要条款达成一致意见。公司认为继续推进该事项条件尚不成熟，决定终止筹划本次重大事项。

然而，短短半个月之后的 8 月 3 日，华联矿业与实际控制人控制的吉林省乳业集团有限公司（以下简称"吉乳集团"）之间的重大资产置换实施完毕。本次重大资产置换实施完毕后，广泽乳业有限公司和吉林市广泽乳品有限公司成为本公司全资子公司，山东华联矿业股份有限公司（以下简称"华联股份"）和沂源县源成企业管理咨询有限公司不再为本公司子公司，成为本公司关联方吉乳集团的子公司。

华联矿业 8 月 22 日晚间公告，经公司向上海证券交易所申请，公司证券简称自 2016 年 8 月 26 日起将由"华联矿业"变更为"广泽股份"，公司证券代码"600882"保持不变。

四、交易方案概述

上市公司进行重大资产置换，置出资产为铁矿石业务相关资产，具体包括上市公司持有的华联股份 421 322 000 股股份（占其总股本的 99.13%）、源成咨询 100% 股权；置入资产为吉乳集团持有的广泽乳业 100% 股权、吉林乳品 100% 股权，差额部分由吉乳集团以现金方式向上市公司补足。本次交易中，华联股份 421 322 000 股股份的交易价格为 115 766.51 万元，源成咨询 100% 股权的交易价格为 0 万元，广泽乳业 100% 股权的交易价格为 76 092.6 万元，吉林乳品 100% 股权的交易价格为 5 547 万元，置出资产与置入资产交易价格的差额为 34 126.91 万元。本次交易完成后，广泽乳业、吉林乳品将成为上市公司的全资子公司；柴琇仍为上市公司实际控制人，本次交易不会导致上市公司实际控制人变更。

（一）交易对方

本次交易的交易对方为吉乳集团。

（二）标的资产

本次交易的标的资产包括置出资产和置入资产：置出资产为铁矿石业务相关资产，具体包括上市公司持有的华联股份 421 322 000 股股份（占其总股本的 99.13%）、源成咨询 100% 股权；置入资产为吉乳集团持有的广泽乳业 100% 股权、吉林乳品 100% 股权。

（三）本次交易的差额支付情况

根据《重大资产置换协议（修订版）》，上市公司以其持有的置出资产与吉乳集团持有的置入资产等值部分进行置换，置出资产作价超过置入资产作价的部分 34 126.91 万元，由吉乳集团于本次交易实施完成之日起 60 日内以现金方式向上市公司补足。

五、争议焦点

（一）高价收购引起质疑

广泽乳业 100% 股权预估值 5.52 亿元。评估方法为收益法，增值率 570.44%，吉林乳品 100% 股权预估值 5 417.88 万元，采用的是基础法，增值率 8.03%。财务数据显示，广泽乳业 2013~2015 年 1~9 月净利润分别为 -1 938.45 万元、2 094.6 万元和 1 745.51 万元，吉林乳品则分别亏损 85.55 万元、85.82 万元和 68.86 万元。

对于此次收购目的，华联矿业表示，有利于分散上市公司业务发展的周期性波动风险，为上市公司股东提供更稳定、可靠的业绩保障，也可消除大股东与上市公司的同业竞争问题。

"矿产不好做，难道乳业就好做了吗？乳业属于充分竞争行业，标的企业业绩也不算很好，其中一家还在亏，值这么高的溢价吗？会不会是向实控人进行利益输送？众所周知，乳业巨头为伊利和蒙牛，公司为何要引入竞争对手蒙牛参与定增呢？"对于上述收购，有投资者提出质疑。

（二）上交所六问上市公司

早在 2015 年 11 月公司公布重组预案后，上交所即对华联矿业下发问询函。此次 4 月 26 日公司公告新的方案后，上交所再次下发问询函，连着追问了 6 大问题。这也使得公司 5 月 11 日再次修订重组方案。

对于公司去年披露公司未来 3 年内无处置矿业资产的计划或方案，今年 4 月 26 日重组方案却称将置出铁矿石业务相关资产，上交所除了要求公司补充披露前后两次方案的调整时间及调整原因外，还要求公司说明是否存在信息披露不及时的情况，并要求说明将支付方式由发行股份变更为现金的原因。在评估基准日前，公司以现金方式对拟置出资产华联股份增加注册资本 5 720 万元。上交所对此要求补充披露：短期内公司向华联股份增资又将其置出的原因，公司前次重组预案以双主业为发展战略，短期内公司变更发展战略的原因，公司是否存在前后信息披露不一致的情形。

公司变更财务顾问的原因也受到上交所关注。对此，上市公司回复称，因 2016 年 2 月，上市公司与华泰联合就本次重组项目执行时间进度的把握存在分歧，上市公司拟变更本次重组的独立财务顾问，与华泰联合解除协议，同时聘请开源证券担任本次重大资产重组的独立财务顾问。

上交所还质疑重组提出的盈利补偿安排是否符合相关规则要求，要求公司对利润补偿的金额确定方式予以更正。本次交易置出资产的交易作价合理性也被要求补充披露。

根据显示，标的资产广泽乳业 2015 年实现的净利润为 3 140 万元，经营活动产生的现金流量净额为 -5 240 万元。上交所要求说明标的公司净利润与经营活动现金流量产生重大背离的原因。

（三）矿业改做乳制品，是否能弥补矿石业务的亏损

受国家宏观调控影响，钢铁企业产能不断压缩，原料需求减少，致使公司铁矿石业务经济效益受到很大影响。公司转型是毋庸置疑的，但是改做乳制品似乎不足以弥补其亏损。公司彻底转型为乳制品生产加工企业是否成功，得看未来的发展。值得注意的一项就是在华联矿业半年度报告中，承诺事项履行情况提到的，关于对广泽乳业未来业绩的承诺：2016 年度、2017 年度、2018 年度，广泽乳业实现的净利润（以扣除非经常性损益后的净利润数为准，下同）分别不低于 4 494.96 万元、6 328.10 万元、8 157.69 万元。如广泽乳业在利润补偿期间截至任何一个会计年度期末累积实现的净利润不足截至当年度期末累积业绩承诺金

额的，吉乳集团应以现金方式向上市公司进行补偿。

六、讨论问题

1. 判断本案例并购的性质和类型？
2. 华联矿业跨行业并购的动机是什么？
3. 此次资产重组是否是广泽乳业变相借壳上市？
4. 跨行业并购给企业带来的风险有哪些？
5. 应采取怎样的措施降低跨行业并购给企业带来的风险？

第三节　案例三：万科的股权激励：守得云开见月明了吗

一、引言

2010年11月14日下午，北京难得的好天气，与隔壁朝阳公园喧闹的气氛相比，北京万科中心三楼会议室的氛围则显得十分幽静，此次会议的主题就是讨论万科推行的第三次股权激励方案相关内容。

万科的董事长一身休闲的打扮，略显清瘦的脸庞，须发间开始显露出斑白，在经历了从企业家到探险家的转变，以及2008年的那场金融风波之后，王石很淡定。在外界看来，王石不像一个一般的企业家，因为他总是给我们很"潇洒"的感觉。除了探险之外，他还曾在深圳卫视推出了一档《王石和他的朋友》的节目，过了一把主持人的瘾。已经60多岁的王石，这些年"玩"登山、滑雪、做形象大使、"串"主持人，每次他的出现都能带给我们不一样的感觉。

他说，他对人生和企业的看法不一样，承受力也不一样，有些东西可能看得更淡，路走得可能就更宽一些。在业内有这么一句玩笑话：不管王石身上有多少难处，最终总是能顺利克服，回过头想一想，一个把世界七大洲主峰踩在脚下的人，他的心态跟常人绝对不一样。他时常想的就是把市场"蛋糕"做大，也乐于看到团队能从这块"蛋糕"中分到最多。所以万科自上市以来，其管理层一直推行股权激励方案。据他透露，万科此次的股权激励，机构和大股东一直在积极推动，管理层反而比较淡定，他们认为"蛋糕"做大了，"面包"会有的，别的并没有多想。王石表示，这次股权激励方案，足以向外界传达公司管理层的信心。然而事实的发展却超出了王石的预想，万科在经历了前两次的股权失败之后第三次股权激励仍然失败了，而且还使万科处在股权之争的旋涡中。

二、公司简介

万科集团，全称为万科企业股份有限公司，简写VANKE，成立于1984年5月。1988年进入房地产行业，经过30余年的发展，成为国内领先的房地产公司，目前主营业务包括房地产开发和物业服务。公司聚焦城市圈带的发展战略，截至2015年底，公司进入中国大陆

66个城市，分布在以珠三角为核心的广深区域、以长三角为核心的上海区域、以环渤海为核心的北京区域，以及由中西部中心城市组成的成都区域。此外，公司自2013年起开始尝试海外投资，目前已经进入中国香港、新加坡、旧金山、纽约、伦敦等5个海外城市，参与数十个房地产开发项目。2015年公司实现销售面积2 067.1万平方米，销售金额2 614.7亿元，同比分别增长14.3%和20.7%，在全国的市场占有率上升至3%。公司物业服务业务以万科物业发展有限公司（"万科物业"）为主体展开。万科物业始终以提供一流水准的物业服务、做好建筑打理作为企业立命之本，积极开展市场化，为更多客户提供优质的居住服务。截至2015年底，公司物业服务覆盖中国大陆64个大中城市，服务项目近千个，合同管理面积2.1亿平方米。与此同时，万科坚守着不行贿的底线，在以城市中心区难以拿到优质土地情况下，万科只有到郊区、偏远地方来开发，别人看不上的土地，万科拿了。所以万科有一个名称叫做郊区开发商，尽管万科是城市开发商，但只能在郊区拿到土地。但正是这个郊区开发商，从1993年的10个城市发展到2013年的60个城市，现在万科是为40万个中国的家庭住户提供着住宅，居住区人口超过100万人。令人吃惊的是，万科的成功经验不是个性化的成功而是一种普世化的成功，是可以在全国范围内普遍适用的而非只在某些地域具备可行性。这种普世的成功哲学指引着万科迅速从大多数受到地域限制的房地产公司中脱颖而出，业务量和利润额也实现了几何式的增长。由表4-8我们可以看到万科发展历程中的标志性事件。

表4-8　　　　　　　　　　　　万科发展历程中的标志性事件

时间	事件	时间	事件
1984	成立	2006	开发面积全球第一；总市值在深交所上市公司中排名第一
1988	进入房地产行业，向社会公开发行股票	2011	销售额过千亿元并创造了世界纪录（相当于美国四大住宅公司高峰时的总和）
1991	成为深交所第二家上市公司	2012	营业收入达房地产百强企业均值的5.7倍
1993	B股上市；将大众住宅开发确定为公司的核心业务	2013	在2月与铁狮门房地产公司宣布成立合资公司，万科持合资公司70%的股权，铁狮门持股30%
2001	出售所持万佳百货76%的股权，成为一家专业房地产公司	2015	万科已经形成四大商业产品线，在全国在建、规划18个购物中心项目，商业面积达150万平方米
2004	销售额过百亿元	2016	首次上榜《财富》"世界500强"，名列第356位

三、股权计划

2016年4月27日晚间，万科集团发布2016年第一季度报告透露，万科第一季度实现销售金额 752.4 亿元，销售面积 545.7 万平方米，双双创下 5 年间同期新纪录。与此同时，一季报还透露了另一个重要信息：至 4 月 24 日，万科为期 5 年的股票期权激励计划 3 个行权期全部结束，最终授出但尚未行权的股票期权约 467.7 万份，仅占全部期权份数的 4.3%。在 2010 年，万科公告曾评价该项计划弥补了公司长期激励机制的缺位，在股东和职业经理人团队之间建立："股票期权激励计划紧密的利益共享和约束机制"。然而，在万科正在经历的股权大战面前，这句话显得有点讽刺。股东和管理层权益，这是一个困扰了万科 20 多年的历史遗留问题。如何从过去的内部人控制，转为建立管理层合理激励机制，引入具有控制能力的股东架构，以王石、郁亮为首的万科管理层希望在此次危机中"火中取栗"。

5 年前的 2011 年 4 月，万科第一次临时股东大会，万科 A 股股票期权激励计划以 99.9% 的赞成率通过，当时拟向 838 名激励对象授予总量 11 000 万份的股票期权，占万科总股本的 1.0004%。等到期权正式登记之时，最终只有 810 名激励对象被授予了 10 843.5 万份期权，仅占万科总股本的 0.9862%，810 名激励对象占万科彼时在册员工总数的 3.88%，其中以万科董事长王石、总裁郁亮为代表的高管团队占期权总份额的 33.82%。其中，在以王石、郁亮为代表的 14 名高管团队中，王石股票期权为 660 万份，郁亮为 550 万份，刘爱明、丁长峰、解冻、肖莉等其他 12 名高管的股票期权介于 160 万～220 万份。根据万科 2015 年年报显示，目前王石持有万科 A 股约 571 万股，郁亮持有万科 547.9 万股，基本符合期权的实施结果。

尽管期权计划的行权条件已被一一满足，但从当初的设计来看，已决定了现在王石、郁亮等管理层的持股数不到总股本 1% 的局面，这也直接导致了目前的一系列麻烦——万科管理层在面对险资举牌时，陷入话语权旁落的境地。另外，此项期权激励计划对于万科员工的激励效果，尤其是对于万科高管团队的激励效果如何呢？根据万科历年行权事宜公告显示，在该计划三次行权期之间，分别有 95 名、75 名、97 名中高层员工离职，其中以王石、郁亮为代表的 14 名高管中，近半数已经离职。虽然高管离职跟股权激励计划不能直接互为因果，但激励计划的激励作用有限，却是 A 股上市房企的普遍性问题。根据统计，在 2010 年后超过 20 家上市地产公司推出的股权激励计划中，超过七成的股权激励因各种原因"流产"，或因股价低迷而沦为鸡肋。2013 年开始，险资松绑，这些股权架构分散的房企迅速成为围捕的猎物，而其中尤以万科最为让人垂涎三尺。王石也不是没有意识到这个潜在的危机。历史上，万科共实行了三次股权激励计划。

（一）第一次股权激励计划

1988 年万科股份化改造，4 100 万资产作股份，40% 归个人，60% 归政府，明确资产的当天王石放弃了自己个人拥有的股权。至于他为什么放弃自己的股权，他在后来的演讲中是这么说的："第一，这显示了我对自己的信心，我选择了做一名职业经理人，不用通过股权控制这个公司，仍然有能力管理好它；第二，在我看来，中国社会尤其在 20 世纪 80 年代，突然很有钱，是很危险的。中国传统文化来讲，不患寡，患不均，大家都可以穷，但是不能突然你很有钱。在名和利上只能选一个。我的本事不大，我只能选一头，所以我就选择了名。"在我们常人看来，对一个公司的管理，你拥有了越多的股权，你就拥有越大的发言权。所以有些人可能不会理解王石的做法。但从王石的角度看，他显然对自己的能力非常有信心，他认为自己没必要通过股份控制管理的公司，如果自己做的不称职，随时可以换掉自己。他把自己的位置摆的很明确,不是公司的所有者,就是一个职业经理人。他想向所有人证明他是凭能力来管理这个公司的。

万科1991年成为深圳证券交易所第二家上市公司,在中国属于首批上市的企业之一,曾数次荣获深圳综合实力排名第一的企业,持续增长的业绩以及规范透明的公司治理结构,使公司赢得了投资者的广泛认可。但由于总经理王石当时放弃了他的股份,万科管理层手中只握有很少的股份,几乎全部发行在外,所以上市以来股权一直分散,属于典型的大众持股的公司。此时,万科的管理层认识到对于这样一个股权分散的公司,想要不失去对公司的控制权,同时也为了解决股东与管理层之间的代理问题,吸引住人才,应该进行股权激励。这种管理理念在当时那个年代,还是很前卫的。因为股权激励当时在美国很流行,在20世纪50年代美国就开始对公司的高管进行股权激励。然而在中国,当时还没有相关的股权激励文件,所以对于万科来说,第一次搞股权激励也不是那么容易的。在中国,无论是相关的政策法规还是股权激励的经验,他们都没有可以借鉴的,但他们没有退却,并且在有了初步的规划之后就马上付诸于行动。

1993年万科发行B股的时候,郁亮已经在负责股权激励计划项目:计划从1993年做到2001年,长达9年,以3年为单位分成三个阶段。当时还没有证监会,只有人民银行,万科的股权计划在当时获得了主管部门(深圳人民银行)的批准。股权激励计划是万科员工以约定的价格全员持股,对员工没有相关的业绩考核标准,3年后交钱拿股票可以上市交易。但是,这个计划在第一期发完之后,证监会成立明令叫停,一停就是13年。万科的第一次股权激励就这样结束了,这次的计划显然没有达到管理层的预想目标,没有帮助公司改变股权分散的难题。

(二) 第二次股权激励计划

1998年万科已经成为中国最大的房地产公司,但在第二年48岁的王石辞去总经理职务,在辞职会的公开讲演上他表示,即使不当总经理了,但对公司运转很放心,因为他给万科留下了四个东西。第一个,制度,现代企业制度,不行贿是它的底线,还有透明、规范。第二个,培养的团队。第三个,选择的行业,选择房地产。因为万科在前10年做了很多行业,最后决定选择房地产。第四,树立的品牌。正因为有了这四个东西,综合万科长期发展的利弊,以及对经营企业的考虑,王石决定不再天天待在公司里亲力亲为。

1984~1994年的万科,是多元化发展的10年。到了2004年,万科经历了第二个阶段,叫如何从多元化走向专业化。中国改革开放开始有很多机会,要走多元化比较容易,但是如何做专业化在中国的企业中比较少。所以在一系列的设想下,万科计划5年从多元化走向专业化道路,在专业化当中选择做房地产,其他行业关停并转。从1984年开始计划到1994年开始,然后在1998年完成。实际上这条道路走了8年才完成。现在万科成为一个纯粹的城市住宅开发商,随着中国房地产迅速增长,万科业务也在增长。1997年万科成为中国最大的房地产企业,2001年成为全球最大的住宅开发商。

然而经历了第一次股权失败后,万科成为专门的房地产开发集团,并开始规模化房地产品牌建设的道路,到2005年时,中国房地产市场进入快速发展阶段,万科审时度势,及时地提出了要做"中国房地产业的领导者"的口号,为了实现目标,万科再次确定大北京地区,长江三角洲地区以及珠江三角洲地区3大城市圈为主要住宅开发区,同时发展成都、武汉等内陆经济中心城市，逐步把 44 个 100 万以上人口的城市都覆盖，实现占领全国房地产市场的目标。与此同时，在 2005 年，我国正式修改了证券方面的相关法律法规，使得股权激励法律缺失的情况大为改观，这在我国的股权分置改革过程中是一个里程碑般的存在。次年证监会发布的股权激励的相关办法则将相关的法律障碍彻底清除，至此，管理层股权激励制度在我国上市企业中开始轰轰烈烈地运行起来，正式拉开了上市企业运用股权激励的序幕。万科的管理层又看到了希望，他们相信，有了第一次的经验，没有了相关监管机构以及政策法规的障碍，这一次的股权激励一定能够顺利实施起来。

于是，万科公司第二次股权激励方案在 2006 年发出公告并计划实施，通过一系列的表决和审批，确定了此次的激励方案的方式定为限制性股票。计划以 3 年为周期，2006~2008 年每年为一个计划期，每个计划期限一般为 2 年，不超过 3 年（仅当发生股价条件不符合时）。从每年所产生的净收益中提取一部分作为专项的基金，并用此基金在公开交易市场中通过第三方公司买入 A 股股票。在考核期度过后，根据行权条件是否符合来确定是否将所购入的股票过户给每个被激励对象，包括公司受薪的董事、监事、高层管理人员、中层管理人员、由总经理提名的业务骨干以及卓越贡献人员，激励对象不超过总员工的 8%。

公司以 T-1 年度净利润的增加额为基数，以 30% 的比例预提当年的激励基金，再委托信托机构用激励基金回购二级市场的万科股票。如 2006 年激励基金提取以 2005 年度净利润为基数，当年净利润增长超过 15% 不超过 30% 时，以净利润增加额为提取基数，净利润增长率为提取百分比。当净利润增长率超过 30% 时，以 30% 为提取百分比，年度计提的激励基金不超过当年净利润的 10%。公司的激励条件如表 4-9 所示。

表 4-9　　　　　　　　　万科公司第二次股权激励的激励条件

激励条件		
	业绩	1. 扣除非经常损益后年净利润增长率大于 15% 2. 全面摊薄年净资产收益率（ROE）大于 12% 3. 若向社会公众增发股份或向原有股东配售股份，则要求当年每股收益（EPS）增长率超过 10%
	股价	1. 当期归属：等待期结束之日（即 T+1 年年报公告日），等待期（T+1）的股价必须大于前 1 年（T）的股价 2. 补充归属：因股价原因未达到当期归属条件而没有归属的限制性股票可延迟 1 年补充归属，但必须满足 T+2 年的股价大于 T 年的股价

第二次股权激励计划的实施结果是：万科股权激励计划，自实施开始，仅 2006 年激励计划得到顺利实施，2007 年、2008 年皆因业绩未达标，未能成功授予股权，因此，该激励方案在遗憾中落下了帷幕。

万科在第二个股权激励实施期 2006 年的业绩指标和归属条件都达到了股权激励方案中的要求。2006 年万科实现净利润增长率 54.68%，全面摊薄净资产收益率为 13.89%，均符合方案中要求的 15% 和 12%，由于万科本年进行了对股东的定向增发，每股收益增长率需要达到 10%，这个要求万科也顺利实现，并高达 31.77%。在股价方面，万科 2007 年 A 股向后复权年均价为 33.81 元，与基期 2006 年初的 7.1 元相比高出了许多。第二次实行股权激励的第一年，万科的股权激励就得到了指标全部达成并顺利把股票过户给了激励对象的结果。因此，万科的管理层在2006年的计划中受益颇多，个人的利益得到了明显的提升。但是好景并不长，到了2007年万科的股权激励方案就受到了严重的打击。这一年的净利润增长率和全面摊薄净资产收益率等指标依旧顺利地达成，甚至比上年还要更好。但是，由于2007年的股市上涨过多，2008年随着金融危机的到来，我国的股票市场受到很大的冲击，万科的股价严重下降，对股价有所要求的归属条件并没有达到要求的水平，因此，2007年万科的限制性股票激励方案不得已地终止了实施。

到了2008年，由于国家对房地产行业的遏制以及金融危机对整个市场的冲击，万科的业绩考核指标未能达到预定目标。净利润增长率较往年完全不同，不但没有达到15%的增长，反而出现了在万科的历史上都极为少见的负增长，净利润较上年下降了15.61%，仅此一项指标的不符合，就已决定了2008年度股权激励计划的失败。故万科第一次股权激励方案的第三年也未能实现。2009年底，万科正式发布公告称，为期3年的股权激励计划遗憾落幕。万科人虽已足够努力，但仍受限于不可预料的大市场环境，加之股权激励方案中缺少应对外在经济环境变化的调整办法，致使历经3年的股权激励计划以失败告终，令人垂涎的高额奖励也与高管们失之交臂。

（三）第三次股权激励计划

万科的董事长王石总是能"轻而易举"地得到大众的关注。王石的人生阅历很丰富，这点让他与其他企业家格外不同。从1999年开始到2010年，他开启了自己的探险之旅。登山、探险、飞滑翔伞、越野滑雪，作为一个业余探险家，整个是在圆自己的探险梦，那个时候王石已经48岁了，他却做着许多年轻人都不敢尝试的运动。1999年，王石登上一座6 000米的高山，第二年登上7 500米的山峰。在2001年王石50岁生日时，他又登上中国新疆的一座名叫慕士塔格的7 500米的山峰作为自己的生日礼物。在两年内登上两座7 500米山峰，是什么意思呢？在中国体育运动的一个标准上，如果你能在两年内登上两座7 500米山峰就可以达到国家的登山运动健将标准。显然王石做到了。很多人不理解，王石是功成名就去登山？是企业做不下去了要增加曝光率？要不就是太爱出风头了？其实都不是，王石觉得这其实是个人英雄主义，做企业是团队的事，要推动团队去做；而要表现个人与众不同，就去探险。他2000年创造的中国滑翔伞的攀高纪录14年来还没有人打破。他说要用10年时间实现自己作为探险家的梦想。同时，他也作为一个环保主义者参加公益活动，如2004年成立的阿拉善，他是创始人之一和第二任会长，去哈佛之前，又做了壹基金的执行会长。

改革开放30年时，中国主流媒体选出了8个人作为标杆人物，王石便是这8个标杆人物之一。王石当选的理由有三点：第一，王石按照中国的标准是一个成功企业家。第二，王石在2003年登上珠穆朗玛峰，又是一个所谓的探险家。第三，万科的经营模式上有一个非常明显的特征，那就是王石公开宣传万科从来不行贿。而对于王石而言，这三个标准中最喜欢的是不行贿者。在中国改革开放当中，由于经济发展、由于种种原因，变革当中很多人都往"钱"看。为了钱，不择手段。所以这种贪污、腐化、行贿、不正之风是非常严重的。但一家民营企业如何在经营当中保持着自己的道德底线，王石非常明确自己绝不行贿。显然在中国这样的经营环境当中很特别。

在我们传统思维里，作为一个企业的董事长应该每天待在办公室里做着各种计划决策等,然而王石却在他事业成功,59岁时决定去哈佛做访问学者。他2010年初作出了安排,选择2011年1月到哈佛做访问学者。对于这次游学,王石是这么说的:"到哈佛后,我在选课时情不自禁选了'资本主义思想史'、'宗教如何影响社会'这些课程。这与我是企业家的身份有很大关系。做了这么多年企业,关于我自身、关于万科未来究竟怎么走,都需要一些更深的思考。越学习越感到无知,真正进入学习状态是在剑桥,每天都感到时间不够用,每天都在如饥似渴地吸收着知识。"在外人看来,王石已然是一个很成功的企业家了,但是他仍然在不停地给自己充电。他觉得这次学习让他有了如沐春风、如鱼得水的状态。

王石在游学期间,也在积极发展万科的事业,万科海外发展又迈向了新的阶梯。事实上,2012年王石在哈佛游学期间,万科也正在加快国际化发展步伐,成立了美国地产业务推进小组,为进军美国市场做好准备。2013年初,万科宣布与素有"美国头号房企"之称的铁狮门房地产公司合作,共同开发位于旧金山的公寓项目,万科将持合资公司70%的股权。紧接着,万科转战东南亚,以6.78亿元人民币与新加坡合作共同开发房地产项目。也就是在王石计划去哈佛留学的那一年,即2010年,万科集团的销售总额已经达1 081.6亿元,在国内房地产企业中,成为首个年销售额超千亿元的公司,该年的净利润也达72.8亿元,远超同行业其余房地产公司。万科花了近10年的时间使企业完成了这一华丽转身,成为一家非常成功享有盛名的房地产巨鳄。在经历了前两次的股权激励失败之后,万科的管理层汲取了一定的经验教训,为了有效地解决管理层与股东之间的代理问题以及防止外部人夺取公司的控制权,万科管理层着手第三次的股权激励计划,这次股权激励计划的激励方式不同于第二次的限制性股票,而是采取股票期权的激励方式。

万科2010年股权激励方案以股票期权为激励方式,股票来源为定向发行新股,股票总数为11 000万份,占总股本1.00004%,激励对象为公司董事、高管、核心业务人员,不包括独立董事、监事,也不包括持5%以上主要股东及其配偶、直系亲属,激励对象总人数为838人。行权条件如表4-10所示。

表4-10　　　　　　　　　　万科第三次激励方案行权条件

行权期	绩效考核条件(行权条件)	
第一个行权期	1. T年全面摊薄净资产收益率(ROE)不低于14% 2. T年较T-1年的净利润增长率不低于20%	行权期各年度归属于上市公司股东的净利润及扣除非经常性损益的净利润不得低于T-1年前最近三个会计年度平均水平且不为负
第二个行权期	1. T+1年全面摊薄净资产收益率(ROE)不低于14.5% 2. T+1年较T-1年的净利润增长率不低于45%	
第三个行权期	1. T+2年全面摊薄净资产收益率(ROE)不低于15% 2. T+2年较T-1年的净利润增长率不低于75%	

注:T表示2011年。

万科此次股票期权激励计划的授权日为本计划获得股东大会通过之后30日内,即2011年4月25日,等待期为授权日起至授权日后第12个月的最后一个交易日止。整个股权激励的有效期为5年,自股票期权于授权日开始,在一年的等待期之后,分为三个行权期,每期在满足当期的业绩条件后获得股票期权行权权利。激励对象可在行权期内按40%、30%、30%的行权比例分期行权,如表4-11所示。

表4-11　　　　　　　　　　授予股票期权行权安排

行权期	可行权时间	行权比例(%)
第一个行权期	授权日12个月后的首个交易日起至36个月后的最后一个交易日止	40
第二个行权期	授权日24个月后的首个交易日起至48个月后的最后一个交易日止	30
第三个行权期	授权日36个月后的首个交易日起至60个月后的最后一个交易日止	30

万科此次股票期权的行权价格为8.89元,还规定了禁售期,即激励人员将其持有的本公司股票在半年内既有买入又有卖出的情况,由此所得收益归公司所有,而且其在任职期间每年转让的股份不得超过其所持有本公司股份总数的25%,离职后半年内,不得转让其所持有的本公司股份。

在整个股权激励计划通过董事会审核之后30日,被激励对象则被授予所得期权,但是从被授予当天开始的1年属于等待期,在等待期内被激励对象不得行权。度过等待期之后,公司会对外公布是否完成了行权条件,如果完成即被激励对象方可按照事先设计好的行权价购入本公司股票。若没有满足行权条件,则停止实施该年的股权激励方案。被激励对象可以根据当时的股价和行权价的孰高孰低来自行确定是否行权,若不行权,则不会受到任何损失。对于被激励对象通过行权所取得的股票,受到禁售期的限制,必须等到禁售期结束才能自行出售。

万科第三次股权激励计划的结果比预期的要顺利很多。万科集团分别于2012年7月、2013年5月和2014年7月发布公告,宣布前三个行权期行权条件均已成就,每个行权期可行权的人数分别为715 640人和543人,总共可行权股权份数为近9 000万份。但是,硬性指标全部达标的情况下第三次股权激励却依然失败了,原因还是股价。8.98元的行权价使得第三次股权激励中第一批和第二批行权的管理层,都套牢了——他们可以在市场上以更低的价格买到这些股份。虽然有王石和郁亮的带领,公司的众多高管行权情况却并不乐观。总裁郁亮也曾无奈表示:"实际上,我们高管团队的所有成员,期权行权后全部处于严重亏损状态"。

四、尾声

作为我国第一个搞股权激励的房地产企业,万科的三次股权激励均以失败告终,这个结果值得我们深思。作为一个典型的两权分离的企业,如何制订合理的股权激励计划,从而协调好股东与管理层之间的代理关系是至关重要的。万科的故事留给我们很多遐想的空间,如果当初的股权激励计划成功了,万科高管是不是就不会离职了,管理层手中握有更多的股权,或许今天在遇到股权争夺战这一问题时,就不会那么被动。通过对万科股权激励的描述,思考如下问题:

1. 公司激励管理层的常用手段有哪些?万科为什么选择股权激励?
2. 万科的第二次股权激励为什么失败?
3. 目前上市公司有哪些常用的股权激励方式?万科第三次股权激励选择股票期权的主

要理由？

4. 根据万科三次股权激励方案的失败，对我国上市公司股权激励方案的完善有哪些建议？

第四节　案例四：上汽集团财务战略分析

一、我国汽车行业现状

2014年对于汽车行业来说，注定是不平凡的一年。经历了前几年"井喷"的发展，汽车行业正慢慢回落，走向正轨。2014年，一些政策的制定，一些概念的出现以及一些事件的发生，充分发挥着影响，对汽车行业和汽车命脉未来发展的影响不容小觑。在这一年中，万向收购 Fisker Karma，美国的特斯卡进军中国，凯迪拉克、沃尔沃等第二梯队豪车品牌纷纷国产，这些汽车事件纷纷抢占头条。汽车行业增速较2013年相对平稳，但是汽车产业的格局分布却更加明显。

在最新发布的2014年全球汽车品牌价值排行榜中，美国、日本、德国所生产的汽车品牌占据了汽车制造业品牌排行榜的前10位，同时第一的宝座被日本丰田汽车公司的丰田品牌所霸占。而中国，坐拥全球第一大汽车生产与销售市场，却没有一个汽车制造品牌进入前十，这无疑给目前汽车业发展最为迅速的中国一个沉重的打击。据我国汽车产量研究院最新发布的数据显示，2013年全年，我国汽车产量2 387万辆，汽车销量2 198万辆。行业规模以上企业实现销售30 056.96亿元，同比增长19.41%；实现产品利润总额3 071.16亿元，同比增长28.75%，其增长速度令世界震惊。但是，现实却给了中国一个当头棒喝，自主品牌乘用车同比下降1.46%，其市场份额连续3年下降，已经降至38%，同比2013年下降了2.28%，我国的自主品牌乘用车市场形势非常严峻，令人担忧。在汽车领域，中国仅仅是汽车生产与销售大国，远远不是汽车生产强国，中国汽车的强国梦还有很长一段路要走。

二、上汽集团简介

上海汽车集团股份有限公司（简称"上汽集团"，股票代码为600104）是国内A股市场最大的汽车上市公司，其主要营业项目：乘用车、商用车和汽车零部件的生产、销售、开发、投资及相关的汽车服务贸易和金融业务。上汽集团自成立以来，一直秉承四大原则：满足用户需求、提高创新能力、集成全球资源、崇尚人本管理。

上汽集团的发展历史要追溯到20世纪50~70年代，在这个年代，上汽正式进入整车制造阶段并逐渐发展成为批量制造基地。而上汽真正的崛起是在20世纪80年代之后，并且上汽集团在我国汽车产业的地位稳固与高速发展也是在这20年左右的时间里发生的。通过这20年的发展，上汽集团正式步入我国汽车行业的舞台，并迅速成长为上海重要的支柱产业、中国最具影响力的汽车制造基地、世界500强企业、中国第一大汽车制造商。在上汽集团（中国第一家汽车中外合资企业）100多年的发展进程中，上汽集团创造了我国汽车行业的第一，中国第一家汽车零部件合资企业，中国第一家汽车销售合资企业，中国第一家汽车跨国公司总部企业，中国第一家汽车专用滚装码头合资企业，中国第一家汽车金融合资企业。即使已经有着如此辉煌的历史，但上汽集团从未停下他前进的脚步，一直不断创新，稳坐我国汽车行业的头把交椅。2014年度，上汽集团以总资产3 384亿元、利润240亿元、市值1 482亿元成为国内车企排名最高的一家，其利润达到了长安汽车、比亚迪、长城汽车等5家公司的总和，排在世界整车排名第10位，福布斯排行榜第175位，是总排行榜前500强中仅有的中国车企。

三、上汽集团的财务分析

（一）上汽集团资本状况分析

1. 资产项目分析（表4-12）。

表4-12　　　　　　　　　　　　上汽集团资产项目

资产项目	数值（万元）				
	2010年	2011年	2012年	2013年	2014年
流动资产合计	175 946.93	19 123 296.15	18 915 465.52	23 218 446.80	23 704 254.23
非流动资产合计	10 909 767.04	12 740 021.94	12 804 834.37	14 145 627.28	17 782 813.12
货币资金	7 076 722.08	7 215 856.59	6 084 642.59	8 909 763.95	8 794 862.41
交易性金融资产	198 704.21	75 903.78	4 283.98	1 790.65	17 926.35
应收票据	3 072 310.14	4 014 926.50	2 494 271.84	2 923 884.53	3 114 424.30
应收账款	1 061 049.81	1 197 041.45	1 542 785.32	1 924 428.91	2 069 609.73
预付款项	1 348 724.53	1 274 798.25	1 997 760.14	3 204 637.51	2 129 837.49
固定资产	3 440 252.53	3 669 154.68	2 479 210.58	2 751 579.13	3 170 900.68
无形资产	721 614.41	819 206.71	552 667.00	562 572.53	647 780.36
开发支出	102 532.09	59 174.67	64 965.23	4 091.69	843.47
其他应收款	131 125.46	131 257.89	390 335.87	249 396.65	272 997.09
资产总计	28 504 460.27	31 863 318.10	31 720 299.90	37 364 074.08	41 487 067.35

（1）从上汽集团2010~2014年的资产负债表数据来看，上汽集团自2010年以来，上汽集团的总资产有了显著的增长，从2010年285亿元到2014年12月的414亿元，大约增长了45.2%，资本得到了非常显著的增长。

（2）上汽集团的货币资金，交易性金融资产，应收账款，应收股利，其他应收款等流动资产项目在这5年都有所上升，主要原因是我国汽车业自2011年起经历过一个低潮后，汽车行业开始稳步前行，特别是2014年汽车行业更是进入一个黄金期，所以上汽集团的经营活动产生的现金收入及从联营企业取得的股利收入每年都在上升。

（3）上汽集团的固定资产，无形资产以及开发支出自2010年以来，每年都有所下降，而与之相对应的在建工程每年都在上升,特别是到了2014年,上汽集团在建工程的数目是2010年数目的1.3倍,主要原因是随着汽车行业竞争的激烈,一汽、长城、福田等汽车行业一直在虎视眈眈上汽在我国汽车行业的地位,所以上汽集团投入了大量的固定资产、无形资产与开发支出投资,而这些投资项目有些尚未完工,所以在建工程每年都处于上升趋势。

(4) 上汽集团其他较为典型的资产项目中,预付账款下降,发放贷款及垫款、应收股利处于上升趋势,可供出售金融资产在2011年与2013年下降,而在2012年和2014年上升。预付账款下降的原因是上汽集团在这4年发展较好,汽车的销售量较好,所以上汽集团对整车企业的预付账款每年都在下降。发放贷款及垫款,应收股利处于上升趋势的原因是上汽集团的子公司财务公司本年度扩大了汽车消费信贷业务规模并且合营企业的盈利情况较好。上汽集团可供出售金融资产不断变化的原因是在这5年内上汽集团的子公司上汽财务公司不断购买或是处置公司基金与股票,所以上汽集团的可供出售金融资产的金额不断变化。

2. 负债项目分析(表4-13)。

表4-13　　　　　　　　　　　　上汽集团负债项目

负债项目	数值(万元)				
	2010年	2011年	2012年	2013年	2014年
流动负债合计	14 893 241.40	16 251 280.22	15 635 168.04	18 633 966.85	19 993 151.08
非流动负债合计	2 259 945.95	2 300 406.19	1 584 496.20	2 556 898.12	2 994 008.56
吸收存款及同业存放	1 728 675.29	1 842 450.77	3 180 838.16	4 277 175.50	4 475 806.39
长期借款	314 092.63	186 348.63	94 677.89	243 022.13	204 914.44
应付职工薪酬	393 001.94	505 512.77	443 786.79	593 797.05	710 734.77
应交税费	487 154.71	282 606.38	491 563.26	340 941.67	341 040.05
应付利息	5 226.79	7 726.50	10 552.58	18 034.52	15 248.15
应付股利	569 264.84	624 718.81	109 874.60	6 541.15	13 751.97
预计负债	359 667.97	401 868.76	385 373.35	529 607.89	768 558.00

(1) 从2010~2014年,上汽集团长期借款。长期借款的趋势从2010~2012年是下降趋势,2012~2013年处于上升趋势,2013~2014年又再次下降。2012~2013年长期借款上升的原因是上汽集团为了扩充公司的规模,新增了长期借款。

(2) 从表4-13可以看出,在这4年期间,变化较明显的是企业的吸收存款及同业存放的数值,从2010年的172亿元到2014年的447亿元,增长了148.25%,主要原因是在这4年,上汽集团各联营企业在母公司财务公司的存款增多。

(3) 在应付职工薪酬,应付股利两个科目上,每年的数目都在增加,主要原因是,从2012年起,国内汽车市场走出了前两年的低迷趋势,整体汽车市场销售同比增长14.6%。上汽在我国汽车行业继续发挥龙头作用,上汽集团不断雇佣新的员工,成立子公司发行债券增加的应付利息,从而是企业应付职工薪酬和应付股利数目增加。

(4) 企业的预计负债数目也在增多,主要原因是在这5年,汽车销售量增加以及在2013年新出台的汽车销售三包新规而增加计提的质量保证金。上汽集团的未分配利润的增长更是惊人,2014年的未分配利润是2010年的3倍,在流动资产方面,2010～2011年涨幅比较大,而2011～2014年每年涨幅比较均等,涨势放缓。

(二) 上汽集团的利润分析

(1) 从上汽集团近4年的利润(表4-14)可知,在最近的4年中,上汽的销售收入快速增长,2011年的销售增长率为18.88%,2012年的销售增长率为10.61%,2013年的销售增长率为17.63%,2014年9月与上年同期相比,销售增长率为11.78%;从销售增长率的变化趋势可以看出,2011～2012年有所下降,而2012～2014年一直在上升,并且增长幅度较大,主要原因在于,2012年上汽集团受我国宏观政策的影响,盈利水平开始减弱,所以销售增长率有所下降,而到了2013年,我国的汽车市场逐渐好转,政府补助增加了近1倍。同时汽车销售量出现井喷式增加,据中国汽车工业协会统计的国内汽车2 372万辆的数据计算,上汽占据了国内汽车市场23.7%的份额,继续稳坐中国第一大汽车集团的宝座。从表4-14也可以看出,上汽集团的净利润处在平稳增长的状态,2011年的净利润增长率为22.63%,2012年净利润增长率为-4.45%,2013年净利润增长率为3.32%,到2014年12月的同比净利润增长率为12.78%。从这组数据也看出,2012年上汽集团的盈利能力有所下降,但是从2013年开始净利润平稳增长,根据2014年上汽集团的利润表,其2014年净利润达到382亿元,净利润增长率非常可观,是2014年最赚钱的汽车企业。

表4-14 上汽集团利润

项目	数值(万元)				
	2010年	2011年	2012年	2013年	2014年
1. 营业总收入	36 572 443.18	43 480 394.91	48 097 967.17	56 580 701.16	63 000 116.44
其中:营业收入	36 498 332.82	43 309 548.43	47 843 257.63	56 334 567.24	62 671 239.45
利息收入	70 765.71	165 964.70	249 586.25	236 412.42	319 509.19
2. 营业总成本	34 344 447.92	40 624 659.63	40 118 806.44	49 171 157.51	55 014 649.16
其中:营业成本	29 521 075.82	35 187 030.02	40 056 359.67	49 098 848.21	54 923 602.59
销售费用	2 192 881.73	2 285 079.20	2 720 815.51	3 473 050.11	4 007 377.53
管理费用	1 523 551.10	1 911 569.99	1 853 463.85	1 834 461.48	1 930 870.51
财务费用	45 571.06	4 277.56	-11 521.98	-25 471.54	-16 459.87
3. 营业利润	3 336 243.58	4 169 748.96	3 933 958.98	4 017 911.49	4 033 376.85
加:营业外收入	61 944.08	68 540.28	109 726.59	205 794.99	332 908.23
减:营业外支出	81 831.26	35 472.97	28 049.07	74 406.71	97 405.56
4. 利润总额	3 316 356.39	4 202 816.28	4 015 636.50	4 149 299.77	4 268 879.52
减:所得税费用	463 110.77	703 853.18	662 811.12	590 905.62	443 802.22

续表

项目	数值（万元）				
	2010 年	2011 年	2012 年	2013 年	2014 年
5. 净利润	2 853 245.62	3 498 963.10	3 352 825.37	3 558 394.15	3 825 077.30
归属于母公司股东的净利润	1 638 978.15	2 022 186.65	2 075 176.33	2 480 362.63	2 797 344.13
6. 每股收益：				0	0
（1）基本每股收益	0.0001591	0.0001834	0.0001882	0.000225	0.0002537
（2）稀释每股收益	不适用	不适用	不适用	不适用	不适用
7. 其他综合收益	-5 130.60	-262 276.94	264 597.14	-98 958.54	606 520.55
8. 综合收益总额	2 848 115.02	3 236 686.16	3 617 422.51	3 459 435.61	4 431 597.85

（2）在营业成本与期间费用方面，上汽集团从 2011 年开始，企业的营业规模开始迅速膨胀，所以 2010~2014 年的营业成本增长幅度特别大。在期间费用中，销售费用一直呈上升趋势，且增长幅度大，销售费用增加的原因是汽车产量的增加。而管理费用和财务费用处于下降趋势，管理费用下降主要是工资薪酬数减少所致，而财务费用 4 年来一直是呈下降趋势的，其原因是人民币升值导致汇兑损益变化较大，因此上汽自己的财务公司的利息收入也随之增加。从总体趋势来看，上汽集团从 2010 年开始不断扩张，营业成本、销售费用、管理费用都呈现上升的趋势。

（三）上汽集团的现金流分析

（1）根据提供的数据资料，上汽集团 2010~2014 年现金净额呈现波动态势，经营活动产生的现金流量净额 2010~2011 年大幅度减少，而在 2011~2014 年虽然也有变化，但是变化幅度不大，而且从 2010~2014 年现金净额的数值是正的，说明经营状况良好；从表 4-15 中也可以看出，2010~2014 年上汽集团的投资活动现金流量净额都是负值，说明投资支出大于收回的现金，造成这一情况的原因是由于上汽属于制造工业企业，固定资产购置较多，所以投资活动现金净额一直是负值。这些因素导致了上汽集团在 2011~2014 年筹资活动现金净额一直是负值，但是变化幅度不大，处于平稳。

表 4-15　　　　　　　　　　　上汽集团现金流量

项目	数值（万元）				
	2010 年	2011 年	2012 年	2013 年	2014 年
1. 经营活动产生的现金流量：					
销售商品、提供劳务收到的现金	44 533 185.99	51 939 733.51	59 338 018.59	67 281 079.36	73 844 298.93

续表

项目	数值(万元)				
	2010年	2011年	2012年	2013年	2014年
吸收存款及同业存款净增加额	758 165.00	113 775.48	259 270.20	1 096 337.34	198 630.89
收到的其他与经营活动有关的现金	51 310.88	143 345.18	189 172.68	198 893.51	378 672.91
经营活动现金流入小计	45 432 562.90	52 642 124.07	60 090 980.53	68 855 133.20	74 837 510.11
购买商品、接受劳务支付的现金	35 033 383.48	42 679 001.71	50 637 809.16	59 751 584.75	64 415 053.45
发放贷款及垫款净增加额	447 999.15	950 040.89	698 713.74	904 788.94	560 389.60
支付的其他与经营活动有关的现金	2 298 544.18	2 007 049.03	1 719 482.21	2 024 847.42	3 376 823.79
经营活动现金流出小计	42 497 213.07	50 621 189.68	58 131 867.77	66 794 882.04	72 509 129.01
经营活动产生的现金流量净额	2 935 349.83	2 020 934.39	1 959 112.76	2 060 251.16	2 328 381.10
2. 投资活动产生的现金流量:					
收回投资收到的现金	4 259 134.91	2 478 729.91	1 671 270.65	3 283 170.08	12 707 74.77
取得投资收益收到的现金	540 896.46	825 420.02	1 146 949.58	2 092 032.23	2 326 391.09
收到的其他与投资活动有关的现金	139 759.31	77 417.25	87 334.86	422 012.51	152 911.43
投资活动现金流入小计	5 523 526.97	3 504 870.67	2 977 930.77	5 838 723.23	3 774 023.79
投资活动现金流出小计	6 371 263.23	4 005 057.60	4 680 265.51	3 567 746.64	4 303 299.78

续表

项目	数值（万元）				
	2010年	2011年	2012年	2013年	2014年
3. 筹资活动产生的现金流量：					
吸收投资收到的现金	1 005 248.86	40 367.76	68 782.53	59 506.08	31 347.83
筹资活动现金流入小计	2 253 489.31	1 216 192.76	1 141 177.90	1 688 085.68	1 269 786.88
筹资活动现金流出小计	0	2 828 788.78	2 668 888.04	3 256 274.54	3 288 318.33
筹资活动产生的现金流量净额	766 946.04	-1 612 596.02	-1 527 710.14	-1 568 188.86	-2 018 531.45
4. 汇率变动对现金及现金等价物的影响	-4 188.10	-11 399.17	-2 009.28	-15 057.55	-1 189.85
5. 现金及现金等价物净增加（减少）额	2 850 371.52	-103 247.72	-1 272 941.40	2 747 981.34	-220 616.20
6. 年末现金及现金等价物余额	6 055 975.51	5 952 727.79	4 679 786.39	7 427 767.73	7 207 151.53

（2）在现金及现金等价物净增加额上来看，2010~2012年处于下降趋势，而从2012年开始不断增加，并且增加幅度较大，截至2014年9月上汽集团的现金及现金等价物净增加额已经超过了上年年末的数值，增长幅度非常明显，之所以呈现出这样的变化趋势，原因是自2013年初，国家的宏观政策开始支持我国的制造工业企业，尤其像上汽这样的大型汽车制造业更是国家重点支持的企业，所以自2013年开始上汽开始大规模扩张，多家子公司和分公司的成立与兼并提高了上汽集团的现金和现金等价物净增加额。

（3）总体来说，上汽集团2014年现金流相对前4年的表现来说是值得肯定，企业经营状况良好，处于成熟期，企业采取成本控制，销售支出也不断上升，整车销售和市场需求基本趋于稳定。企业能够向股东支付较多的股利，对外筹资需求相对减少，企业的投资机会也减少，企业偿还前欠债务较多，投资趋于缓和。

（四）上汽集团的财务指标分析

上汽集团财务指标分析如表4-16所示。

表 4-16　　　　　　　　　　　上汽集团财务指标分析　　　　　　　　　　　单位：元

报告日期	2010 年	2011 年	2012 年	2013 年	2014 年
每股收益	1.611	1.834	1.882	2.25	2.53
每股净资产	7.16	9.28	11.0958	12.4943	13.14
每股经营性现金流	2.7021	1.833	1.7769	1.8686	1.8479
每股资本公积金	3.2551	3.825	4.0693	3.8409	3.8467
每股未分配利润	2.068	3.5572	4.7144	6.0275	6.66

(1) 每股收益：表现出比较稳定的增长，特别是在 2014 年一度增长到 2.53 元，从 2010~2014 年一直比较稳定，到了 2013 年，每股收益甚至达到了 2 元左右。

(2) 每股净资产：从 2010 年以来，该指标的增长比较迅速，到了 2014 年 9 月几乎已经达到了 2010 年末的 2 倍，每股净增产达到了 13.14 元。这表明，上汽集团对于净资产的投入是非常激进的。

(3) 每股经营性现金流量：在这 5 年期间，该指标的增长不太稳定，2010~2012 年处于下降趋势，这种情况直到 2013 年才开始好转，通过表 4-15 可知，经营性活动净流量占现金净流量中的比重很大，这充分说明在这 5 年上汽集团资金来源稳定，财务相对安全。

(4) 每股资本公积金：上汽的每股资本公积金在 2010~2012 年不断上升，到了 2013 年开始下降，而 2014 年又开始上升，说明在这 5 年期间，源有股票溢价收入，财产重估增值以及接受捐赠资产等均有所增加，企业可以更好地利用这些资金弥补公司亏损、扩大公司生产经营活动等，这些都对企业的长足发展有着正面作用。

(5) 每股未分配利润：上汽集团的每股未分配利润在这 5 年也不断上升，并且增长幅度非常大，2014 年 9 月每股未分配利润已经是 2010 年末的每股未分配利润的 3 倍多，从这个数据可以看出，上汽集团在这 5 年期间处于高速增长阶段，汽车销售量不断增加，投资机会也在快速增加，从而使每股未分配利润增长幅度较大。

(五) 上汽集团财务环境分析

企业的内外部环境对于企业的整体财务战略的制定的重要性不言而喻，在企业现有的内外部环境下，怎样才能最优地运用自身的资源并且监督公司未来资源的使用？所以，在确定公司财务战略之前，本书应用"SWOT"分析法对公司所处的内外环境进行分析，分析企业的优劣、劣势、机会与威胁，从而为企业财务战略的制定提供更加科学的依据。

1. 优势。

(1) 资金优势：上汽集团是我国最大的汽车企业集团，有着较强的资金实力和宽松的资金条件，同时融资能力也较强。通过对上汽集团财务报表的分析，我们可以看出，上汽集团的资产负债率较低，资金储备充足，变现能力较强。并且由于近年来我国汽车业的蓬勃发展，上汽集团的利润也在逐年上升，股东分红数额不断增加，股票行情一片大好，在汽车行业有着良好的口碑与信誉，这都为上汽集团的资金优势创造了良好的条件。

(2) 技术优势：上汽集团的体系市场从关键零部件扩展到整车研发，其研发水平大幅度提升。2012 年上汽集团收购了英国的 LDV 品牌汽车，上汽集团对 LDV 的百年技术沉淀进行了继承和吸收。通过这一收购项目，上汽集团更好地整合了全球的优质研发资源，升级了研发技术，提升了其品牌、产品以及技术竞争力。通过这一举措，打破了我国国内商用车技术落后的局面，为汽车行业带来了活力，影响了我国商用车市场的形成，通过这一关键技术的扩张，上汽集团在国内汽车研发领域成功占领高地。

（3）丰富的海外经验与人才优势：上汽集团在与德国大众、美国通用合资过程中，积累了丰富的汽车产品生产与开发经验、海外经验。同时在人才培养方面，上汽也具有很大优势，上汽拥有一批有科研能力的研发人才，这些人才在产品开发方面同其他汽车产业员工相比，有着更强的创新力和创造力，并且最近几年，上汽集团吸收了非常多国际化人才加盟，更加提升了企业的人才优势。

2. 劣势。

（1）缺乏自主创新品牌：从上汽集团的年报可以看出，上汽集团的投资收益主要来自上海大众和上海通用这两家合资公司的权益，而上汽的自主品牌业务是不赚钱的。上汽集团之所以是我国汽车市场的龙头老大，主要还是依赖合资企业，自主品牌力量羸弱，所以说上汽集团最突出的劣势之一就是缺乏自主开发的品牌，缺乏适合中国市场自主研发的技术体系。上汽的主要任务之一就是自主品牌乘用车的战略优化工作。

（2）产品发展不均衡：在上汽集团的众多款车型中，销售量最多的是大众、通用等轿车，而上汽的商务车销售量与其他汽车企业相比是处于下风的。自2010年开始，上汽相继推出了RV车，中级车，紧凑车等多个平台，甚至还包括了30余款跑车车型。但是，4年过去了，上汽在2010年推出的多款车型并没有为上汽带来多大的经济效益。除荣威550在中级车市场占据一席之地外，其他种类车型并不被市场接受，这说明了上汽产品发展的不均衡。

（3）科技投入不足：综观目前的汽车发展趋势，环保、智能、安全已经成为汽车行业未来发展的大势。在这样的背景下，上汽依然把大部分资金投入到目前已经相当成熟的企业链上，而忽视了环保、智能、安全的汽车产业。上汽集团急需投入更多资金在新能源汽车、互联网汽车与轻量化汽车上，上汽集团需要用更环保、更智能、更安全的汽车为社会大众服务。

3. 机会。

（1）人们对汽车的需求量不断增大。随着人们生活水平的提高，人们越来越注重生活质量，汽车更是已经成为人们生活的必需品，我国已经迈进了汽车时代的门槛。根据国家信息中心统计，依照如今我国汽车市场的发展形势，这种高速增长态势至少会维持15年，汽车的年均需求增长率几乎已经等于我国GDP增长率的1.5倍左右。如果在2020年，我国的GDP是2014年GDP总量的2倍，那么2020年，我国汽车需求量将达到2 000万辆，那么中国很可能成为世界第一大汽车需求国。而上汽集团作为我国汽车市场的龙头老大，当然不会放过这个机会。

（2）国家的相关激励政策。对于我国汽车产业来说，2014年注定是要载入汽车史册的一年，2014年新出台的汽车新政使我国汽车行业迈向了新的时代，这些新政的出现改变了我国汽车发展的节奏与方向。二手车评估政策的出台，最大限度地解决了二手车信息透明化问题。买优惠车可享"实时核定"购置税，这也意味着如果消费者购买的是一辆大幅降价的新车，那么就可以比以往节省一大笔税费。这些政策的出台，大大增加了我国汽车的销售量。

（3）汽车研发技术的转移。2014年，以英法美为代表的西方国家爆发了严重的货币危机，这在一定程度上刺激了西方的汽车产业，在这样的大背景下，中国也就成了西方大型汽车企业研发汽车新技术的希望。和西方汽车市场的低迷相比，中国的汽车市场越发欣欣向荣。对于西方大型汽车企业来说，中国的人力资源丰富且成本较低，从而使外汽车公司将其新型产品的研发转移到中国。据调查，美国已不再是世界上最大的新车研发国家，而同美国的衰败形成鲜明对比的是，亚洲研发的新车数量同比增长了50%以上，增长速度令世界震惊。研发中心的形式也包括合资、外国独资、多国合资等多种形式，汽车研发技术的转移对我国自主研发汽车市场的崛起有百利而无一害。

4. 威胁。

（1）外国企业与中国企业的品牌之争。在中国如此庞大的汽车市场中，所有外国品牌汽车企业都对中国市场虎视眈眈，各大汽车厂商都在尽可能地拉拢消费者，唯恐落下了一个消费者。综观如今的汽车市场，各种各样的汽车品牌如雨后春笋的出现，但是排在汽车销售榜第1名的依旧是日本的丰田汽车，外国汽车企业对中国企业的影响非常之大。

（2）国内汽车企业自主品牌的不断挑战。对于上汽集团来说，除了来自外患还有内忧，那就是来自国内汽车品牌的挑战，对于上汽集团来说，最赚钱的汽车品牌是合资的上海大众与上海通用，而其自主品牌除了荣威与MG之外，远没有东风汽车、长安汽车、福田汽车等国内自主品牌销售量高。面对的这样的大环境，上汽自主品牌的创新与研发刻不容缓，只有这样才能迎接来自国内汽车企业自主品牌的挑战。

（3）汇率风险。我国汽车行业生机勃勃，随之也带动了汽车的进出口贸易额、相应的原材料、先进技术以及先进设备的外汇收入与支出的不断增加。关于汇率风险所带来的威胁，上汽集团可以说是深有感触，2003年，上海大众分公司因汇率变动而损失了近10亿元人民币，而在2005年和上汽大众同一母公司的上汽通用因美元汇率的波动而获利51亿元人民币，从而在当年的汽车市场独占鳌头。所以，汇率其实是一把"双刃剑"，如果企业能够有效控制汇率风险，那么汇率所带来的巨大收益将成为我国国内汽车企业理财的新方向。

四、财务战略方案的选择

根据投资风险的偏好及价值取向，企业战略可以分为一体化战略、加强型战略、多元经营战略以及防御型四种类型。与企业战略相对应，企业财务战略包括快速扩张型财务战略、稳健发展型财务战略和防御收缩型财务战略三种类型。因此，企业应根据目前所处的财务环境，选择与企业总体战略相一致的财务战略。

上汽集团自成立以来，其愿景是建设成为用户满意、股东满意、社会满意的具备核心竞争力和国际经营能力的汽车集团，最终成为汽车行业的龙头企业。为了早日实现自己的战略目标，上汽集团采取的经营战略是垂直一体化战略，通过这一战略将若干个零部件制造商兼并或收购从而增加企业的经济效益。这一战略的优势在于给企业带来了经济性，稳定了企业的经济关系，确保了供给和需求，更好地协调了企业的内部管理。为了与上汽垂直一体化的经营战略相匹配，上汽集团目前采取的财务战略是扩张性财务战略与稳增型财务战略兼容的财务战略，通过扩张财务战略的实施，企业不断向外扩张，大量的对外筹资，避免了上汽这种大型制造业内部积累的不足。但是，扩张性财务战略也有它的短板，随着企业资产规模的快速扩张，企业的资产收益率可能在一个较长时期内表现为相对较低的水平。所以，上汽集团也采取了稳增型的财务战略，通过实行稳增型的财务战略，很好地保留部分了企业利润，使企业内部投资与外部筹资更好的结合。

（一）上汽集团财务战略分析

对于一个企业来说，企业财务管理的主要内容包括筹资、投资及利益分配。筹集资金是企业财务活动的起点，投资资金是企业财务活动的最关键一部分，利益分配是财务活动的归宿。根据以上分析，企业财务战略管理的主要内容包括筹资战略管理，投资战略管理及收益分配战略管理。在上汽集团扩张型财务战略与稳增型财务战略兼容的财务战略类型的框架下，我们来具体分析这几年上汽的主要筹资、投资以及收益分配方案制定。

（二）公司筹资战略方案分析

筹资战略是企业财务战略的起点，筹资战略根据企业内、外环境状况和趋势，对企业资金筹措的目标、结构、渠道、方式和时间进行长期的计划，目的是为企业战略实施提供资金支持。筹资决策对企业的要求是在筹集到足够数目的资金同时，使资金成本最低。企业经营活动所需的资金，其途径主要有长期借款、发行债券、发行股票、融资租赁以及利用企业的留存收益。企业融资战略运行渠道主要包括内部型筹资渠道、金融型筹资渠道以及证券型筹资渠道。

1. 内部型筹资战略。

内部型筹资渠道主要是指从企业内部开辟资金来源，筹措所需资金。在内部型融资渠道的选择上，上汽最重要的筹资方式是留存收益，从2010年的72亿元到2014年的490亿元，上汽的留存收益多用在融资，增长了540%，远超过来自长期借款和债券的融资金额，之所以有这样的情况，主要原因是上汽这几年发展势头良好，内部资金充裕，所以留存收益也就成为上汽集团最常用的筹资战略，内部型融资战略这一筹资战略的优点是内部资金方便、可靠、无须支付筹资费用。

2. 金融型筹资战略。

金融型筹资战略是我国国内汽车产业最重要的融资渠道，其主要筹资方式有吸收境内股东3个月以上期限的存款，转让和出售汽车贷款业务以及向银行贷款和同业拆解。5年来，上汽集团的金融型筹资战略最主要的来源是银行的长期借款，从上汽集团这5年来的报表可以看出，虽然企业的长期借款不断增加，从2010年的31亿元到2014年9月的191亿元，上汽的长期借款主要来源包括两部分，即借款利息和借款费用。长期借款这种筹资方式可以计入税前成本费用或抵消，从而起到抵税作用。所以上汽这样的大型汽车制造业通常选择长期借款这种金融型筹资战略。

3. 证券型筹资战略。

证券型筹资战略是指依据企业目前所拥有的社会资金来源，通过发行有价证券、股票和债券等方式来募集资金的战略。它可以为企业筹集到大规模的长期限可用资金，发行债券的成本主要指债券利息和筹资费用。发行债券的处理方式与长期借款方式的利息处理方式相同，即可以在所得税前扣除，从而减轻企业税收负担。上汽集团发行债券所投入的资金从

2008年的72亿元到2013年的57亿元,有所减少,原因是发行公司债券这种融资方式通常情况下需要企业用自身资产抵押和担保,银行取得一部分控制权,而削弱了企业高层控制权和股东的剩余控制权,这在一定程度上影响了企业的筹资力度,所以上汽集团在这5年期间证券型筹资投入的数目减少。

根据对上汽集团筹资战略制定的分析,公司的留存收益数额和债券数额逐年减少,而长期借款总体来说呈现上升趋势,企业的财务负担较低,具有灵活性。综合来看,上汽集团的筹资结构还算比较合理,经营状况良好,企业处于成熟期,整车销售和市场需求基本趋于稳定。企业能够向股东支付较多的股利,对外筹资需求相对减少。企业的投资机会也减少,企业偿还前欠债务较多,投资趋于缓和,但是也要注意财务风险。

(三) 公司投资战略方案分析

对于上汽集团来说,目前的投资战略属于发展性投资战略,发展性投资战略以谋求企业在战略期间生产经营规模的不断或迅速扩大为特征,靠灵活运用好原有资金和追加投入资金为手段来实现企业内战略经营目标,所以说发展性投资战略正是上汽集团所采取的投资战略。上汽集团为了更好地占领市场和开拓新市场,将各种投资方案有效搭配,分散风险,在不同领域使企业实现共赢。上汽集团的重大投资方向和战略性策划主要来自以下三项:

1. 与著名电商企业合作设立互联网汽车基金。

综观现在的汽车市场,普通功能的汽车已经不能满足消费者的需求,新能源汽车、互联网汽车与轻量化汽车已经成为我国汽车市场的必争之地,在这样的大背景下,国内最大汽车公司和最大电商企业实现联手。2014年7月23日,对于我国的互联网汽车市场来说,是一个重要的日子,我国最大的汽车公司上汽集团与我国最大的电商企业阿里巴巴签署"互联网汽车"战略合作协议,双方约定每家出资5亿元人民币,共出资10亿元人民币设立互联网汽车基金。这项协议的签署以推进互联网汽车的开发和运营为目的,从而建立有利于开展"互联网汽车"相关服务领域的平台,最终共同打造出更适合我国未来汽车行业的"互联网汽车",建立"互联网汽车"的生态圈。这也是国内电商巨头首次战略性介入汽车业,开创了互联网汽车的先河,首款"上汽+阿里巴巴"汽车于2016年正式面世,一个孕育着千万资金效益的市场急剧诞生。

2. 在硅谷建立风险投资企业推进自主品牌投资。

根据我国汽车制造业发展分析报告,虽然我国乘用车市场销量依然保持了8%的销量增幅,但是自主品牌汽车已经降至38%。我国的自主品牌汽车市场形势依然严峻。上汽集团同样面临这样的困境,乘用车自主品牌销售量下降,毛利率大幅缩水,上汽集团保持净利润12.78%的高速增长率依然要归功于旗下合资企业——上汽大众与上汽通用。上汽集团重金投入的自主品牌乘用车销售未见起色,但是上汽集团并没有对自主品牌失去信心,甚至加大自主品牌投资,因为只有加强自主品牌建设,才能真正成为令世界瞩目的汽车制造企业。6月19日,上汽集团召开2013年股东大会,新上任的董事长宣布,上汽集团即将在硅谷建立一家风险投资公司,以便了解全球最新的汽车技术动态,弥补核心技术短板,加快自主品牌建设步伐。上汽集团希望通过这一投资项目,在不久的将来,上汽集团的自主品牌有望出口至国外市场,取代当地市场其他汽车品牌的地位。

3. 建设亚洲最大整车开发中心加大汽车研发方面投资。

近年来，由于我国一些有利于鼓励自主品牌发展政策的取消以及国内经济运动的不确定性，极大影响了我国国内汽车市场整体的发展速度，国内自主品牌汽车销售量遭遇滑铁卢。在经过各大车企反复反思和研究后发现，之所以我国自主品牌发展受阻，很大原因是产品开发能力和研发能力的不足。汽车的销售量，与汽车研发成功与否息息相关，所以上汽的管理层作出决定，上汽计划在之前已投入230亿元资金的基础上，在自主品牌建设上再投入222亿元，在研发方面再投入44亿元，打造一个全亚洲最具影响力的汽车研发技术中心。这将意味着，到2015年上汽将在自主品牌的投入上达到450亿元，那么到2015年上汽要建成完全独立的整车自主研发体系，并成为国内第一。

根据上汽这三件大的投资战略方案的分析，充分证明了上汽集团具有较好的发展前景和获取利润的能力，并且上汽集团能够做到把有限的资金和资源合理配置并有效使用，使投资者有足够的信心相信该企业在未来的年度里也能进行更好的经营。

（四）公司股利分配战略方案分析

目前，在我国主要有三种类型的股利分配战略。稳定或持续增加的股利分配战略是指企业的股利分配在一段时间里维持不变，固定股利支付率的股利分配战略指企业每年的股利分配是采用从其所赚得的收益中提取一个固定的百分比作为付息比率，以此作为给股东发放股利的依据。因为上汽集团实施的是快速扩张型财务战略，所以上汽集团的股利分配战略属于持续增加的高股利分配战略，上汽集团的股利分配方式以现金股利为主。

对于企业来说，公司可以选择不同种类的股利分配方式，如现金股利、股票股利、负债股利和财产股利等。在这些股利分配方式中，上汽集团选择了现金股利分配形式。现金股利分配形式，这种支付方式对上汽集团的要求是，公司除了支付现金股利和要有累计盈余外，还要有足够的现金，同样这种股利支付方式有一定的好处，能满足投资者希望得到一定数额现金的这种实在投资形式，易被投资者接受。从上汽集团近3年的每股收益与股利分红可以看出，从2010年的每股收益1.611元到2014年9月的1.851元，分红方案从2010年的0.26元到2014年的3元，上汽在这5年只采取了现金股利这一种股利分配支付方式。

上汽集团采取发放现金股利这一股利支付方式主要原因是，在不改变公司控制权的前提下，运用发放现金股利这种股利支付方式调整公司的资本结构，优化资本机构，简化股利发放的繁琐程序，降低期间费用。但是这种股利方式有它的硬伤，那就是现金股利加大了上汽集团的债务负担，由此加重了上汽的财务风险，同时现金股利的税率较高，不利于股东利益的实现。在这样的情况下，上汽集团需要改变自己的股利支配方式，如采用股票股利与现金股利相结合的方式，这样既降低了企业的财务风险，又满足了股东的要求。

五、讨论问题

1. 公司财务战略的种类有哪些？
2. 公司财务战略与公司战略的关系？
3. 公司如何选择战略分析法对财务战略作出判断和选择？
4. 如何对公司财务战略实施后进行评价？

第五章

与战略管理相关的几个焦点

第一节 战略管理与社会责任

一、社会责任的概念及界定

近年来,全球经济迅猛发展,人类社会日新月异,但经济和社会发展的矛盾也日益凸显,社会公共危机屡见不鲜,食品安全问题常见不鲜,生产安全问题亟待解决,生态、资源和环境问题更是与日俱增。如何承担社会责任,怎样使企业的经济效益和社会效益最大化便成为当今企业迫在眉睫的难题。以实践中企业社会责任表现为背景,探讨将其引入企业战略管理,以解决日益高涨的社会责任要求与企业自身发展的矛盾,使企业有效承担社会责任,实现可持续发展。

(一)企业社会责任的概念

企业社会责任(Corporate Social Responsibility,CSR)是在社会要求下产生并不断发展的概念,最早可以追溯到亚当·斯密"看不见的手"的思想,其概念的正式提出源于英国学者 Oliver Sheldon 于 1924 年出版的著作"*The Philosophy of Management*",此后引发许多学者关于企业社会责任的大讨论,纷争不断,褒贬不一,但赞成者居多,认为企业应该承担社会责任。时至今日,尽管对社会责任的界定并没有形成统一的概念,但对其探讨却是愈加高涨。许多学者从企业承担社会责任的现状表现、影响因素、驱动原因、实践对策等方面都有所阐述,然而,企业社会责任的理论仍旧在探索中前进。

(二)明确企业社会责任的原因

大多理论的产生源于实践的发展和要求,自当代以来,各国经济迅猛发展,经济全球化、一体化进程加快,推动着人类社会全面发展,使社会、经济和环境之间愈加相互交错、相互影响。企业的经营环境已从传统的单向循环环境转变为受社会多方影响的多元环境。各种因素相互交织,催生出人与人、人与自然的诸多矛盾,使得社会和公众对企业发展的要求不断提高。在经济发展和科技进步的同时,人们的思想认识上升到更高的层次,对身心健康、生存环境和自我发展的要求不断提高。公众逐步认识到企业在从社会中获取利益的同时,也应回馈社会、承担社会责任,对企业产生了越来越高的期望。面对企业以牺牲资源和环境为代价发展自己,严重威胁着人类的生存,面对日益被严重破坏的生存环境,面对层出不穷的违背社会责任事件的发生,公众对企业产生了道德恐慌,这些都使得企业与社会之间的矛盾越来越突出。经济全球化和跨国公司的发展,又在更大范围和更高层次上以更快的速度实现资源优化配置促进经济繁荣,但也造成了企业间竞争日趋激烈,为抢夺资源和利益使得各种社会矛盾不断凸显,世界各地社会矛盾愈演愈烈,可持续发展理念成为世界不同经济水平和不同文化背景国家追求的共同目标,旨在保护环境、关心人类身心健康和社会和谐发展的企业社会责任运动蓬勃发展。这既是企业追求人类可持续发展的体现,也是实现自身可持续发展的前提。

(三) 融入战略管理的企业社会责任基本内涵

1. 企业战略管理界定。

从古至今对战略的讨论尚未停止,却不能达成统一的定义,学者各持己见,但宗旨皆相同,即企业战略就是指企业为适应未来环境的变化、对生产经营和持续与稳定发展中的重大问题进行全局性、长远性、纲领性的谋划和决策。企业战略管理作为综合性的、全局性的管理活动,是动态的管理过程,是引导和统筹企业生存发展最高层次的管理循环。企业社会责任只有被纳入企业战略管理,才能克服其短视性、盲目性,进而实现有效融入,最终在不断的磨合中更好地支持企业战略,实现企业利益和社会利益的双赢。

2. 企业社会责任的界定。

企业社会责任思想由来已久,其萌芽甚至可追溯到企业产生之前。企业社会责任历史范畴,随着社会经济的发展而变化,在特定历史时期有着不同含义。作为当代企业社会责任,无疑也应具有目前时势的特殊烙印。企业社会责任源于社会对企业的期望和要求,其行为主体是企业,是社会期望企业作为一个营利性的社会经济组织,利用其掌握的资源和相比其他社会成员的优势,对自身和整个社会的可持续发展承担相应的责任和义务。这不但要求企业承担对股东、员工、消费者、社区、政府和环境负责任,还要求企业承担经济、法律、道德和慈善等方面的社会责任。这些责任涉及企业保证产品安全、职业健康、遵守商业道德、保护员工和消费者权益、保护环境、支持慈善事业、捐助社会公益、关注弱势群体等一系列内容,影响到企业和社会发展成败的方方面面。

3. 融入战略管理的企业社会责任诠释。

本书所指的战略化企业社会责任就是将企业社会责任融入企业战略管理,即将社会责任作为企业管理的重要内容纳入企业战略管理的各环节中,不但通过科学严谨的战略管理思维和战略支撑策略,更好地满足社会公众对企业的社会责任期望,使得企业积极有效地承担社会责任,而且使企业社会责任与企业经营业务和管理能力相整合,更好地为企业的经营管理服务,成为企业创造竞争优势的重要源泉。由于企业战略是影响其未来发展的重要纲领性设计,将社会责任融入企业战略管理,提升企业社会责任至战略高度,使其作为企业战略管理的重要内容,便可以让管理者在战略层面上对其进行规划、设计、执行和控制。由此可改变长期以来社会责任在企业管理中的尴尬地位,变企业迫于外界压力、违心履行社会责任为主动承担社会责任。

(四) 基于战略视角企业社会责任管理的路径构想

1. 战略形成。

要使社会责任真正融入企业战略管理，而非一纸空文，首先在企业战略制订的过程中，要考虑社会责任问题。在审视环境因素时，要透析企业内外所面临的总体环境，除实施传统的战略分析和设计外，更要明确当前和未来企业利益相关者和社会公众对企业社会责任的期望，在企业内部营造良好的社会责任意识和企业文化氛围，以推进企业战略管理中企业社会责任的融入。在明确与企业相关的社会责任后，要使企业内部环境合理匹配。在考虑企业原有业务组合的基础上，将社会责任与企业自身业务相结合，选择最适合企业发展同时又能积极发挥社会责任的主题，使企业社会责任成为全新的投资工具，创造与其他企业不同的竞争优势，最终给企业带来经济效益和社会效益的双丰收。

2. 战略实施。

战略实施的过程就是将设计和规划好的战略付诸于实践的过程，是真正进行价值创造的过程，是企业社会责任应用到操作层面的具体体现，可见对企业的发展至关重要。因为即使有完美的战略规划，但脱离相应的组织结构、管理体系和操作流程作为必要的支撑，这些战略的价值也不能实现。要真正让企业社会责任发挥效用，企业必须匹配相应的实施环境。在组织结构上设立社会责任管理的专门机构，在管理体系中融入社会责任意识，建立能对企业社会责任进行有效评价的合理机制，并积极引导企业及其员工的行为活动。战略高度的企业社会责任管理要求企业内部管理的协调配合，企业社会责任管理水平的提升离不开与企业经营管理的深度融合和业务操作的全方位整合。

3. 战略控制。

将企业社会责任融入企业战略管理是漫长艰难的过程，其综合效应也需在企业社会责任融入达到一定水平后才能体现出来。在这个过程中，企业可能遇到各种各样的问题，导致社会公众对企业社会责任满意水平下降，企业社会责任形象不鲜明、竞争优势不明显。如果企业不能及时发现问题并提出改进措施，战略的实施就有可能偏离既定的方向，甚至公众会怀疑战略的制订和承担社会责任的决心与诚意。因此，企业要密切关注和控制战略实施的效果，加以强化或改善，以使战略化的企业社会责任发挥其应有的作用。

4. 引入平衡计分卡思想优化战略实施和评价方式。

战略无法实现，并非都是战略本身的问题，多数情况下是因为战略实施的环境因素欠佳，而制订战略本身是以实践为目的。因此，本书将企业社会责任引入其战略管理的目的是通过企业战略的实施以承担相应的社会责任。由罗伯特·S·卡普兰（Robert S. Kaplan）和戴维·P·诺顿（David P. Norton）提出的平衡计分卡经过长期的实践积累和理论升华，已经发展为成熟的战略管理系统，利用计分卡的衡量重点来完成重要的管理流程，可切实保证战略方针的贯彻实施。作为战略管理系统的平衡计分卡是通过阐明并诠释特定的愿景，沟通并连接战略目标和指标，计划、制定目标值并协调战略行动方案以及加强战略反馈和学习的管理流程，将企业战略化为实际行动。本书引入平衡计分卡的思想旨在发挥其战略管理沟通和业绩评价功能，使得企业制定的战略得以贯彻落实到企业的每个层级和每位员工，有利于组织战略的沟通和执行，实行价值创造。同时，突破传统企业仅以财务指标评价企业业绩的视角，综合企业社会责任指标和其他非财务指标，从更高层面上评价企业的综合业绩，将企业经济效益和社会效益高度结合,最终有利于企业和社会全面可持续发展。

二、企业战略引入社会责任的重要性

在国际贸易当中,我国国内企业缺乏社会责任的事实已经影响到了我国在国际贸易市场当中的地位。我国是以出口为主的国家,我国对外贸易经济的发展依靠出口来拉动。因此,在面对国内社会主义社会发展和国际市场竞争日益加剧的环境下,我国企业必须去思考如何增强企业社会责任的方法和方式,从而不断提升我国企业在世界市场当中的影响力,增强我国企业的核心竞争力,使其获得长足的发展和进步。

(一)将企业社会责任融入企业战略管理的重要性

通过本书引言部分对我国企业所面临市场环境和需求变化的分析中,可以发现提升我国企业社会责任是获取我国企业创新发展动力的源泉。企业战略管理是一个企业长期稳定发展的重要策略。战略管理不仅能够对企业所处的外部环境进行分析、预测,从而使企业能够更好地应对来自外部环境的风险,而且能够通过企业内部的职能战略带来企业各个业务的价值链管理,从而提升企业内部资源分配的效率和效果,增强企业内部控制,促使企业实现创新管理,改善组织结构,从而能够更好地应对来自企业内部更多不确定事项的发生。因此,可以发现,拥有战略管理制度、计划,并且能够保证其充分贯彻落实的企业将拥有更强的企业凝聚力和综合实力。企业应当肩负的社会责任包括企业为社会提供产品和服务的质量及其安全性,企业遵守法律法规、道德规范的程度等。企业肩负起上述社会责任已经成为当代我国企业应当从事的重要工作之一。企业战略决定企业未来发展的目标,要想将社会责任融入企业战略管理工作当中,就必须在企业未来发展战略当中融入肩负社会责任的内容。以此制定的企业战略规划、阶段性目标将能够促使企业在敢于担当、敢于践行的企业文化中肩负起应有的社会责任,提升一个企业的品牌和声誉。将企业社会责任融入一个企业的战略管理当中是一条实现企业遵守社会道德、肩负社会责任的有效途径,其通过企业文化来对一个企业内部的员工、组织、股东及其利益相关者产生更加具有改变性的影响,使其能够在未知事项面前作出正确的选择和决策。

(二)在企业战略管理中融入企业社会责任的对策和建议

1. 坚持正确理念的指引,确保融入的方向。

将企业社会责任融入企业的战略管理当中首先需要企业作出改变现有理念的努力,从而从思想上给予包含有企业社会责任的战略管理工作的重视。我国大多数企业是拥有企业社会责任的,其经常会开展向贫困地区捐款,或者是开展专项扶贫等活动。这些企业公益活动的开展增强了企业在社会当中的影响力。但是,仅仅依靠这些活动的开展是无法充分实现企业战略管理与企业社会责任两者之间融合的。将企业社会责任融入企业战略管理当中不仅仅需要企业开展短期的回报社会活动,与社会顾客进行相互的交流,而且需要企业开展长期的融合战略。对于开展短期回报社会活动的企业而言,其通常是为了模仿竞争者的行为,或者是受到了来自社会各界舆论的压力,不得已而为之。因此,我国企业要想更好地促进两者的相互融合就必须端正自身对企业肩负社会责任所持的态度,坚持正确理念的指引,应当将企业战略管理融入社会责任作为一个企业长期存在于社会、取得市场竞争地位的客观要求，从而实现企业经济利润与企业肩负社会成本所得到的回报、所承担成本和风险三者的统一，正确地找到融入战略管理社会责任的方向。

2. 结合自身特点，提高企业社会责任融入的针对性。

我国企业应当结合自身的特点，寻求提高社会责任、将社会责任融入一个企业战略管理当中的正确途径。我国大多数企业现有的肩负社会责任的动机，一方面是为了模仿其竞争对手，展开模仿战略，这种融入是"东施效颦"；另一方面是想通过表面工作来获取市场经济利益。这两种在战略管理当中融入社会责任的动机都是存在问题的，不能解决我国企业现有社会责任感不足的根本问题。我国是走社会主义道路的发展中国家，中小型企业是我国国家发展的重要经济来源，也是我国企业当中的重要组成形式和部分。因此，对于中小企业而言，肩负其社会责任，促进战略管理和社会责任两者融合战略的实施和践行，就必须把握好两者之间的关系，在确保企业经济利益的基础上，充分实现融合战略的稳步推进。这就要求我国企业结合自身的发展特点，不要盲目地模仿竞争对手，也不要貌合神离坚持融合战略，应当利用好企业现有的资源、产品和服务，将其用于社会责任的履行当中。通过向贫困地区、自然灾害发生等地区输送资源、产品和服务，利用国家政策优惠和货币政策，来获取企业社会知名度和企业利益的联动增长。

3. 根据不同发展时期，制订社会责任战略目标。

我国企业应当根据其所处的发展时期不同，制订分阶段的社会责任战略的目标。一个企业的发展阶段通常有以下四个：创立期、成长期、成熟期、衰退期。企业所处的发展阶段不同决定了一个企业所面临的财务风险和管理风险的不同，也决定了一个企业在每个发展阶段当中应当采取的发展战略不同。受到国家经济、政治、法律和社会环境的影响，我国现有企业大多数处于成长期的阶段。对于处于成长期的企业而言，其生产经营正处于上升阶段，拥有良好的社会资源和企业资源。处于这一阶段的企业，已经从社会当中获取到了人力、物质资源，就应当去回报社会，反馈社会。

4. 制订明确计划，确保社会责任的遵守和履行。

我国企业将社会责任融入企业战略管理中时，实际上就是在扩展企业战略管理的范畴。因此，对于我国企业而言，一方面应当制定完善的企业战略管理经营模式；另一方面要对现有企业已经拥有战略管理经营模式融入社会责任。一个战略有效实施，需要对其目标进行管理，并且也需要对其计划、实施等过程进行控制。当一个企业战略与预先设定的计划之间出现了偏差时，在企业管理当中应当从中找出产生差异的目的，通过动态的调整企业战略计划，有效实现企业整体战略管理工作，实现企业的战略。我国企业应当制订明确的战略计划，并且在计划当中明确注明如何遵守和履行社会责任的方法和方式。在确定一个公司战略计划之后，还需要对每个计划的分阶段目标、方法和方式进行拆分，在系统观理论的影响下，每一个战略业务单元进行管理和控制，从而能够实现企业整体业务的相互联动促进发展，使企业实现全员建立承担社会责任的价值观，约束员工的行为，增强产品和服务的质量。

5. 找准主要社会责任，确保企业与社会的和谐发展。

我国企业还应当找准当前应当履行的主要社会责任，这一要求具有两个层次的含义：其一表示我国企业应当对现有损害公众利益、危害公众和社会安全的业务进行适度的调整，通过战略管理来实施企业现有经营管理模式的扭转；其二是指我国企业应当结合当代社会的主要需求和居民的主要需要来履行其应当肩负的社会责任，如一个企业股东及其利益相关者的利益、社会的发展等都是企业应当肩负起的社会责任。因此，我国企业应当加强对企业员工的薪酬福利、教育、晋升的重视，增强其对企业的认同感。我国企业还应当对自身形象建设，更好地保障企业能够长久稳定发展，从而使企业员工能够避免失业的问题发生。

通书本书的研究，能够发现，企业能够通过肩负社会责任获取市场中的优势地位。一个企业能够肩负更多的社会责任不仅能使其获得更好的口碑和声誉，而且能够获得一个地区或国家的支持，其将拥有更多来自社会的资源用于自身发展。近年来，我国企业已经走入世界舞台，并成为世界市场瞩目的焦点，提升企业社会责任就变得十分关键。利用将社会责任融入一个企业战略管理当中的方式是一条提升当代企业社会责任感的便捷途径。

三、社会责任与企业战略的关联性

（一）企业社会责任与企业战略管理关联度分析

伴随着经济环境不断变化以及企业行为内涵与外延的深化，企业社会责任从最初响应社会要求转变为主动承担。著名的 Carroll 教授认为企业社会责任理论框架包含四个方面的内容。一是企业社会责任框架，主要解决企业是否要承担社会责任，为什么要承担社会责任等问题。二是社会责任响应框架，主要解决企业通过什么样的机制来响应社会责任的相关诉求。三是社会责任表现框架，主要解决在承担社会责任过程中，企业应该如何具体表现。例如，企业可以通过慈善行为、捐赠行为、赞助行为以及企业创新行为来展示自身的企业社会责任承担能力。四是利益相关者利益框架，强调企业社会责任的承担具有明确的对象，通过明确企业相关利益者，可以更加直接地阐明企业承担的具体责任是什么。企业战略既是企业对于未来发展制订的计划，也是基于过去经验所形成的模式，同时企业战略在考虑具体发展环境与性质的基础上，对自身发展进行定位。企业战略是针对企业未来良性发展，提高资源配置效率所形成的一系列制度安排和发展理念。企业社会责任理论框架与企业战略管理关联度可以通过双方互相嵌入的性状来分析，从而可以从横向与纵向全面掌握企业社会责任与企业战略管理的关联性。

（二）将企业战略管理理念嵌入企业社会责任理论

经济全球化时代社会责任理论框架无论从内涵还是在外延上都有所拓展，将企业战略管理一系列思想、观念与模式嵌入到企业社会责任理论框架当中成为一个重要方向和表现。这意味着企业社会责任向深度方向发展，以往人们针对企业社会责任讨论仅局限于企业表层。从某种意义来看，承担社会责任只是企业应付外界压力，树立形象的一种面子工程。但是随着企业社会责任理论研究的深入，从企业战略视角研究社会责任，无疑丰富了社会责任理论框架的内容。

在以往社会责任理论框架中，主要关注企业是否能够满足外部需要和期待，企业社会责任响应和表现都强调企业能否满足外部利益相关者利益要求，从而导致社会责任理论框架成为一种单方面的内容表达。从本质来看，社会责任理论框架是企业对内和对外输入与输出资源、产品质量、服务的过程。因此社会责任理论框架不但应该关注企业外部相关利益者的需求，更应该通过满足外部利益者的利益关切、承担社会责任的过程，实现企业战略目标。在这种情况下，社会责任理论框架成为企业对外实现自身责任，对内完成经营目标，实现企业战略的链接和桥梁。换句话说，基于企业战略的社会责任理论框架强调的不光是企业社会责任的表达和承担，更应该在实现社会责任各种利益诉求的过程中，不断修正企业的经营策略，实现社会责任与企业战略的统一。因此将企业战略融入社会责任表达与承担中，同时通过社会责任表达与承担体现企业战略，可以完成社会责任理论框架的进一步拓展，这种拓展将企业社会责任视为一种企业在经营和发展过程中的战略表达。将企业社会责任上升到战略高度去认识和定义，不但可以拓展社会责任理论框架外延，更可以丰富社会责任理论框架的内容。

在企业战略管理理念嵌入到社会责任理论框架过程中，社会责任表达与承担成为企业战略主要组成部分。在信息时代，由于人们搜索成本降低、获取信息的便利，导致企业对于社会责任的表达与承担成为关注的焦点。2012年毒胶囊等事件的爆发、2013年7月末爆出的新西兰恒天然事件，都说明企业社会责任成为人们关注的焦点问题。企业能否更好地承担应有的社会责任，对于企业未来的发展将产生重要影响，如果企业对于社会责任的承担与表达无法体现出对于外部利益相关者应有的尊重，没有将社会责任的表达与承担放置到战略性的位置，那将意味着企业社会责任实现失去生命力和活力。如果企业社会责任表达与承担仅仅成为企业宣传自身形象的"口号"，企业必将受到现实的惩罚，失去进一步获取发展资源的能力。

（三）社会责任理论嵌入企业战略管理中

企业社会责任理论嵌入到企业战略管理当中，企业战略管理制定的内容更富前瞻性和弹性，其应对突变情况能力增强。战略管理是企业对未来发展所展示出的一种观念、对企业发展的定位、管理过程中形成的一种模式。因此企业战略管理是从动态的角度去描述企业实现战略目标的过程。同样，将企业社会责任看作是企业战略管理的组成部分，也是从动态角度去描述企业社会责任。不同的发展阶段、不同的政治经济环境下，企业应承担的社会责任是不同的，因此企业战略管理过程中强化社会责任的承担与表达，是企业外化和内化的结果，这是一个动态的过程。将企业社会责任理论嵌入到企业战略管理中，意味着企业战略本身就是企业社会责任的一种具体体现。企业战略内容的制定和实施，不但应该提高企业资源配置效率和质量，更应该肩负起提高整个社会资源配置效率的重任。企业在谋求自身价值最大化的同时，必须将企业发展同社会整体发展和需求结合起来。企业战略内容和目标，必须体现企业社会责任表达与承担。企业制订战略目标和内容的过程中，必须将企业应承担的社会责任融入进去。例如，企业为了实现战略目标，决定投资一个对企业未来与发展有重大影响的项目，在项目决策过程中，不但应该通过定量的评价来考察项目的优劣程度，更应该综合考察项目可能对生态环境、地质环境、民众生活质量带来的影响。

(四) 社会责任与战略管理的融合路径

1. 社会责任与企业战略管理融合度量。

企业社会责任与企业战略管理融合程度反映了企业社会责任表达与承担的水平、效率以及承担社会责任对于实现企业战略目标所作出的贡献。从内容来看,企业社会责任与企业战略管理融合程度主要包含三个方面：社会责任期望体现程度、企业自身业务关联程度和社会责任活动整合程度。分别命名三个变量：期望契合度、业务关联度和操作整合度。

期望契合度,是指从整体和长期来看,企业实施的各项企业社会责任活动在多大程度上体现了社会公众在当前社会背景下对目标企业的社会责任期望。期望契合度越高,企业社会责任实践越容易博得社会公众的好评；反之亦然。业务关联度,是指从整体来看,企业实施的各项企业社会责任活动与企业提供的产品或服务及其相关管理活动具有多大程度的相关性。操作整合度,是指从长期来看,企业实施的各项企业社会责任活动在活动主题以及所持态度方面的和谐程度（薛求和等,2008）。企业社会责任实践是否进行了长期规划,直接影响操作整合度的高低。操作整合度越高,企业社会责任实践的目的性越强；反之亦然。从本质来看,社会责任与企业战略管理的融合程度主要通过期望契合度、业务关联度、操作整合度来综合表达。

2. 社会责任与企业战略管理融合方式。

（1）横向融合。由于社会责任同企业战略管理融合可以体现为期望契合度、业务关联度、操作整合度,因此在期望契合度一定的情况下,不同的业务关联度和操作整合度所产生的路径融合,可以称为横向融合。即当社会公众对于企业社会责任期望值比较低或者恒定的情况下,企业更愿意通过提高业务关联度和操作整合度来提高其承担社会责任的水平。通过横向融合,可以放大企业社会责任承担所带来的价值,有助于实现企业短期经营目标。

（2）纵向融合。纵向融合是当企业社会责任实践中由于自身疏忽和能力欠缺,而导致相关利益者对企业社会责任承担能力表达出担忧和不满时采取的融合策略。即出现这种情况时,在制订企业战略时,应该凸显满足社会公众期待的部门,如果企业战略管理内容没有专门针对解决社会责任危机的内容,就应适度调整这些内容,不然将会使企业陷入危机当中。

（3）螺旋融合。当企业社会责任实践既涉及对社会责任期望的更好满足,又涉及从企业运作管理方面的更好完善时,称为螺旋方式。这种方式是目前主要的企业战略管理和社会责任承担的方式。在信息社会,针对企业社会责任的诉求,不但表现为基本责任要求,还要求企业承担更多的责任。因此螺旋融合成为主要的融合方式,这种融合模式要求企业在制订战略管理内容过程中,从一开始就应强化企业社会责任的内容,并且有充分的预案和应急机制,而不是等出了问题,才去想办法解决。

3. 社会责任与企业战略管理融合具体策略。

根据以上三种融合方式,提出如下策略：

（1）横向融合应采取修身性策略。修身性策略主要实施内容是：企业对供应、生产、运输、销售和服务等基本活动,以及企业基础设施、人力资源开发、技术开发和采购等辅助活动进行详细审查,识别企业承担社会责任的结合点,并结合外部环境发展、企业所处行业以及企业自身的特征属性,在相关结合点中进行谨慎选择,确定企业社会责任实施环节和履责水平,并制定服务于企业总体战略的企业社会责任实施规划和计划方案（刘娜,2010）。

（2）纵向融合应采取迎合性策略。迎合性策略是要提升社会公众对企业承担社会责任的满意度。实施内容主要包括：对社会公众的社会责任期望进行全面调研，并详细分析行业特征和自身属性对公众社会责任期望的影响，仔细甄别具有保健性功能的项目，通过实施这些项目可以改变企业在社会公众心目中的形象，促使社会公众对企业社会责任表现的态度由不满意向满意转变。纵向融合从本质来看是将企业社会责任作为战略管理备用项目来处理，即不是在任何时间和空间上都需要强调社会责任，只有社会公众对企业不满意的时候才去强调社会责任，显然这种融合方式过于简单、缺乏连续性，虽然在现实中可能会取得一些效果，但是从长远来看，不适合长期使用。

（3）螺旋融合应采取综合性提升策略。综合性提升策略，是指信息时代企业实施战略管理过程中，必然将社会责任的承担与应对纳入战略管理中，即在战略管理中企业社会责任不但是消除外表存在的一些弱点和问题，如企业的慈善行为、环保问题等，同时在承担社会责任过程中，企业必须将其同企业价值创造更好地结合起来，要在统一的战略规划下，使短期利益目标和长期利益目标能够综合体现出企业对社会责任的担当。因此综合性融合策略将社会责任和战略管理放置到了同等重要的地位，即"你中有我，我中有你"，企业承担社会责任的过程和表现就是企业实现价值的过程，而企业不断进行价值创造的过程本身也是努力寻找创造社会和企业共享价值的机会，在不断提升企业社会责任形象的同时，为企业自身和人类社会创造更多的价值。

四、企业战略中社会责任的构建分析

商业生态环境是对企业经营活动有影响的各种外界因素和条件的组合。企业组织隶属于商业生态环境，本身构成生态环境系统的重要组成部分，同时，商业生态环境又为企业提供生存和发展的空间与条件。企业经营活动与商业生态环境之间相互作用，共同演进。商业生态环境下的企业成长必须考虑并全面协调不同利益相关者的利益诉求。因此，将社会责任要素纳入组织的战略管理体系，已成为现代企业的必然选择。企业战略管理体系是以满足企业利益相关者利益为目标、将社会责任要素渗透到战略管理全过程以及各管理层级的体系。企业战略管理体系构建的基本思路如下：

第一，确立以履行社会责任为核心的价值观；第二，识别企业的不同利益相关者及其各自的利益诉求，分析组织满足利益相关者利益的资源与能力；第三，确定履行企业社会责任的战略；第四，确立基于所有利益相关者的组织结构，确立履行企业社会责任的组织文化，通过预算控制等方法实施企业社会责任战略；第五，基于企业社会责任评价指标对企业战略实施结果作出评价，并根据社会责任的实际履行情况确定战略的调整方案。

（一）基于社会责任的企业战略管理体系的内容

根据企业战略管理体系构建的要求：战略分析是基于企业使命与目标，对组织外部环境与内部条件进行分析，评价影响企业发展的关键因素，合理进行企业定位，是战略选择的基础；战略选择是明确发展方向，确定战略方案，是战略实施的依据；战略实施或执行是将战略转化为具体的行动和决策，即采取具体措施使战略发挥作用；最后，战略评价和调整是审视战略的科学性和有效性，考察战略实施结果是否符合战略目标的要求。

(二) 企业使命的确定——利益相关者利益最大化

企业使命与目标的确定是企业战略管理体系的出发点。传统企业战略管理体系认为，营利组织的使命是为所有者带来经济价值，企业目标体系基于股东利益最大化构建。在利益相关者视角的企业战略管理体系下，企业使命体现为包括所有利益相关者在内的综合利益最大化。组织的战略目标体系应体现企业社会责任履行的要求。因此，以社会责任为核心的价值观及战略目标是利益相关者视角的企业战略管理体系的基础。

(三) 企业利益相关者的识别与分析

在传统企业战略管理体系下，战略分析包括企业外部环境分析以及内部环境分析。其中，外部环境分析包括宏观环境分析以及产业环境分析，内部环境分析包括组织的资源与能力分析。在基于社会责任的企业战略管理体系下，战略分析的内容体现为利益相关者及其利益诉求的识别以及企业满足利益相关者诉求的资源与能力条件分析。

企业组织是以一定资源为基础、通过特定经营活动来满足利益相关者的利益，这些经营活动是通过组织内部各业务部门的相互配合或价值链活动来完成的。企业社会责任的履行通过企业内部运营或价值链活动实现，其履行结果或利益相关者利益的满足程度取决于企业的资源基础或能力。因此，在企业资源基础或能力分析时，应注意两个方面的问题：第一，应根据企业所有利益相关者的要求考察企业资源和能力的整体情况；第二，在企业资源和能力有限的情况下，应根据不同利益相关者与企业之间的利害关系以及对企业目标影响的不同，确定满足不同利益相关者利益的排序。

(四) 基于社会责任的企业战略选择

根据企业的战略目标，战略选择体现为企业制定能够满足利益相关者的利益，并使企业利益相关者综合利益最大化的方案，具体包括两个方面：第一，从总体层次上确定企业对不同利益相关者的职责；第二，根据企业的运营特征确定不同部门的责任。

1. 企业对利益相关者的责任。

企业是不同利益相关者的契约集合体。企业发展体现了所有利益相关者的共同利益。但是，由于不同利益相关者对企业的利益期望不同，必然会产生利益矛盾与冲突。因此，利益相关者的利益协调是企业战略选择面临的最大挑战。在制定利益协调战略时，企业可根据美国的约瑟夫·W·韦斯构造的利益相关者管理模型，基于利益相关者的识别进行属性与优先度分析，确定企业与不同利益相关者的交换与依存关系，选择与利益相关者的合作方式，进行相应治理，即企业可根据不同利益相关者的特征与利益诉求确定不同的战略。应注意的是，企业在任何情况下不得为了满足某一特殊利益相关者的利益而损害其他利益相关者。

2. 企业不同部门的责任。

为了实现针对利益相关者的社会责任目标，企业应在内部构建包括总部、业务层以及职能层等各层级部门在内的分工协作机制，并确定各自的职责。对一般企业而言，研发设计、供应、生产、销售、服务、营销、财务、人力资源、公关等内部组织应根据各自职能特征，确定对利益相关者的具体责任。例如，研发设计和生产部门应特别考虑消费者对产品品质的要求；人力资源部门应特别关注员工对工作回报的要求，并创造学习和成长的良好环境等。

此外，不同职能部门还应相互配合，通过提高组织效率，共同为实现组织战略目标服务。

（五）基于社会责任的企业战略实施

企业战略的实施过程就是组织履行社会责任的过程。首先，基于社会责任的组织结构不再以股东为核心，企业的最高权力机构亦不再是股东大会，而是利益相关者大会。由利益相关者代表组成的董事会共同决定组织的战略方针。其次，构建履行社会责任的企业文化是组织战略实施的基础，实现基于利益相关者的经济、社会、环境的共同目标应成为渗透到组织各层级的核心价值观。再次，企业计划，特别是预算安排应围绕满足所有利益相关者的利益进行。最后，在控制环节，应注意企业不应仅仅出于增加利润或成本控制的要求而损害员工或消费者等利益相关者的利益；同时，应特别关注组织运营可能带来的环境及社会影响。

（六）基于社会责任的企业战略评价

对企业战略实施结果的评价可按照企业社会责任指标体系进行。企业社会责任指标体系与组织战略密切相关。一方面，企业社会责任指标体系是组织战略管理体系的具体体现，反映组织战略管理的目标要求，同时，也是组织实施战略方案的基础；另一方面，企业社会责任指标体系是评价以社会责任为核心价值观的战略有效性的工具，同时，也是评价战略实施过程与结果的标准，并为战略调整提供依据。企业社会责任指标体系是指商业生态环境下的企业、为反映和衡量组织内部各层级在组织运营管理过程中对各利益相关者以及生态环境影响的效果和效率而设置的、相互关联的标准体系。因此，企业社会责任指标体系体现为以利益相关者利益为目标、以社会责任战略为核心、以内部运营为实施过程的多层级企业社会责任指标体系。在新的历史时期，组织面临新的经营理念的挑战。实践表明，在商业生态系统中，只有有效履行社会责任的组织才能获得竞争优势，持续稳定地生存和发展。因此，企业确立针对利益相关者的社会责任战略与新时代商业生态环境的要求相契合，是全球众多企业共同的必要选择。企业社会责任战略管理体系，是组织以履行社会责任为目标，基于利益相关者的需求以及企业资源条件，确立社会责任战略方案，通过以利益相关者为核心的组织结构与组织文化，有效实施社会责任战略。

第二节　战略管理与信息披露

一、信息披露的概念

信息披露主要是指公司以招股说明书、上市公告书以及定期报告和临时报告等形式，把公司及与公司相关的信息，向投资者和社会公众公开披露的行为。

上市公司信息披露是公司向投资者和社会公众全面沟通信息的桥梁。目前，投资者和社会公众对上市公司信息的获取，主要是通过大众媒体阅读各类临时公告和定期报告。投资者和社会公众在获取这些信息后，可以作为投资抉择的主要依据。真实、全面、及时、充分地进行信息披露至关重要，只有这样，才能对那些持价值投资理念的投资者真正有帮助。

二、信息披露的发展演变

（一）信息披露缘起

上市公司是最现代的企业制度，其在既定的经营环境中从事各种交易，产生各种显性的和隐性的合约关系，形成公司的各种利益相关者。利益相关者理论认为，利益相关者是指企业的参与者，他们被自己的利益和目标所驱动，因此必须依靠企业，而企业为了生存也必须依靠利益相关者。上市公司的利益相关者包括股东、债权人、公司经理、公司职工、供应商、客户、市场中介（会计师事务所、律师事务所、金融分析师、信用评级机构等）、政府机关、社区、社会公众和潜在的投资者。在公司的诸多利益相关者之中，公司管理者直接参与了公司的经营管理活动，尤其是公司的高级管理者拥有公司生产经营全面而综合的信息而处于信息优势地位，而公司的其他利益相关者却处于信息劣势地位。在信息不对称普遍存在的情况下，市场交易中拥有更多信息的一方可能滥用自己单方面掌握的私人信息和隐藏知识，或者出现道德风险，机会主义地采取对方未能察觉的对其不利的隐藏行动，或者隐瞒实情，仅向对方有选择地提供对己方有利的信息，甚至误导或欺骗对方，以牟取己方的额外私利而损害对方的利益。

处于信息劣势的一方因不明交易对手"究竟"而进行"逆向选择"，导致"柠檬市场"的出现，不能达成互利的交易结果，从而引起社会福利水平和经济效率的下降。信息披露是解决信息不对称，减轻逆向选择造成的经济后果的有效办法。公司信息披露政策的会计研究开始于 Grossman 和 Milgrom 的重要结果。如果，信息披露是无成本的；投资者知道公司有私有信息；公司能令人信服地把私人信息披露给投资者；所有投资者以同样的方式回应公司的信息披露决定；公司知道投资者将怎样回应其私有信息的披露。那么，因逆向选择机制，完全信息披露就是通过"打开隐藏信息思想"而产生。然而，公司信息披露同时符合上述五个条件是一种理想情况，再加上市场具有不完全性、不确定性和外部性特征，作为"公共产品"的公司信息的生产和披露将出现潜在的不足，为防止市场失灵，政府对公司信息披露提出了监管要求，规定公司信息披露必须满足公司利益相关者决策时的最低信息需要，由此产生了强制性信息披露。

目前，各国政府针对强制性信息披露建立了完备的制度体系，我国也形成了以国家基本证券法律为主，相关的行政法规、部门规章等规范性文件为补充的全方位、多层次的上市公司信息披露制度框架。强制性信息披露是指法律、法规等文件中明确规定必须披露的内容。强制性信息披露规范化、标准化程度高，上市公司按强制性信息披露要求披露时选择余地小，提供的信息难以完全满足公司利益相关者决策时的信息需要。上市公司除了强制披露的信息以外，还留有大量的剩余信息。上市公司基于公司形象，公司利益相关者的关系，回避诉讼风险等动机主动披露信息，由此产生了自愿性信息披露。

美国财务会计准则委员会（FASB）在 2001 年发表的《改进企业报告：提高自愿性信息披露》将自愿性信息披露定义为上市公司主动披露的、未被公认会计准则和证券监管部门明确要求的、基本的财务信息之外的信息。我国深圳证券交易所在 2003 年 4 月推出的《上市公司自愿性信息披露研究报告》中首次正式提出自愿性信息披露，该报告认为，自愿性信息披露是指强制性披露以外的信息披露。强制性披露与自愿性披露的区分不是绝对的，二者之间相互作用。ETI EINHORN（2005）研究发现：公司进行自愿性信息披露的概率独立于强制性信息披露的内容，与强制性信息披露的信息质量非单调相关，与强制性披露中的自由裁量权水平负相关，与强制性披露范围正相关。论文结论阐明了强制性信息披露中的信息流或自愿性信息披露中的信息流，必须考虑强制性信息披露和自愿性信息披露的相互作用后才能完全地理解。不考虑强制性信息披露的影响，公司提供自愿性信息披露的策略不能孤立地确定。同样，对自愿性信息披露的不理解，就不能恰当地评价强制性披露规定的价值。因此，上市公司信息披露应该保持强制性信息披露与自愿性信息披露的均衡发展。

（二）信息披露委员会设立的必要性

1. 信息披露复杂性的要求。

影响信息披露的因素包括：一是宏观因素。融资体系和结构、法律体系、文化传统和价值观、会计职业团体的规模和发展速度等构成了一国的信息披露环境，对该国上市公司的信息披露整体质量产生系统性的影响。二是公司特征。公司规模、行业（产业）差异、公司业绩、公司成长性、海外上市和国际化程度、公司的负债比例、聘任的会计师事务所等。三是公司治理结构。四是股权结构（股东的性质、股权集中程度）、董事会结构（董事会规模、独立董事比例、董事长是否兼任总经理、审计委员会是否存在、董事的薪酬构成等）、公司高管（尤其是高级经理的薪酬结构）等。上市公司在既定的信息披露环境中，诸多影响信息披露的因素在不同的上市公司中影响程度和方向呈现差异性。信息披露的经济后果复杂，上市公司的信息披露会引起公司的利益相关者相应的行为反应，给上市公司带来正面或负面的影响。在资本市场中，信息披露的质量将影响公司在资本市场股票的流动性，获取资本的成本和金融分析师对公司的跟踪；在产品市场上，公司的信息披露可能影响其竞争地位；在经理市场上，公司的信息披露将显示公司的管理才能；公司的福利信息、劳保政策、公益捐赠、环保计划、社区计划、被培训员工数目等信息的披露将影响市场对公司履行社会责任的评价，对公司的声誉、社会形象会产生影响……总之，公司信息披露的经济后果表现在多个层面上，最终将影响公司资源的获取、投入—产出的效率和公司可持续健康的增长。

2. 信息披露的管理复杂。

具体讲，在信息披露过程中，上市公司披露什么，如何披露，何时披露，借助何种手段和表达形式进行披露，如何形成最佳的信息披露流程和信息披露做法，如何确保信息披露质量并防止扭曲、虚假或选择性的信息披露，如何完善公司治理增强信息披露的有效性，等等，涉及一系列十分广泛、具体、复杂的因素和适配条件。

（三）解决目前信息披露存在的问题要求

尽管我国上市公司信息披露质量总体上呈现逐年提高的趋势，在信息的准确性、信息的广度和深度方面出现了明显的进步，但鉴于"新兴＋转轨"的市场特征，我国上市公司信息披露还存在一些问题。

1. 临时报告披露不规范。

虽然几乎所有的上市公司的定期报告披露规范性强，但临时报告的披露却很不规范，在信息披露的披露方式、披露内容和披露时机上随意性很强，不分时间、不分场合随意披露信息，以致产生了大量的小道消息和内幕信息，对外进行披露的人员也很混乱，总经理、首席财务官、董事长等都在进行披露，有时候甚至互相矛盾，使得信息披露行为不严肃，容易影响投资者对信息的信任程度。

2. 信息披露不及时。

这个问题普遍存在于上市公司当中，年报、半年报、季度报大多会拖到法律法规规定的最后披露时间段内才公布，临时性报告也存在严重滞后披露的情况。众所周知，过时的信息其效用会大打折扣或者根本没有任何的作用。而有些上市公司由于担心其所披露的信息造成的负面影响，往往迟迟不披露。这样，一方面为内幕交易和操纵市场行为赢得了时间、创造了条件，使中小投资者利益受损；另一方面则降低了信息的使用价值，造成投资者由于未及时得到该公司的重大信息，或错过获利机会，或被套牢而惨遭损失。

3. 信息披露前缺乏保密性。

很多公司未建立完善的信息保密制度或者信息保密执行力不强，在重要信息披露之前就已经有小道消息满天飞了，相信其中的大部分并非空穴来风。这就会产生信息不对称的情况，有人利用特殊的渠道获得这些消息谋取私利，一般来讲都是大股东或是公司重要人士，而中小投资者一般都无法获得这些信息，加大股市的投机性，对他们讲是很不公平的，而且泄露的信息由于没有规范的样本，在传播过程中会失真，从而误导信息使用者。

4. 信息披露缺乏可靠性。

由于公司治理固有的缺陷，管理层可能会采取一些过激的方式追求利益，披露虚假的信息。这些不真实不可靠的信息就会误导投资者以及其他的信息使用者，对其造成巨大的损失。国外有美国安然、世界通讯及默克制药的丑闻，国内有银广夏、琼民源、科龙、德隆等事件，严重打击了投资者的信心，扰乱了市场秩序。

中国资本市场已经发展了20多年，上市公司的各种信息披露标准，在形式上从无到有，从少到多，从粗糙到精细，从简略到丰富，从局部规范到完善，有了巨大的进步。多年来我国上市公司已经按照有关信息披露法律法规的要求规范信息披露，尽管还存在这样那样的问题，但为了保护投资者和其他利益相关者的利益，将信息披露置于公司治理的核心地位予以高度重视已经越来越成为市场的共识。我国上市公司建立的一整套公司治理制度安排已实践多年，在原来的公司治理机制中植入信息披露委员会制度，是一种诱致性制度变迁，是在原来的公司治理架构中对公司治理制度的完善，所花成本费用较少，简单易行。

三、战略管理中信息披露的动因

资本市场的健康发展，离不开高透明度的信息，高透明度的信息要求上市公司的信息披露不能仅仅局限于按照法定要求进行披露，更要求上市公司全面披露公司各个方面的信息，增加公司的透明度。而目前我国上市公司的信息披露主要是强制性披露，集中在当前盈余的反映，缺乏对公司发展能力的评价与分析。

（一）上市公司自愿披露战略管理能力和创新管理能力的动因

1. 外部动因。

我国证监会2007年颁布的《上市公司信息披露管理办法》，对上市公司信息披露报告的性质、内容，信息披露的管理、监管和法律责任等方面都作了详细的规定，但在披露内容方面，虽然涵盖范围很广，却大部分局限于强制性披露，而对自愿性信息披露并没有明确的规定。在证监会颁布的《公开发行股票公司信息披露的内容与准则》1~6号中也只是在有关条款中注明"不限于此"，虽然给自愿性信息披露留有余地，但是并没有对自愿披露信息的内容、披露的形式和手段等方面加以引导，不利于指导上市公司自愿性信息披露行为。

随着全球证券市场的不断发展完善，投资者对公司信息披露透明度的要求越来越高，对上市公司的关注已由原来的当前盈余的多少转移到企业的未来发展能力上，价值管理能力的披露能够体现公司未来的发展潜力，而战略管理能力和创新管理能力是企业价值管理的重要方面，因此产生了对战略管理能力及创新管理能力信息披露的需求。

2. 内部动因。

早在1998年普华永道会计师事务所就对82家最大的瑞士公司进行了调查。调查结果显示，80%的经理人员认为，投资者对经理人员信赖程度和市场中介机构更多的关注集中在自愿性信息披露较多的公司。经理人员认为，自愿性信息披露的具体内容应侧重于展示公司的"核心能力"，突出"竞争优势"，向投资者描绘公司的未来发展前景。这说明对于公司经营者而言，已经认识到了核心能力信息披露对形成公司持续竞争优势和维护公司良好形象的重要意义，具备了自愿披露体现公司发展潜力的核心能力信息的主观要求。

上市公司自愿披露反映企业价值管理能力的信息，主要是出于以下动机：

（1）建立良好的公司信息披露声誉。上市公司主动披露对未来持续发展更有意义的价值管理能力信息，向外部相关利益者展示其竞争优势，能够在信息披露方面树立很好的声誉，提高相关利益者对公司的信任程度，这样公司筹集资本的能力就会提高。

（2）降低公司的资本成本。公司披露对信息使用者决策有用的信息，投资者进行投资决策时不确定性就会减少，投资的风险也随之降低，投资者要求的收益率也会降低。

（3）提升公司的价值。通过披露展示企业未来发展前景的价值管理能力的相关信息，可减少相关利益主体对公司未来前景不确定性的担忧，通过提高自愿性信息披露程度，向外界公司展示公司的核心竞争能力，可以减轻信息不对称程度，降低公司价值被市场低估的风险，增强股票的流动性。

（二）战略管理能力及创新管理能力信息披露的内容

战略管理能力信息披露内容包括以下三个方面：

（1）战略思维能力信息。战略思维能力信息披露主要包括反映在企业家精神、产业认识程度、企业自身认知程度三个方面。对这三个方面信息可从如下的具体方面进行披露：企业家作为企业的高层管理者，对新构思、冒险以及开拓态度，对风险与失败的承受能力，对于企业发展相关的新兴事物的关注程度等，直接影响到企业整个战略的定位。产业认识程度是企业管理层对本企业所处产业领域未来发展趋势、方向的一种认识程度，影响着企业未来发展方向的基本定位；产业竞争度及对产业竞争动态认识的明确度，是企业管理层对本企业所处产业领域的竞争程度及其发展态势的认识程度，影响着企业战略制定的类型，是保守、稳健还是激进的战略。企业自身认知程度是企业对自身的一种认识。战略方向及企业内部对战略的明确度能够反映企业内部对战略发展、战略管理及其重要性的认识程度，对战略的深刻认识能够保证战略制定的高质量及战略的有效实施；企业对价值引导未来发展认识的明确度有两层含义：其一，从企业发展目标而言，企业是否将创造和实现价值作为未来发展的方向，企业内部所有人员是否明确其意义；其二，从创造和实现价值的方式而言，不仅要满足客户的使用价值的需要，还应当能够引导客户的消费需要和消费理念，这也充分体现了企业创新价值观。它直接影响到战略目标的制订和企业未来发展方向的定位；企业发展的危机感反映了企业的危机意识，只有充分认识本企业发展过程中的危机，才能更好地制订企业的未来发展战略。

(2) 战略制定能力信息。战略制定能力信息披露主要包括长期化倾向、经营战略与技术战略整合程度两方面，具体可披露如下：长期化倾向包括资源的合理规划、长短期目标冲突时的长期化倾向两方面，这两方面反映了企业对未来发展的基本倾向，也是企业制订战略的基础。经营战略与技术战略的整合程度是战略制定能力一个重要表现。企业战略的制定直接关系到企业的未来发展，在整个战略中经营战略和技术战略又是重中之重，技术战略涉及新产品、新技术的开发，而经营战略涉及产、供、销多个领域，涉及新产品与新技术的推广与应用，经营战略与技术战略的关联程度，直接影响到所制订战略的质量，影响到企业的未来发展。技术部门的负责人在经营战略的制订过程中的适度的影响力，能够使经营战略的制定不脱离技术战略，保证较高的经营战略与技术战略的关联度。

(3) 战略实施能力信息。战略实施能力信息披露。主要从企业对价值管理能力体系的认识及改进上来反映。较好的战略实施能力，要求企业的管理框架不仅要清晰存在，还要明确管理框架的各个构成要素的职责。为了保证战略的有效实施，应设置专门的战略管理部门，明确其职能，在战略实施过程中不断地总结战略的实施情况及效果，并及时上报战略制定部门，以适时修正战略。

四、披露战略信息提升企业披露质量

企业管理经历了从生产管理到经营管理、再到战略管理三个阶段的发展。随着企业之间竞争日益激烈，各个职能部门独立行事、协调性差的缺点日益凸显，在这种情况下，产生了企业战略管理思想。不同的战略管理思想都是围绕如何制订和实施竞争战略，获得竞争优势这一核心问题而展开的。20世纪末到21世纪初，竞争理论下战略资源学派认为，企业战略的主要内容是如何培育企业独特的战略资源，以及最大限度地优化配置这种战略资源的能力。企业战略资源和运用战略资源的能力方面的差异，成为企业竞争优势的源泉。因此，企业竞争战略的选择必须最大限度地有利于培植和发展企业的战略资源，而战略管理的主要工作就是培植和发展企业对自身拥有的战略资源的独特的运用能力，即核心能力。因此，资源、能力和战略三者的有机融合构成企业价值的主要驱动因素。与此同时，企业绩效评价也与企业战略管理发展相适应，从财务业绩评价发展为战略绩效评价阶段。企业战略规划及战略目标实现程度成为评价企业业绩和评估企业价值的重要方面。

(一) 以战略为导向的企业价值报告体系的初步设想

夏冬林（2006）认为财务会计是一个验证战略恰当性的系统。由上文论述中也可以看出，战略是决定企业发展非常重要因素。战略的制订、实施和调整过程引导企业价值创造活动，并引起企业价值的变化。从战略角度分析对企业价值的影响，可以使我们在较早阶段就能判断企业价值的变化趋势。同时，企业战略管理信息增加了有关价值是如何创造的信息，提高了企业价值信息的透明度。因此，投资者要评估企业价值应该从认识和评价企业发展战略开始，进一步了解企业经济活动的类型及企业价值链特征。然而，现行企业信息披露框架仍然无法细致、深刻地反映影响企业战略实现的关键业务、价值链和其他成功因素，以及相应地资源配置状况和绩效状况。基于企业会计主体的财务报告与企业战略规划之间的匹配程度仍然不够，企业资源、收益与战略之间的内在联系不够清晰，不利于投资者了解企业战略规划和企业战略执行及其绩效情况。因此，本书认为应基于企业战略选择和战略实施的路径，按照公司总体目标到业务目标，再到关键价值活动目标的过程，相应地梳理和设计企业信息披露的逻辑框架，构建反映企业整体战略实施后果的企业财务报表、反映关键业务单位的分部报告以及各项业务中影响战略实施绩效的关键因素报告，从而使得投资者不仅可以了解企业总体战略绩效，还可以具体了解影响企业战略实施的关键成功因素及其管理状况，从而更加直观的透过财务和非财务信息认识影响企业战略目标，战略实际实施状况，并评估企业战略管理的绩效。对于价值活动报告可以借助价值链会计、作业成本法、统计分析方法等提供相应的价值相关信息。

（二）我国钢铁行业上市公司战略信息价值相关性实证分析

1. 研究假设的提出。

企业前瞻性信息是企业非财务信息的重要组成部分，而前瞻性信息是以战略信息为导向的。企业战略信息的披露以及披露质量状况是否会对投资者决策产生影响，即企业战略信息的披露是否具有价值相关性，这就是本书要研究的内容。为此，我们提出假设：企业战略信息披露状况与企业价值显著正相关。

2. 样本选取与数据来源。

本书的研究样本包括在沪市与深市上市的属于钢铁行业的 A 股上市公司，所采用的数据来源自上市公司披露的 2008 年和 2009 年会计报告相关数据，为了保证数据的有效性，尽量消除异常样本对分析结论有效性的影响，对原始样本做以下处理：

（1）在样本中剔除 ST 和 PT 上市公司。这些公司财务状况异常，已经连续亏损两年以上，或者已经资不抵债，如果将这些公司纳入样本将极大地影响结论的可靠性和一致性，因此剔除这些公司。

（2）剔除数据不完整、缺失的公司样本。这些公司的会计报告没有公布相应的信息，而又无其他渠道可以获得这些数据，若将这些样本纳入样本计算，将影响各样本之间数据的可比性。经过以上的筛选，最后用于回归分析的上市公司 2008 年为 31 家，2009 年为 32 家。

3. 变量定义。

自变量 STR 的数据来自三种打分结果。控制变量包括：Tobin Q、β 系数、每股收益 EPS、第一大股东持股比例 ROF、流通股数量 CS。被解释变量（$t+1, i$）P+：本书以样本公司 i 的第 $t+1$ 期 4 月最后一个交易日的收盘价作为被解释变量。我们认为在 4 月的最后一个交易日之前，公布的财务报告等相关信息已经完全被股价信息所吸收。

第三节 战略管理与企业伦理

一、企业伦理决策相关概念

(一) 企业伦理决策的定义

目前,西方学界对企业伦理决策概念的阐述具有两种代表性的观点:一种观点认为,企业中的所有决策都与伦理相关,企业的决策行为都是伦理决策,因为企业的决策都会对他人产生影响。受自由意志支配,给他人带来幸福或伤害的行为都是伦理行为(Velasquez,1985)。管理者的很多决策都是伦理决策,只是管理者没有意识到其决策所包含的伦理因素罢了(Jones,1991)。企业是盈利的组织,更是道德组织,其决策行为本身就是伦理决策的过程。另一种观点认为,企业中的决策并不都与伦理相关。Bird 和 Gandz(1991)提出"如果管理者将他们的社会准则、道德规范、价值原则用于决策,就可以改善企业决策;如果企业决策时能考虑到社会和伦理因素,那对管理者自身、企业和社会都是有益的;对各种伦理分析工具的理解和把握,能够帮助管理者作出更好的决策,更清晰地向利益相关者解释其行为的理由"。伦理指标应该与经济、技术、政治、社会各参考项并列,与其他指标共同发挥作用。即企业中的决策并不都是与伦理相关,伦理决策解决的就是企业决策行为涉及价值判断的部分,起到的是确立企业最终目标正确与否的先导作用。学界和企业界大部分认同第二种观点。

(二) 企业伦理决策行为的主体

个人的伦理决策(individual ethical decision-making)是指管理者或员工在决策过程中对别人产生影响的抉择,其抉择涉及平等、正义和权利等有关伦理问题,也就是说伦理决策是关于对与错的判断,该决策关涉对他者的重大影响,有选择的明显特征,这个决策与其他相关者存在伦理关系。值得注意的是,个人在企业中必定要受到组织的影响,那么个人决策就会向组织决策转移,与他人讨论,希望自己的"偏好性"观点可以得到修正。Stevenson(1990a,1990b)认为,伦理判定是由个人决策向群体决策的转移。在决策的过程中,个人直接或间接地受到群体的影响。当个人在群体的环境下作出抉择,某一行动方案的后果就不仅取决于个人对特定方案的选择,还取决于该群体中其他成员的选择,这就是个人决策向集体决策转移的过程。这一过程不仅是个人行为选择方案的转移,也包括个人价值观与组织价值观的碰撞。如果说普通决策的实现是通过主体之间事实层次的沟通和协调,伦理决策则反映的是决策主体的价值偏好,即价值观的选择。

(三) 伦理决策的边界

综观学界对这一问题的研究,多沿用了 Kelman 和 Hanmilton 的观点。"一个决策必须满足如下三个条件才能称为伦理决策:首先,决策的对象涉及伦理问题,即具有伦理内涵、受人类基本伦理规范制约;其次,决策者是具有自由意志的伦理主体,他能意识到伦理问题的存在，能够作出判断和实施行动；再次，人们可以对决策结果作出'合伦理'和'不合伦理'的判定"。与此同时，决策的主体必须为决策行为负责，即伦理决策过程始终贯穿着责任命题。Trevino（2010）认为，责任在组织里往往是分散的。为了建立人们认为正确的事情和他们实际做的事情之间的联系，人们必须对他们行为的结果负责。企业集体作为责任主体并不应该淡化和否认个人所承担的道德责任。个人所应负的责任与他在企业中所拥有的权利和影响力相对应。

（四）伦理决策的过程

伦理决策的过程体现为内心活动和实践活动两种方式。内心活动体现为决策者对决策行为的感知、判断过程，是一种心理活动。当我们看到或听到的某些企业的丑闻时，是现实企业的"不道德行为"。依据常识，在这些现实"行为"发生之前，企业人必然还有一个我们大多数人看不见的"决策"过程，即应该是先有"不道德决策"，而后才有了这些"不道德行为"。这个行为尚未外显前，决策者的内心活动就是伦理决策的过程。同时，伦理决策也是开放的过程，即企业的实践活动过程。伦理研究除了对道德判断标准进行研究和评价外，还需要对人们在一定环境下应该如何行动提出规范性建议，即用理性方法来回答和解决人们在现在以及将来可能遇到的问题。这种用伦理标准来指引企业决策行为的过程也可以称之为伦理决策过程。目前，学界的伦理决策过程模型也分为两类：一类是分析个人伦理决策过程的影响因素（以 Rest, Trevino, Jones 等为代表）；另一类强调伦理指标在企业决策过程中的过滤器作用，是企业战略思维的重构（以 Fritzsche, Carroll, Blanchard 等为代表）。值得说明的是，中西方学者大多基本认可 Rest（1986）的伦理决策过程模型。Rest 认为伦理决策作为决策中一种特殊的形式，也有情报、设计、抉择与审察四个阶段的活动，只不过各阶段的名称有差别。伦理决策的四个阶段为：一是伦理感知，即个体在多大程度上意识到伦理问题的存在；二是伦理判断，即在伦理感知的基础上，对可选择的行动方案作伦理判别；三是伦理意图，即根据伦理判断，个体主观上选择什么样的行为；四是伦理行为，即实施意图，表现出外在的道德或者不道德行为。需要注意的是，前三个阶段描述了行为外显前的心理过程，在实际决策中四个环节并非依次出现，但是伦理决策过程整体上表现为这几个阶段，而且它们之间相互影响。

二、企业伦理价值观的思考

（一）何谓企业伦理价值观

企业是利益相关者的集合体，他的生产经营活动离不开内外部各要素的共同参与，各方在与企业的合作中共同获利，形成了与企业的一定关系，这些关系是以利益为核心的经济关系，也是蕴含着伦理精神的道德关系。企业伦理就是企业在经济活动中处理其与各利益相关者关系的善恶价值取向及应遵循的行为规范。具体来讲，企业伦理表现在企业对内为员工提供公平的就业、报酬、教育培训和晋升机会，提供安全和良好的工作条件，提供丰富的员工文化娱乐活动，实行参与管理和全员管理，以此吸引并留住优秀的员工，使之发挥最大的潜力，使大家在工作中同心协力；对外与竞争者公平竞争，对供应商恪守合同，互利共赢，为消费者提供价格合理、方便、经济、安全、高质量的产品和服务，对所有者提高投资收益率，对政府遵守法规政策、照章纳税，对社会要保护环境、提供就业机会、支持社区建设、多做慈善事业，以赢得人们的信任、支持和参与，与其建立起牢固的关系。价值观是评价主体对评价对象及其价值性的基本看法、判断和评价，本质上反映的是评价主体内在的基本价值取向、核心信仰或主导思想意识。企业价值观是一种独特的组织价值观，是企业全体成员或多数成员所共享或基本一致的价值观，是企业在其长期的存续发展过程中形成的、为全体或大多数成员所认同的群体意识和价值取向。企业伦理价值观与企业价值观密不可分。企业的价值观虽然是一个理性概念，但它却客观地存在于并制约着每个企业的各项实践活动。一般来说，它是通过企业精神、经营方针、企业信条、企业座右铭等形式间接表现出来的。企业伦理价值观就是指企业在生产经营中发生的道德行为方面的具体表现，决定着企业的经营策略和企业精神，是企业文化的集中体现。企业伦理价值观反映了企业行为的道德特征。企业价值观决定了企业的价值追求，而企业伦理价值观侧重于道德评价方面，侧重于企业的内在自律和企业所承担的社会责任，是企业成员，包括企业决策者所达成一致并共同遵守的行为准则。企业伦理价值观不但体现了企业的经济价值取向，而且体现了企业的社会价值取向，是企业价值观的核心部分。

（二）企业伦理价值观的经济价值

企业伦理是关于企业经营活动中的善与恶、应该与不应该的规范，是关于企业及其成员行为的规范，是关于怎样处理企业及其成员与利益相关者关系的规范。从上述的经济行为与道德行为的关系分析来看，企业伦理作为意识形态的一部分不仅不会和经济利益相冲突，而且应当成为企业实现长远经济利益的促进因素。企业竞争是各个企业相互依存、相互作用的过程，是一种基于合作的竞争，是自利和他利的结合，是使双方获益的过程。对企业自身来说，在市场竞争中讲求伦理是企业自身发展壮大的基础，因为企业的伦理思想会对企业的经营状况产生较大的影响。不可否认，在现实的工商活动中，有的企业为了自己的生存和发展，采取了非法或合法不合理的手段来竞争，出现了许许多多被我们称之为不道德的行为，如坑蒙拐骗、污染环境、贪污腐败等，究其最终原因，实质上都是为了谋取自我的利益而不惜侵犯他人的权益，是诸多权利和利益冲突的问题。企业道德的实质就在于不侵害他人的权益，而企业伦理问题的实质是经济利益与企业道德的矛盾问题，是不能为了个体的利益而侵害他人的权益问题。从短期看，这些不公平的竞争手段也许会给企业带来一时的盈利，这也是造成一些企业短视行为的直接动机。同时，从"利己"与"利他"的关系来看，这些短视行为的屡屡出现和得手，不是发展市场经济的结果，而恰恰是一个社会市场经济环境不健全、不发达的表现，一旦市场经济得以完善，这些不道德的行为将会在市场机制和社会无形的约束机制的调节下消除，因为人们都明白没有道德基础的经济交往是无法长期维系和发展的，这也就是为什么在西方发达的市场经济国家，企业的不诚信行为要比市场经济初步建立过程中的我国要少得多的原因。其实，当初这些发达国家也走过了一个从无序到有序的过程，所以说伦理是一种维系社会经济关系的重要社会经济资源，是企业宝贵的无形资产。从长远的角度看，人们只有依靠一定的市场规则和社会准则，才能使经济正常运转，违背企业伦理的事最终只能让企业陷入灭顶之灾，这从近年来的毒奶粉事件、毒大米事件以及保健品行业的式微可以看到。所以，在当前的市场竞争中，只有将企业伦理纳入企业的整个战略管理过程中，充分做好企业伦理这一无形资产的运营，将企业伦理能力和经济能力合二为一，并且和竞争对手之间发展一种"合作—竞争"关系，企业才能获得更大的发展机会和空间。

（三）企业伦理价值观的战略管理

如何对企业伦理进行战略性管理呢？自安索夫提出企业的战略理论以来，人们对企业的各方面、各层次战略作了多种细分，并进行了深入的探讨。目前，理论界一般把企业战略分为三个层次，即企业总体战略、经营单位战略和职能部门战略。综观这三个层次的企业战略，以往的战略理论很少涉及企业总体战略的价值和文化领域，而多将视线集中在实际的经营领域。但是，随着人们对企业人文环境的日益重视、对社会价值的追求以及"柠檬市场"的普遍存在，企业伦理战略开始受到关注。

企业可以用多种方法获利，但一旦背离了道德途径，用不正当手段获利，就会与社会道德相冲突。伦理正是在价值伦理范畴内提供了企业和社会伦理融合的基础。伦理作为一种企业价值观，是一种价值判断标准，对企业行为实现约束效应，对企业某些非伦理行为进行控制和预防，从而使企业避免非伦理行为。

那么，什么是企业的伦理战略呢？简单地说，企业的伦理战略是企业的一种伦理意向，它是企业整体战略的一部分，是企业对伦理运行模式的预设，是企业对伦理水准的选择和定位。总之，伦理战略就是用战略的眼光审视、发掘、配置企业的伦理资源，以实现企业总体战略目标的战略方式，是站在战略的高度对企业发展进行的顶层伦理设计，是从伦理的角度对企业作出的长远发展规划。按企业战略的一般分类，伦理战略属于总体战略的层面，是企业的最高层战略，企业通过伦理战略的实施，有效地整合企业的伦理资源，提升伦理水准，增强实践能力，履行伦理职责，树立伦理形象，在市场上逐步打造出优秀的伦理品牌，从而实现企业内部、企业与市场、企业与社会的和谐、持续、良性发展，实现企业超越发展的战略目标。

将企业伦理价值观提到战略管理的高度，不仅是企业内部和谐发展的必然要求，也是经济发展和现代企业制度的必然要求。企业伦理战略的提出作为一种新的企业理念和运行模式，必将对企业内部、市场和其所存在的社会都产生深刻而积极的影响。现代企业制度要求企业妥善处理资本所有者、经营者与劳动者之间的债权关系，任何一方的正当利益受到侵犯，都会影响企业内部的和谐发展。由于生产经营过程的复杂性，这类问题并不完全能够依据技术或者其他经济原则来解决，这就需要引入伦理道德原则，要求经营者具有较高的道德素质，在均衡中寻求企业和谐进步，与社会共同发展。

三、战略管理中的伦理因素

根据亨利·明茨伯格在《战略历程》中的研究总结，企业战略管理中从方法上加入伦理因素评估，开始于战略设计学派1965年出版的《经营策略：内容与案例》一书。根据该书的作者之一肯尼迪·安德鲁斯在20世纪80年代的阐述，"在战略制定过程中非常重要的因素，一个是管理价值，即组织中正式领导者的信仰与偏好；另一个是社会责任，特别是组织在社会道德（至少是经理们所能感知的社会道德）中发挥的作用"。

战略设计学派已经把管理价值和伦理道德作为企业战略规划的必要步骤，这是一个历史的进步，反应了对企业经营行为的伦理因素评估已不再只是企业领导者的个人意识修养和经验总结使然，而是贯彻到实际企业战略分析和决策的应有程序。企业存在论从追求利润和股东价值最大化，演进为对所有"利益相关者"的社会责任观念，至此才落实到企业管理实践方法上。

明茨伯格认为，"除了著名学者赛兹尼克（Philipselznick，1957）外，与设计学派相关的大多数作者都没有对价值和道德问题给予足够的关注"。从设计学派对道德因素评估的程序亦可看出，他们把伦理因素的评价放在制订被选战略方案之后，其潜在意味是，企业战略管理的最初出发点是应对变化的企业环境，不断调整、提升企业核心竞争能力，以便在市场上获取良好的业绩和利润，至于伦理因素，只是作为企业管理的后控手段，而不是企业经营的出发点。

按弗雷德·R·戴维在《战略管理》中提出，"好的商业道德是好的战略管理的前提"。他主张"公司可以通过如下方式将道德和战略决策的制定结合起来：在制定企业长期计划时考虑道德因素，在业绩评价过程中考虑在决策中是否遵循了道德准则，鼓励揭发公司内部腐败行为和报告不道德行为，在商业道德方面监督部门和整个公司的经营行为"。弗雷德只是强调了商务伦理与战略管理密不可分，要求在战略制订和执行中考虑商业伦理，但在该书后面的战略制定、战略实施、战略评估三个阶段阐述中，并没有发展和应用系统的伦理方法。无论是战略设计学派的战略模型，还是以《战略管理》所代表的教科书，对企业战略管理中涉及伦理因素的处理，在理论观念上都更多带有实用主义色彩，对伦理道德的重视，只是为企业营造良好的经营环境，让企业创造更多利润和长期持续经营，落实到企业组织行为上，如制定企业的伦理标准和规范，利用道德标准对部门、管理层、员工进行考核，强调合作伙伴的伦理责任等，也没有形成一套系统方法。总体上来说，伦理因素只是企业战略管理过程的"外生变量"而已。

1994年，吉姆·C·柯林斯和杰里·I·波勒斯所著的《基业长青》一书出版，两位作者在对"高瞻远瞩、长盛不衰"公司的研究中发现，"在高瞻远瞩公司的整个历史中，我们发现一种超越经济因素的核心理念，而且，重要的是，它们拥有核心理念的程度超过我们研究的对照公司"，"高瞻远瞩的公司能够奋勇前进，根本因素在于指引、激励公司上下的核心理念，亦即是核心价值和超越利润的目标。"企业发展既有竞争压力驱动也有客户需求驱动，但根本动力还是企业领导者和管理者的自我驱动，柯林斯和波勒斯的研究证明了企业长期持续进步的动力之源是企业经营者，尤其是创始人、领头人的核心理念，"关键问题不在于公司是否有正确的核心理念，或者是否有让人喜爱的核心理念，而在于是否有一种核心理念指引和激励公司的人"。

由于两位作者是管理学家，仅限于进行实证分析，并没有对什么样的核心理念才能"指引和激励公司的人"作进一步研究和概括。笔者对其在著作的附表所列的18家高瞻远瞩公司的核心理念进行统计后发现，这些核心理念的一个共同特点，就是包含着人类普遍性的伦理诉求。直接提及经营行为合乎伦理要求的就有两家（波音、摩托罗拉）。几乎每个企业的核心理念都涉及伦理上的"诚实""尊重""责任"。涉及"诚实"的有16家，分别以"诚实""正直""可靠""品质""名声"表达；涉及对人的"尊重"的有13家，以"尊重""鼓励""自主""考虑""尊严""善待""伙伴"等表示；涉及社会"责任"的有11家，用"解决问题""不忘事业""企业社会责任""社区奉献""服务社会"等描述。这些核心理念，能够"指引和激励公司的人"的根本原因，是因为它们是人类普遍伦理准则，由于诉求到每个人在成长过程中沉淀在内心的道德信念，它们当然可以吸引、激励员工、顾客和公众。

柯林斯和波勒斯证明，企业持续发展的内在动力就在于企业创始人和领导者始终追求超越利润之上的人类永恒的普遍价值，怀有执着的伦理信念。一切企业经营管理行为首先取决于经营管理者的信念，如果这些"信念"包含着深厚道德情感和迫切伦理责任，就成为该企业永续发展的内在优良的"DNA"，成为企业发展的动力之源。这些企业之所以比别的企业寿命长，大概也是中国古语"得道多助、失道寡助"使然。二位的实证研究表明，在管理上伦理因素已经不再是企业战略管理的"外生变量"，而是企业战略假设中的核心信念和前提条件，它们以核心价值观、企业信条、使命等反映出来，而且成为企业战略内驱力的根本要素。

四、基于企业伦理的战略管理

（一）企业核心竞争力的构成

企业是一系列资源和能力的结合体系。从一般角度来看，企业的产品、技术、人才、资金、管理等都能够构成企业的竞争力，但这些竞争力通常为企业活动的某一方面、某个领域的竞争力，是一种浅层次的竞争力，其波动性较大。而企业核心竞争力是指处于企业核心地位、影响企业整体层面的竞争力，是建立在企业核心资源和关键要素基础上的有关企业的产品、技术、管理、文化等综合优势在市场上的反映，它在较长时期内相对稳定，是一般竞争力的统领。

作为企业的核心竞争力，它必须是一种超越竞争对手，而他人难以复制和效仿的能力；是在企业核心能力与市场机会能力相一致的情况下，逐渐形成和获得的独具特征的可持续竞争优势能力。企业核心竞争力必须在产品市场上有竞争优势和价值，是企业自身具备和独有的，不被其他的能力所轻易取代的能力。

关于企业的核心竞争力，西方有个著名的剥洋葱理论，认为企业的竞争力像一个洋葱，表层的是产品的竞争力，包含服务、质量、成本、营销、技术和生产能力六大要素；中间的是支撑平台的竞争力，也称为制度层的竞争力，包含结构、机制、规模、战略、资源、关系和制度七大要素；最核心的是文化的竞争力，文化的核心是价值观。其逻辑关系是：好的产品需要好的制度支撑，好的制度需要好的品牌文化来构建。最核心的品牌文化竞争力也同样是一个洋葱似的层层深入的结构，其中表层的是企业文化，深入下去的是企业的价值观，再深入下去的是企业的价值观核心，即企业伦理，其逻辑关系是：企业的品牌文化要靠企业的价值观支撑。

（二）企业伦理价值观是企业的核心竞争力

影响和塑造核心竞争力的因素很多，企业伦理价值观越来越成为一条重要因素。弗里德曼认为，市场经济对利润的追逐只有在一定的道德价值的情况下才能达到其所希望的效率。企业不可避免地要和其他企业、供应商、购买商、潜在进入者以及替代品之间产生竞争关系。人们在各种经济组织中应当如何对待彼此，其实质就是伦理问题，在处理诸多关系的过程中，会发生种种的伦理关系。在融合了伦理这一因素后，我们看到，企业之间的竞争成为一种互利合作的关系，而企业伦理则成为企业竞争优势的重要内容之一。经济现象与伦理现象是共生和共存的，只有人与人之间的伦理关系实现了最佳协调，经济发展水平的提高才会成为可能。企业的发展从根本上讲需要伦理的支撑，建立伦理型价值观，是企业增强核心竞争力的重要突破口。企业伦理价值观是企业核心竞争力的关键和最本质的因素，国内外优秀企业的核心竞争力都来自正确的价值观和与时俱进的企业伦理体系。企业应该从自身发展出发，合理运用道德的利益协调功能，为企业生存发展创造良好环境，从而保持企业持久的竞争力。没有一定道德作为基础和机制，便无法建立组织内外的人与人之间的信任关系。一个具有伦理优势的企业必须以道德为基础，处理好与各个利益相关者间的关系，在企业内部领导与员工之间、员工与员工之间、企业与企业之间就容易形成相互关心、互谅互让的合作关系，才能真正形成相互支持、共同发展的合作关系，这是企业长期成功所必备的重要品质。的确，在现实中我们发现，那些在市场上长盛不衰的知名企业，他们的成功靠的主要是合乎伦理道德的经营理念及实践。相反，非伦理的企业行为非但有损自身的近期利益，而且还会断送其长远利益。

（三）基于企业伦理的核心竞争力的培育

随着我国改革的深入、国际形势的变化、科技革命的进展，企业间竞争的加剧，企业伦理价值观对企业核心竞争力的重要性也越来越显著地表现出来，今天的竞争已不仅仅是经济实力的竞争，当企业的经济能力已经被充分发挥，推动企业前进的步伐在慢下来的时候，更需要发挥企业的伦理优势。谁能创造出良好的伦理优势，并且将它的作用充分地发挥出来，谁就可以推动企业再向前发展。正确的企业伦理价值观，必须同时兼顾企业资源的优化配置和企业的伦理发展。企业伦理作为一种无形的、长期的资本投资，在企业未来的经营过程中会形成一种伦理优势，在企业价值观中占据核心地位。伦理是一种价值观、一种精神，企业伦理是企业社群在长期演化历程中所凝聚的社会共识，其形成要件是由企业的异质性（所有制的性质不同）、历史传统、文化背景、企业经管者的伦理观念、企业的制度安排和战略选择、企业的社会基础等变量决定的。就像世界上没有两片绝对一样的树叶一样，不同企业的价值观、伦理精神的形成是天时、地利、人和等各种因素成就的。特定的伦理理念是支撑和界定不同企业伦理模式的关键要素。这就决定了企业伦理模式的唯一性，即精神可学习，模式却难复制，这便是企业的核心竞争力。企业伦理价值观决定着企业的经营策略和企业精神，它的建设是一个长期的过程。它的形成需要一定的条件，诸如完善的市场经济体制、完备的法律保障体系、健全的外部监督和评价机制以及经营者较高的道德品质。其效果的呈现虽需要一个较长的阶段，但可以使企业获得长期的回报。伦理价值观的优势最终会通过市场展现出来，相对竞争对手来说形成一种显性的竞争优势，企业的伦理问题，最终将演化成如何将今天的投资转化为明天更大的获益问题。虽然培育企业的伦理价值观需要多方的条件，但是最重要的是将培育企业的社会责任感的权利还给市场，因为市场有它自发的奖惩机制，企业必然会在短期利益和长期利益的博弈中作出选择。当然，这将依赖于市场经济体制的建立和完善。只有在一定的市场经济背景下，企业具有独立的市场主体地位和价值主体地位，企业的伦理价值观才能形成，才会为企业员工及外部利益相关者所认同并接受。

第四节 战略管理与财务报表分析

一、财务报表分析的概念

财务分析是指信息使用者从自身决策有用性为出发点,以相关、可靠的财务信息和非财务信息资料为依据,通过自身的专业技能、长期积累的经验判断,或采用专门的定量分析方法来系统分析和评价企业过去和现在的财务状况、经营成果、现金流量等,据以了解过去、评价现在、预测未来,帮助信息使用者改善经营管理或者进行科学决策,实现财务分析战略管理职能,体现财务信息决策有用性。财务信息有用观认为,财务信息决策有用性表现为信息相关性和可靠性。相关性的关键在于财务信息对企业经济决策所起的作用。一般来讲,相关的财务信息能够一方面有助于信息使用者评价过去,同时结合实际对目前进行修正和调整;另一方面有助于信息使用者根据企业的财务状况、经营成果和现金流量信息作出可行性研究、投资决策和判断,预测企业将来的发展趋势,此时,财务信息就具有有用性。财务信息决策可靠性主要表现为财务信息的真实性和正确性,只有财务信息真实、正确,才谈得上可靠。总之,相关性和可靠性是财务分析信息有用性的两个主要质量特征,我们在判断财务分析信息战略管理职能时,不权衡二者的轻重,而应该更加注重二者的一致性,从相关性和可靠性都是影响财务信息决策有用性的主要因素去思考分析。

二、财务分析在战略管理中的地位

(一)企业发展战略与财务分析

企业发展战略是指在竞争中取胜的总体运筹,其思想核心是谋求相对优势。对企业发展整体性、长期性、基本性的谋略就是企业发展战略。财务分析是以企业的财务报告等资料为基础对企业一定期间的财务活动进行分析和评价的重要手段。通过财务分析可以评价企业的财务状况和经营风险,评价企业的获利能力及资产管理水平并判断企业的趋势,从而为企业管理者和投资者提供重要的决策依据。同时,财务分析还可通过现有的、历史的数据推断、预测、分析企业某一项决策可能给企业带来的效益、权益和资产规模的影响,进而判断决策的可行性,以利于决策者制订正确的企业发展战略。

(二)财务分析在企业发展战略中的地位

企业发展战略的本质特征是发展性。企业发展战略应本着使企业少投入、多产出,少挫折、快发展的原则制订。在经济全球化和国际市场一体化、竞争日趋激烈的情况下,企业的经营模式、管理模式经历了生产管理和经营管理两个阶段后,逐渐转移到战略管理阶段,企业的管理也逐步发展成为以财务管理为中心。财务管理的运作需要透彻的财务分析并严格贯彻,使财务分析成为企业发展战略决策过程中的重要支持。企业发展战略决策需要决策者对企业经营环境的洞察,尤其是结合企业自身的财务状况、财务实力,对拟作出决策可能发生的结果进行分析、论证和预测,以保证企业发展战略决策不出现重大失误,使企业保持持续、健康发展的态势。现代企业发展战略所作出的任何决策,从企业的并购、重组到企业的技术创新决策、市场营销决策、人才策略等都离不开财务管理的支持,虽然企业的技术创新决策、市场营销决策、人才决策等和企业的财务决策同为企业发展战略决策的一部分,但财务决策对其他决策的制订和实施起着引导和协调的作用。它不仅为其他决策的制订提供数量分析和决策依据,而且贯穿于企业经济活动的全过程,渗透到企业生产经营的各个方面,与其他决策相配合,并为这些决策的实施提供资金支持。正是由于财务分析所具有的特有功能,可以引导其他决策的制订和实施,协调其他决策之间的关系,因此,财务分析在现代企业发展战略决策中具有核心地位。

三、财务分析在战略管理中的运用

(一) 财务分析在企业发展战略"筹资决策"中的运用

随着市场经济的逐步发展,企业之间的竞争日趋激烈。优胜劣汰的关键在很大程度上取决于企业的财务决策和资金管理水平。财务管理好,才能使企业资金周转合理,快速筹集资金,并能提高资金的使用效率,提升企业竞争力,更好地完成战略目标。企业在经营过程中做好资金筹集,建立合理的筹资结构,使企业有足够的可用资金,企业的发展才有后劲,才能以尽可能以低的资金成本取得更大的经济效益。尽管企业筹资的具体动机是多种多样的,但在企业筹资的实际中这些动机有时是单一的,有时是结合的。无论出于何种动机,决策者应在企业现有的财务数据基础上进行分析,选择最佳的筹资渠道。

(二) 财务分析在企业发展战略"投资决策"中的运用

在市场瞬息万变的情况下,企业实施一个投资项目,需要借助财务分析的手段对各项方案的可行性进行深入细致的分析和预测,唯有透彻的财务分析才能将财务信息的决策价值提炼出来,增强决策过程中对未来情形的预测,帮助管理当局作出正确和明智的决策。

(三) 增强财务分析战略管理职能的措施

探究企业财务分析出现的问题,企业应结合实际,提出增强财务分析战略管理职能的措施。

1. 增强财务分析决策服务意识。

时至今日,财务分析本应已成为企业领导决策层获取决策依据的最关键的手段和方法,但由于企业决策层领导缺乏财务分析决策服务意识,使财务分析潜在的战略管理职能得不到发挥。企业应通过以下两个方面增强财务分析决策服务意识。一是提升决策者专业技能素质。只有专业技能素质过硬,才有能力参与企业管理。二是财务分析决策者意识定位应外向化。企业财务决策者没有把自己定位成企业经营战略总体设计和执行的参与者,而是更多的倾向于分析企业内部控制、业务报告处理等基础财务职能上。企业决策者和财务人员必须从思想意识领域把企业的财务分析工作上升到一个更高的档次,提高财务分析职能服务意识,从而增强外向决策服务意识,参与企业管理。

2. 拓展财务分析范围，增强财务分析可靠性。

财务分析已成为相关信息利益主体获取有价值的关键手段，大量的社会公众成为企业的债权人、股东等相关利益人。但相关利益人对信息主体的利益需求不一致，他们仅从分析财务报告获取信息难以满足各自相关利益主体的决策需要。企业应通过以下途径拓展财务分析范围，搜集更多更丰富更有用的财务分析依据，从而增强财务分析可靠性，满足各利益主体信息决策需求。一是企业搜集包含内部报送的财务信息。财务信息既包含向外部报送的资产负债表、利润表、现金流量表、所有者权益变动表、附注及财务情况说明书等财务报告信息，还应包含内部报送的财务信息。如企业内部编制的一些仅用于内部管理使用的内部控制、企业成本核算流程和数据、期间费用的构成、企业预算、投资、融资决策信息以及企业内部业绩评价考核方法和结果等。二是从会计信息拓展到非会计信息。在财务分析中，除了会计信息外，非会计信息在分析中也占有重要地位。这些非会计信息主要包括审计报告、市场信息、公司治理结构、宏观经济信息等，因此，企业财务分析所用的资料超越财务报告所提供的有限的财务信息，拓展了财务分析范围，为提高财务分析的可靠性提供了充实的依据。

3. 注重财务分析方法的选择和运用，提高财务分析可靠性。

财务分析方法的确定关系到财务分析的质量。在财务分析方法的选择中，企业应特别注意以下问题。一是选定财务分析基准。财务分析基准主要有历史基准、行业基准、目标基准和经验基准。企业单一的财务分析指标是难以通过财务分析来说明经济实质，只有把财务分析在遵循可比性的原则上通过与财务基准比较才得出分析结论，所以确定合理的财务分析基准非常重要。二是财务分析方法的选择。随着现代科学技术的进步，新的财务分析方法不断涌现，财务分析方法呈现出多样性，但是不同财务分析方法都有其自身的缺陷。企业决策者应从不同的信息需求侧面，充分结合企业自身实际，选择最合理的财务分析方法或综合几种财务分析方法，得出最可靠的财务分析结论。

4. 注重综合分析和动态分析。

财务综合分析是以一个统一的整体来全面考虑，宏观把握全局。但企业财务分析浅，只会把研究分析对象划分成简单的组成部分，不考虑彼此之间的相互联系，从而未达到认识对象的本质目的。企业应对偿债能力、营运能力、盈利能力和发展能力进行综合分析，从而增强财务分析全面性。二是注重动态财务分析。财务分析自身应随着时间、地域和财务分析环境的不同而发生变动，应当适时进行调整。企业应从静态的财务分析转变到动态的财务分析。如从财务状况的静态分析转变到经营成果、现金流量的动态分析，从而更加全面、科学地既反映出企业某一特定日期的财务状况，又反映企业一段时期的经营成果和现金流量。

5. 增强财务分析风险评价，建立财务分析预警机制。

财务分析的结果可能会偏离预期分析目标，从而产生财务分析风险。无论是信赖过度还是信赖不足所引起的财务分析风险，企业都应进行客观的风险评价，从而降低财务分析风险。财务分析风险评价主要通过以下六个方面。一是财务分析资料的客观评价，这主要在于评价财务分析资料的相关性和可靠性，是财务分析风险评价的基础。二是财务分析方法的评价。企业无论选用哪种财务分析方法，必须符合企业实际，其评价在于财务分析方法的选用是否科学、合理。三是评价偏离预期分析目标的程度，从而降低财务分析风险至可接受水平。风险程度一般采用标准方差和离差率来判断，标准方差和离差率越大，则风险越大。四是财务分析重要性的评价。在财务会计中，一般以 10% 为重要性的定量判断标准。企业应评价是否对已达到重要性标准的那些财务分析资料进行了分析。若未对重要性的财务资料进行分析，则企业财务分析风险就大。五是全面性风险评价。企业既应对财务信息进行评价，又应对非财务信息进行评价，既注重财务分析的重要性，又注重财务分析的全面性。六是全面提高财务分析风险管理意识，建立财务分析预警机制。除对财务分析作评价外，企业还应建立财务分析预警机制。在纷繁复杂的经济发展环境下，企业对财务分析资料缺乏甄别，存在着较大的不确定性与风险，使分析目标偏离预期真实的财务分析目标，从而产生风险。这就要求企业必须建立财务分析风险预警机制。企业应结合自身的实际，建立财务分析预警系统，做好风险控制，及时发现风险，防范风险，化解风险，为企业预测、决策提供科学、合理的财务分析依据。因此，企业通过财务预警信息，充分发挥财务分析预警系统的作用，及时把预警信息反馈到决策者，使其及时采取相应对策。

第六章

公司治理在战略管理中的作用

亚当·斯密在发表于 1776 年的《国富论》中提出"作为其他人所有的资金的经营者，不要期望他会像自己所有的资金一样获得精心照顾"斯密的该观点被认为是对公司治理问题的最早提出。Berle 和 Means（1932）在现代公司制度的背景下把亚当·斯密所观察到的现象概括为"所有权和控制权的分离"，在其著作《现代公司和私人产权》一书中认为，公司的管理者常常追求个人利益的最大化，而非股东利益的最大化，并认为应该建立一套行之有效的制度来解决两者之间的利益冲突。该书被认为是公司治理的现代理论的文献起源。而 20 世纪 70 年代以来现代企业理论（交易成本理论、不完备契约理论和委托代理理论）的巨大发展，为公司治理研究的开展提供了坚实的理论基础。

最早提出与公司治理类似概念的是 Williamson（1975）。当时，他提出的是"治理结构"（governance structure）的概念，这与公司治理的含义较为接近。而现代公司治理的研究发端于 Jensen 和 Meckling 发表于 1976 年的具有里程碑意义的论文。该文把作为委托人的股东与代理人的经理人之间的利益冲突明确为企业的代理问题，从此降低代理成本成为公司治理研究的主题。

第一节 公司治理的产生背景与发展进程

一、公司治理概念溯源

公司治理的思想渊源可以追溯到亚当·斯密时代。亚当·斯密在《国富论》一书中谈到股份公司时说，这些公司的董事们与其说是自己的货币，不如说是他人货币的管理者，因此，不能期待他们像无限公司的合伙人小心翼翼地监视自己的货币那样来监视他人的货币。因此在这些公司的业务运营中，经常存在着或多或少的怠慢和浪费。亚当·斯密这段精辟的论述实际上已涉及了公司治理的核心问题，即指出了经营者与所有者之间潜在利益的不一致性。但是由于当时公司的所有者基本上兼任经营者，利益冲突仅仅是潜在的，是隐含在企业管理活动过程之中，公司治理问题并不太突出，因而并没有得到重视。值得注意的是斯密的论述在 200 余年后今日的美国，正成为正统的公司治理理论的一个基轴（植竹晃久，1996）。

对于公司治理的产生，奥利弗·哈特（Hart Oliver，1996）认为只要存在以下两个条件，公司治理就必然在一个组织中产生。第一个条件是代理问题，确切地说是组织成员

（可能是所有者、经理、工人或消费者）之间存在利益冲突；第二个条件是交易费用之大使代理问题不可能通过契约解决（因为存在组织成员之间的信息不完全、不对称的客观问题）。哈特所指出的这两个条件是同时存在的，而这两个条件能够同时存在的企业形态就是公司制。因此说公司治理问题的产生是与公司制这种企业组织形态紧密联系在一起的。

20世纪30年代，由于公司股权的高度分散化和股东社会化，所有权与经营权高度分离，繁多细小的股东逐渐脱离公司的管理，成为股票市场上投机主义者，最终使得拥有财富与积极参与公司管理之间的联系大为削弱。支离破碎的股东不得不把经营权让渡于具有专业知识和管理才能的经营者。于是在企业经营决策和执行的过程中，具有人力资源特性和占据内部信息优势的经营者逐渐成为事实上的控制者。对此伯利和米恩斯在其《现代公司与私有财产》一书中结合美国公司的情况进行了实证分析，其结论是经营者事实上成为公司的控制者。从理论上来看，具有货币资本的企业所有者和具有人力资本的经营者的结合是最有效率的公司制企业形态，但是由于所有者与经营者是属于两个不同的利益主体，即所有者追求利润最大化或股东权益的最大化，经营者追求的是工资以及工资衍生品的最大化。公司经营者在控制公司之后，有可能以损害股东利益为代价而追求个人目标。因此对经营者行为加以适当控制，充分保证剩余与企业价值最大化，成为公司治理的目标之一。从此以后，在所有权与经营权相分离已经成为现代公司的基本特征的条件下，公司治理就作为现代公司发展的伴随物而产生。

二、现代公司治理理论与实践的发展历程

公司治理理论的研究热潮是从20世纪80年代开始的。首先是由于股份的高度分散化和股票的流动性，导致了公司的兼并浪潮，公司控制权市场的争夺更加白热化，兼并浪潮此起彼伏的背后是股东对公司经营者行为不满的一种积极行动，它虽然在一定程度上惩罚了部分不称职的经营者，如通过"用手投票"迫使一些大公司的经营者离开CEO的位置，但并不能改变股东处于企业外部的不利地位和薄弱能力，反而进一步显示了中小股东治理公司的无能或表达其失望之情。与此同时，经营者为了进一步控制公司，利用自身的优势也发明了许多反兼并措施，如降落伞、白衣天使等。这些措施在一定程度上巩固了经营者的地位，改变了兼并的本来目的，成为扩大企业规模的工具，因为经营者的报酬与企业规模有强烈的正相关关系。另外，由于大规模兼并目的的歪曲走样也损害了众多中小股东的利益，中小股东成为兼并中的牺牲品。通过兼并行为的途径来行使股东的治理权利的做法看来并不是有效的（Schliefer and Summers，1998；Dimsdale，1994），其失效的根本原因在于股份高度分散致使股东权利的变得更加弱小，变成"无言股东"。因此，广大的中小股东为维护自己的利益必然寻找更为合适的治理路径。于是20世纪80年代后期至90年代，机构投资者的崛起成为代表中小股东利益的公司治理主体。机构投资者向公司索取的不是扩大"用脚投票"的权利，而是要讨回原本属于股东"用手投票"的所有者权利。这种权利过去只不过因股东太分散而丢掉了。顺应股东的要求，英美公司的机构投资者在此期间获得了突飞猛进的发展。

英美制度中的公司改革进程多关注保护外部利益相关者的利益，因为股权分散以及不愿参与监控，他们的利益易于受到经理人自利行为的侵害。如果说英美公司的代理问题起源于

成熟的经济和发达的资本市场，即当创办家族所持股权随着所有权的分散而被稀释、市场流通性允许轻易退出时，这些问题通常便会产生，那么其他地区所遇到的问题则往往是经济不成熟、资本市场欠发达。为此，公司治理模式的国际比较成为公司治理研究的又一大热点。

公司治理起源于所有权与经营权的分离，伴随着现代公司的发展，在理论上更加丰满，成为现代企业理论的重要组成部分，在实践中也更加贴近企业的实际，成为企业提高业绩和增强国际竞争力的基础和前提条件。20世纪90年代中期，在全球经济一体化和市场竞争激烈化的背景下，公司治理的研究从法学和经济学领域拓展到管理学领域。各国企业的实践活动表明，良好的公司治理既需要国家对治理结构有强制性的法规规定，又应制定与市场环境变化相适应的、具有非约束性和灵活性的公司治理原则，因此公司治理原则的制定成为世界新的研究热潮。

第二节 公司治理的含义与相关理论

基于两权分离理论的基础，研究者从不同角度对公司治理的内涵进行了界定，科克伦和沃特克（Cochran and Wartiek，1988）在《公司治理——文献回顾》一文中指出："公司治理问题包括高级管理阶层、股东、董事会和公司其他利害相关者的相互作用中产生的具体问题。构成公司治理问题的核心是：谁从公司决策和高级管理阶层的行动中受益；谁应该从公司决策和高级管理阶层的行动中受益。当在'谁受益'和'谁应该受益'之间存在不一致时，公司的治理问题就会出现。他们认为公司治理之所以必要，是由于高级管理阶层和股东、董事会、工人和政府这些相关利益集团之间'谁受益'和'谁应该受益'不一致引起的。"英国牛津大学管理学院院长柯林·梅耶在他的《市场经济和过渡经济的企业治理机制》一文中把公司治理定义为"公司赖以代表和服务于它的投资者利益的一种组织安排。它包括从公司董事会到执行人员激励计划的一切东西……公司治理的需求随市场经济中现代股份公司所有权与控制权相分离而产生"。LLSV（1997）的观点是，公司治理的中心课题是要保证资本供给者（可能包括股东和债权人）的利益。综观国内外学者对公司治理内涵的理解，其共识在于强调公司的股东、经营者和其他利益相关者之间的责任和权利分布，以及权力安排，使经营者的行为不违背股东或利益相关者利益的最大化。

一、公司治理定义

公司治理的定义多以公司经营主要目标的假设为基础，但是，对于公司经营的主要目标是什么，学者和业内人士都未能达成一致意见。此外，公司目标通常受到一国的文化传统、选举制度、政府的政治导向和法律制度等因素的影响。

（一）股东财富最大化观点下的定义

安德烈·施莱弗（Andrei Shleifer）和罗伯特·维什尼（Robert Vishny）明确提出股东（以及债权人）利益最大化是公司的主要目标，并据此对公司治理进行界定："公司的资金提供方确保他们的投资能获得回报的方式方法。"

他们认为来自资金提供者的投资是典型的沉没资本,即在公司陷入困境时很有可能无法收回的资本,而诸如员工、供应商和客户等利益相关者可以没有任何损失地离开公司,如员工可以凭借其人力资本价值在其他公司找到工作。也就是说,在公司倒闭时,资金提供者可能会失去全部投资资金,但员工却不会失去他们的人力资本。因此,资金提供者尤其是股东是剩余风险承担者,或者说他们对公司资产拥有剩余索取权(residual claimants)。这表明,当公司陷入财务困境时,除股东之外的所有其他利益相关者都拥有优先受偿权。尤其在公司遭遇财务困境且资产不足以满足所有索赔要求时,股东将失去他们的初期投资,而其他索赔人却可以取回全部或至少部分资金。

(二)利益相关者财富最大化下的定义

萨拉·沃辛顿(Sarah Worthington)认为股东价值最大化的论点并没有法律依据。对此,帕迪·爱尔兰(Paddy Ireland)进一步补充说,由于公司资产是"一代代人集体劳动的结晶",因此它是公共财产,不应被看作股东的私人财产。另外,马克·格尔根和吕克·伦内布格(Luc Renneboog)提出公司治理的定义应该考虑各公司所关注的参与者或利益相关者差异。根据他们的定义,公司治理制度是一个机制的组合,目的是确保公司管理者(代理人)为一个或数个利益相关者(委托人)的权益来经营公司。这些利益相关者包括股东、债权人、供应商、客户、员工以及与公司开展业务相关的合作者。

公司治理的一个更加中立的、受较少政治因素影响的定义是关于如何处理下列利益相关者之间(股东与经理人;大股东与小股东)的利益冲突(conflicts of interests)问题,并提供阻止和缓解这些利益冲突的措施。

(三)狭义与广义公司治理内涵

伯格洛夫(1995)对公司治理概念性框架的理解给出了应遵循的三个原则:一是可以对公司治理的不同类型的制度安排作出描述和分析;二是应能说明特定公司治理安排产生的条件;三是必须说明一种公司治理安排的不同构成之间的联系,它们与金融体系以及经济系统的其他部分之间的相互关系。伯格洛夫的论述纯粹从融资角度分析的,反映了不同投资者在公司治理中的角色和地位,这对于认识不同行业、企业之间的公司治理差异是有益的。公司治理的含义可以从狭义和广义两个角度来理解。

1. 狭义的公司治理。

狭义的公司治理是指有关公司董事会的功能、结构和股东权力等方面的制度安排(布莱尔,1995)。中国学者吴敬琏教授(1994)认为,狭义的公司治理是由股东大会、董事会和高层管理人员组成的组织结构。从狭义的角度来看,公司治理就是我国大多学者经常论及的建立在制度安排基础上的、各个机构相互制衡的公司治理结构。

2. 广义的公司治理。

广义的公司治理是关于公司剩余控制权、剩余索取权分配的一套法律、文化和制度安排,即公司是干什么的,谁支配公司,其支配是怎样进行的等(布莱尔,1995),广义的公司治理不局限于股东对经营者的制衡,而是涉及由广泛的利害相关者集团参与公司决策的科学化。如果说狭义的公司治理是以资本为纽带的股东与经营者的委托代理关系,那么广义的公司治理还涵盖了公司的人力资源管理、收益分配激励制度、财务制度、企业战略发展决策管理系统、企业文化和一切与企业高层管理控制有关的其他制度（Keasey，Thompson and Wright，1997）。

尽管对于公司治理概念的描述很多，但根据狭义和广义的公司治理内涵，公司治理是正式制度和非正式制度的、内部的和外部的制度和机制来协调公司与所有利害相关者之间的利益关系，以保证公司决策的科学化，在持续提升公司竞争力的基础上，最终维护公司各方面的利益最大化。所以说，有效的公司治理正是正式制度和非正式制度的相互组合、相互作用的结果。

二、公司治理的理论基础

（一）代理理论

1. 一类代理问题：股东与经理人之间的利益冲突。

委托代理理论认为：公司的所有者与经营者的目标函数不一致，经理人为了追求自身利益最大化会以损失所有者利益为代价，因此会产生"道德风险"和"逆向选择"两类代理问题。"道德风险"问题源于委托人无法对代理人的行为进行直接监督或控制，而"逆向选择"问题则源于委托人无法评价代理人的行为是否符合其利益。在该理论下，公司治理的核心问题就是通过安排各种制度和契约来解决委托人和代理人之间的代理成本问题，以保障股东的权益不被经营者攫取。因此，需要设立一系列内、外部公司治理机制，通过激励、监督和控制公司高管使其尽量按照股东价值最大化作相应决策。为了应付由于两权分离产生的"内部人控制"问题，投资者必然要采取一些监督、激励和约束措施来规范经理的行为。设计和运营这种体系（治理结构）的成本及股东最终承担的无法避免的损失，称为代理成本（agency cost）。詹森（Jenson，1976）将其分为股东的监督成本（包括限制经理这种行为的审计制度、进行组织制度变动以限制经理从事不良行为的能力等）、经理的抵押成本（包括经理对自己不会滥用职权的各种约定性保证）及股东的剩余损失。代理成本主要包括代理人的选聘成本。代理人的选聘成本主要包括寻找费用、组织考试考察成本、董事会讨论的时间成本等；代理人的报酬；代理人的监督成本；代理人员的职务消费；经营损失。

2. 二类代理问题：大股东与中小股东利益冲突。

公司通常有大股东，大股东拥有足够的权力掌管公司事务，也就是说公司的控制权归属于一个或几个大股东所有。控股股东的类型通常包括其他公司、家族或政府等。具体来讲，这类公司有两种类型的股东：有控制权的大股东和小股东。有控制权的大股东拥有足够的权力掌控公司事务，主导或至少影响公司的决策过程，但小股东却缺少足够的权力进行干预。因此，许多公司的主要治理问题并不是经理人和股东之间的经典代理问题，而是控股股东侵占小股东利益的问题。这种侵占的形式多种多样，主要有以下几种：隧道效应（tunneling）、转移定价（transferpricing）、裙带关系（nepotism）、暗斗（infighting）。

（二）利益相关者理论

工业革命使得企业成为创造物质文明的主力，但与此同时，企业也带来了各种社会问题，如环境恶化、商业腐败、不正当竞争等负外部性。利益相关者理论强调，不应简单以股东利益最大化为企业目标，作为一系列契约安排，企业是由多种要素和资源集合起来所形成的一种约定，除股东外，企业员工、债权人、顾客、供应商、社区、环境等也都是企业的利益相关者，都应参与公司治理。因此，企业的目标应为社会福利最大化。在利益相关者理论发展的过程中，很多学者都提出了利益相关者的定义。

在对利益相关者的定义中可以看出该理论的主要观点：第一，企业的所有者不仅是股东，还应包括债权人、企业员工、供应商等利益相关者。因此，企业在作相应经营决策时，必须要考虑利益相关者的权益。第二，企业经营目标不应是股东财富最大化，而应是包括利益相关者在内的社会福利最大化。这对古典经济学是一种颠覆性的尝试。作为一年轻的理论，其发展必然经过被否定—肯定—再否定的过程。不可忽略的是，该理论为企业社会责任的发展起了重要作用。

（三）系统理论

系统理论强调要运用系统论思想准确描述与深刻认识复杂系统的特性。它要求将系统内部各部分和各环节、系统内部和外部环境等因素，看作是相互联系、相互制约的动态关系，以动态发展的观点决策和行动，找出系统达到最优化的方案。企业本质上是由利益相关者缔结的一组合约，其生命力来自利益相关者的相互合作。其中每个产权主体以不同形式向企业投入其专用性资产，并共同形成"企业剩余"。股东以其实物资产、债权人则以其债权、雇员以其专用性人力资产、经理人以其异质性人力资本、顾客则以其重要的顾客价值构成企业"剩余生产"的物质基础。按照受益与贡献相匹配的原则，公司利益相关者均有权参与"企业剩余"的分配，同时由于股东享有的有限责任使其并不总是唯一的剩余索取者，有限责任意味着股东的损失不会超过他们在公司已有的投资。公司治理体系的构建既要全面反映各要素参与治理的状况，又要充分考虑其内在的联系，全面、系统、科学、可行。

（四）权变理论

20世纪70年代在美国形成的权变管理理论（contingency theory of management）充分考虑了环境变数与相应的管理观念和技术间的关系，它要求在管理中要根据组织所处的内外部条件随机应变，针对不同的具体条件寻求不同的管理模式、方案或方法。上市公司是一个复杂的系统，其根本目标在于实现利益相关者利益的最大化，具体体现为公司股东的利益、债权人利益、供应商、顾客、社区以及政府的利益等。这些利益的实现是通过利益主体参与公司治理，形成一定的公司治理结构与公司治理机制，即股东大会、董事会、监事会、经理层以及信息披露制度。

公司治理模式的选择是公司治理中的内外部环境变量以及管理变量交互作用的结果，通常公司治理的外部环境由社会、技术、经济和政治、法律等所组成，内部环境由供应商、顾客、竞争者、雇员、股东等组成。内部环境基本上是正式组织系统，它的各个变量与外部环境各变量之间是相互关联的，同时公司治理中的决策、信息交流、激励与约束以及控制等管理变量与公司治理的环境变量间存在着根本性的关系，不同的公司治理环境变量与管理变量交互作用的结果形成了不同的公司治理模式。

第三节 公司治理模式

在公司治理的理论与实践中,人们更为关注和争论不休的中心话题是公司治理模式的选择问题。不同的国家具有不同的社会传统、法律体系、政治体制及经济制度,因而演化出多样化的产权结构、融资模式和要素市场,进而形成了各异的公司治理模式。

一、影响公司治理模式选择的因素

综观世界公司治理模式演变过程和全球现存的公司治理模式,在公司治理模式选择时,需要考虑以下几个因素:

1. 一个国家的经济发展水平,特别是资本市场的发育状况,对该国的公司治理模式的形成起着决定性的影响。

经济发展水平比较高,证券市场较为发达,在建立公司治理机制时特别强调外部市场的监督作用,即通过股票在证券市场的流动性,强调发挥市场的"用脚投票"的作用。相反,经济发展水平不高,或者外部市场欠发达,在建立公司治理机制时,就特别强调内部治理的作用,即通过构筑高质量的内部治理机制,发挥"用手投票"的作用。

2. 一个国家的政治、法律、文化和历史等因素对公司治理模式的选择也有着重要影响。

美国文化所鼓励的冒险精神和创新意识,特别适宜于新经济领域带有一定冒险性质的投资和经营活动,造就了资本市场充满了投机性和证券市场的高度流动性。而日本儒家文化的土壤所产生的集体或团队精神形成了比较封闭的企业文化和治理机制,加之极为曲折的历史促使其不得不依靠银行来推动经济的快速发展。德国的共同决策制对公司治理有着重要影响。

3. 全球经济一体化在不断促使公司治理模式的发展变化。

公司治理模式应随着经济水平和企业环境的变化不断发展或调整。尤其是全球经济一体化的发展,市场障碍逐渐解除,市场边界日趋淡化,全球市场竞争更加激烈,这也许是所有市场中最严厉的约束机制(莫德兰,1999)。另外,跨国公司治理机制的本地化也在逐渐改变当地传统的公司治理模式。

二、选择公司治理模式的标准

尽管不存在唯一的、通用的公司治理模式,也不能否定公司治理模式的选择应存在普遍性的标准这一事实。以下是选择公司治理模式时要考虑的必要因素:

1. 本国经济发展水平与资本市场发育程度。

美国式的治理模式和日本式的治理模式都是较为成功的,其原因是该治理模式是与该国的经济发展和资本市场发展水平相适应的。

2. 代理成本。

要能保证公司所有者对公司的经营者进行有效的调控。德日企业运作之所以比较有效率,主要在于有一个密切监督企业运转的大股东。20世纪90年代以来,美国分散的公众持股逐渐被股权相对集中的机构投资者替代已成为既定的现实,美国的公司治理效率也因此有所提高。

3. 赋予经营者适度的经营控制权。

既要充分保证所有者能对经营者实施有效的控制,又要避免所有者直接干预经营者的日常生产经营管理,是衡量公司治理是否有效的一个重要标志。然而做到这一点又需要公司所有者与经营者进行长期动态的博弈,在均衡和不均衡的运动实态中,企业获得持续的发展。

4. 有效协调企业利益相关者的利益。

公司是货币资本与人力资本的合约,公司的发展在于二者的最佳配置。德国和日本公司获得成功的一个奥妙就是他们的公司治理比较成功地实现了公司员工与管理的相结合,从而在很大程度上降低了所有权与管理权相分离所产生的代理成本。

三、不同公司治理模式的特征

从对公司控制的角度,一般把公司治理模式分为外部控制型治理模式、内部控制型治理模式和家族控制型治理模式。这三种模式的特征如表6-1所示。

表6-1 不同公司治理模式的特征

	家族控制型治理模式	内部控制型治理模式	外部控制型治理模式
经济发展状况	中等水平	比较发达	高度发达
证券市场程度	程度较低	欠发达	高度发达
政治法律影响程度	程度高	程度高	程度低
资本结构	负债率较高	负债率较高	负债率较低
股权结构集中度	相对集中	相对集中	相对分散
主要治理主体	所有者与经营者	利益相关者	股东
治理客体的经营行为	长期行为	长期行为	短期行为
治理手段	家族的权力	强调内部治理机制	强调外部治理
治理成本	低	较低	较高
治理效率	一般	高	高
面临的主要挑战	对资本(人力和非人力)的外部需求	金融市场的开放,银企关系的调整	对利益相关者的关注,经营者行为的长期化
改革方向	逐渐转向内部或外部监控	完善和强化外部监控	强化内部监控

资料来源:马连福. 中日公司内部治理机制的比较研究[N]. 现代财经,2002(3).

从表 6-1 可以看出，各个治理模式在既定的环境中，都是有效率的，即"存在就是合理的"，一个国家的治理模式的选择绝不是随意的或随机的，而是由路径依赖性的，当然在治理模式选择时，还要看到各个治理模式又有相互借鉴的现象和互相融合的趋势（马连福，2000）。

（一）日本企业集团治理模式

日本企业是家族控制型治理和内部控制型治理模式的典型代表。在日本主要有两大类企业集团，一类是以大银行和综合商社为核心，通过资本、人事、交易关系、组织及契约纽带，将不同行业的一个（或是两个）大企业连接在一起，形成横向企业集团。另一类为纵向企业集团，以大制造企业为核心，围绕某一商标产品的生产和销售，采用持股、特许、长期交易和下包等方式，将数千个中小企业联接起来，形成产、供、销紧密协作的企业集团。日本商法规定了股东大会、董事会、监事会、总经理（社长）等产生办法、地位和职能。由于企业集团内部的交叉持股现象比较普遍，往往使得法人股东的影响力相互抵消，股东大会成了虚设。董事会是一个等级型结构，其中名誉董事长的地位最高，其次是总经理，然后是常务董事、管理董事和一般董事及法定的监察人。

（二）美国企业集团治理模式

美国企业集团是外部控制型治理模式的典型代表。美国企业集团也有两种典型结构，只是类型不同。一类是以家族控制为核心的垄断财团，如世界著名的两大财团摩根和洛克菲勒。另一类是以大公司为核心的集团公司，如通用汽车、通用电气、IBM、微软、可口可乐等大型企业集团。这类集团往往是伴随着家族控制为特征的垄断财团影响力日渐衰落而发展起来的。

（三）西欧企业集团治理模式

欧洲企业集团对子公司的控制既不能像日本企业集团的集权化控制，也没有形成美国企业集团的系统控制，基本上是将子公司的经营委托给家族成员（或信任的家臣），子公司的经理一般和母公司的总经理有着某种程度的非正式关系，并且经常要直接向他报告。但是，欧洲各国的企业集团在公司治理模式方面存在一定的差别。如董事会的组成不同国家的企业差别较大。英国、瑞士和意大利的企业倾向于在董事会中混合执行董事和非执行董事。而德国企业监理会只有外部成员（即非执行董事组成），不包括任何的经理团队成员。领导监理会的董事长不参加公司的经营。

（四）韩国企业治理模式

韩国企业治理中体现了家族控制与家族参与经营的特征。这与韩国企业集团发展的历史是分不开的。建立在"三缘"即血缘、亲缘和地缘关系基础上的企业集团形成了浓厚的以家族垄断为中心的经营模式。即使是一些实行了股份制的企业集团，其所有权和经营权也仍然掌握在家族手中。而且，通过股权控制，形成密集的亲属共同治理的网络。此外，韩国政企关系密切，许多大企业集团都是在政府的扶持下发展起来的，形成了对政府的某种依赖。

第四节 公司主要内部治理机制

Jensen（1993）将现代公司的控制系统总结为四个方面：资本市场、法律政治管制体系、产品和要素市场、以董事会为核心的内部控制体系。根据 Jensen 的思想，结合利益相关者理论，可以把公司治理机制划分成两个大的方面：外部治理机制和内部治理机制。外部治理机制包括债权人治理、公司控制权市场、法律体系及对中小股东的保护机制、产品市场竞争等。内部治理机制是在一个企业的资源计划范围内，可以用来实现企业的公司治理目标的各种内部公司治理机制的总称。包括激励合约、董事会、股权结构等。内部治理机制是公司治理的核心。

一、经理人激励合约

所谓的激励合约是通过在投资者（或投资者代表，如董事会等）与经理人之间订立隐性或显性合约，来实现的把对经理人专用性投资的报酬（年薪、股权或期权等）建立在企业业绩等可证实的指标上，从而使经理人在一定程度上，按照投资者的利益行事的一种激励手段。它可以采取股权（share）、股票期权（stock Options）或当收入低于一定的标准时规定的辞退威胁等多种形式（Jensen, Meekling, 1976; Fama, 1980）。目前，对管理层激励的研究主要集中在用实证方法探求激励机制与公司业绩的关系上。主要研究视角如图 6-1 所示。

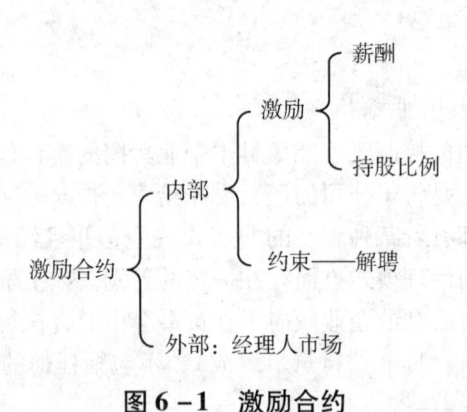

```
                    ┌─ 薪酬
           ┌─ 激励 ─┤
           │        └─ 持股比例
   ┌─ 内部─┤
激励合约 ─┤        └─ 约束——解聘
   │
   └─ 外部：经理人市场
```

图 6-1 激励合约

（一）管理层薪酬与公司业绩

由董事会制定的管理层薪酬政策对平衡所有者和管理者的利益起着至关重要的作用。多数学者认为管理者薪酬与公司业绩是显著的正相关的。Jensen，Meckling 指出，管理者持有一定份额的股份或者外部股东对管理者施加一定程度的监督，都可以减少代理成本、提高公司的绩效。Morck，Shleifer 和 Vishny 认为，管理者为自身谋求利益的趋向会降低公司的绩效，而持股比例的增加则对公司有着积极的影响。Hall 和 Liebman 以美国 100 家公众持股的最大商业公司的数据为样本，对其高层管理人员的报酬与公司绩效之间的关系进行了实证研究，发现高层管理人员的报酬和公司业绩强相关。可是，部分学者的研究发现，管理者持股比例与公司业绩是非简单线性关系。国外学者 Stulz 的研究证明，公司绩效最初随着管理者持股比例的增加而提高，当到达一定程度后便随着管理者持股比例的增加而下降。McConnell 和 Servaes 对 TobinQ 与高层管理人员持股比例、持股比例平方进行回归分析，得出高层管理人员持股与企业价值之间呈曲线关系的结论。

（二）解聘：强有力的外部激励手段

解聘是另一种具有更强激励效应的方式，Jensen 和 Murphy（1990）的研究显示，绩效较差公司的经理遭解聘的概率要大于绩效相对较好公司的经理。Kang 和 Shivdasani（1995）利用日本公司数据的实证分析也得出绩效较差公司的经理易遭解聘的结论。而他们的研究还显示，因业绩较差等原因导致经理的非正常变更后，公司的业绩趋于改善。因此，解聘作为一种激励方式在现实中为不少公司所采用，而且效果较佳。

（三）经理人市场：市场竞争中的博弈

竞争性的经理人市场可以使经理人员能够根据自身条件在企业之间或企业内部不同岗位上自由流动，并且由市场决定其价格（即薪金），这样，经理的提升或降职就由其经营业绩和经营能力决定，从而提高高管激励机制的有效性。在市场竞争中被证明对股东负责、有能力的经理人员就会被高薪聘用；相反，会被替换，甚至被逐出经理人市场，永远不再被聘用。所以，在位的经理人会十分珍惜自己的地位和声誉，尽心尽力地经营和管理，努力提高企业的盈利水平和市场价值，从而在经理人市场上建立良好的声誉，提高自身的人力资本价值。所以，这种竞争能让经营者在一定程度上把自身利益与股东利益联系起来，避免短期行为。

目前，对激励合约的研究主要集中在验证高管薪酬、股票期权等激励措施与企业业绩之间的关系，笔者认为，在中国这一新兴市场的环境下，我们还应关注以下两方面问题：

（1）国有企业与非国有企业要分开来考虑，而不能在研究中仅仅作为一个控制变量处理。若把高管薪酬、股票期权作为企业的显性成本，则在国有企业中高管的隐性机会成本对其更具吸引力。因为与显性成本相比，国企高管更关心其政治前途。对企业来说，经理人的隐性成本可能会比显性成本带给企业更大的业绩影响。

（2）按照行为经济学的观点，从有限理性出发，市场存在的前提是异质性，由此带来企业价值的特异性。因此，我们要关注经理人个体的异质性（尤其是工作经历、管理及学习经验等），这是直接影响其经营决策进而影响市场业绩的重要因素。例如，关注经理人是否有海外学习或管理过跨国公司的背景及有无政治关联。在以我国为背景的研究中，相关学者结合制度经济学理论来阐述政治关联与企业业绩的关系。Fan，Rui 和 Zhao（2006）基于中国 23 个省部级高官腐败案件，考察了上市公司管理层与腐败官员的密切联系对公司融资结构的影响。研究发现，在腐败官员被逮捕后，相对于和腐败官员无联系的公司来说，和腐败官员有联系的公司负债融资程度明显下降。Fan，Wong 和 Zhang（2007a）以中国上市公司为对象，考察了公司总经理的政府任职背景对治理结构和企业价值的影响，研究发现，总经理的政府任职背景对董事会职业化程度及企业价值具有显著负面影响。然而，这一领域的研究尚待深入（Roe，2004）。尤其是基于我国这样一个处于转型经济的新兴市场，制度环境因素如何影响其治理结构的研究值得我们继续关注。

二、董事会特征——组织与个体的多维视角

董事会是公司治理的中心组成，它直接向股东负责，代理广大股东对高管层实施进行战略指导与监督。在公司治理机制中，董事会治理机制是非常重要的内部治理机制。其主要内容如图6-2所示。

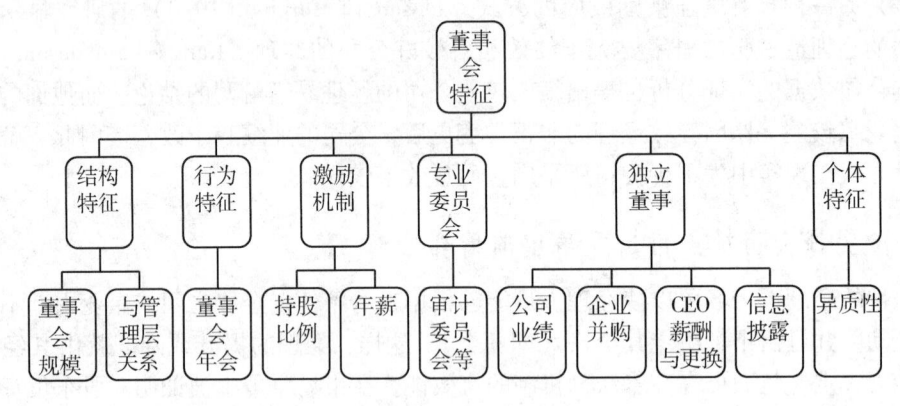

图6-2 内部治理机制

（一）董事会规模及其结构的内生性

代理理论、组织行为学团队理论、资源依赖理论认为，董事会规模是影响董事会效率的关键因素。Lipton和Lorsch（1992），Jensen（1993），Yemark（1996）等研究发现董事会人数在一定规模以上时与公司绩效存在负相关的关系，依据是董事会规模太大，代理问题就增加，董事会更像形同虚设。更小的董事会不太可能遇到管理中的官僚主义问题，因此运作起来会起到更好的作用，而且对财务报告也能更好的监督。Jensen（1993）认为，董事会的最有效规模应该是7~8人，因为董事之间的"相互仇视和报复"可能削弱董事会对CEO的监督和评价作用。对于以董事会治理为代表的内部控制机制，今后一个可能的改进方向是，保持较小的董事会规模，除了CEO为唯一的内部董事外，其余都为外部董事（Jensen，1993）。

另外，Dalton等（1999）却认为，规模愈大意味着董事所具备的专业背景可能愈广泛，董事会成员的专业知识和经验会更广泛，因而愈能掌握外在环境的变迁，使得经营效率性及监督功能愈佳，更有可能吸收独立董事加入董事会，从而在一定程度上克服"一股独大"等问题，董事会规模和财务业绩有明显的正相关的关系。

（二）董事会与管理层的职权定位

一般认为，从整体上讲董事会的职能应包括以下几个方面：制定公司的发展战略与政策和发展方向；为公司的业务经营和发展提供知识、专业技术和外部信息；对经营班子的经营

活动进行判断、审视和监督。董事会领导结构与公司绩效的关系较早的引起了学者的关注，一方面，董事长与 CEO 两职合一有利于提高信息沟通的效率和组织决策的速度，但从代理理论出发，同时很可能导致企业内部治理机制失效，即董事会对 CEO 监督的独立性和有效性降低，董事会无法发挥它的一些主要职能，如评估和解雇 CEO。另一方面，两职分离虽然可以增强董事会的独立性，但是容易增加企业决策中的分歧。Fama 和 Jensen（1983）从董事长与 CEO 两职是否分任的角度对董事会领导结构与公司绩效的关系展开研究，认为两职分任有利于降低代理成本，因此，有利于改善公司绩效。Rechner 和 Dalton（1991）发现，两职分离有利于提高企业会计指标（如资产收益和利润率）。

也有学者研究发现企业领导权结构对企业业绩没有明显影响。国内学者也在董事会治理效率方面进行了一定的研究，但由于我国上市公司的公司治理有其特殊性，大部分的上市公司是由政府、国有资产管理机构或国有企业控股的，董事长甚至总经理往往是由政府部门任命，在任职之前和任职期间往往有一定的行政职务和级别，这些人在任职期满后往往能够按其任职情况升任政府部门的更高一级的行政职务。因此，对于这类公司来说，董事会的领导结构未必会影响到公司治理效果。

（三）董事会行为特征

对董事会行为特征的研究，许多学者都用董事会会议次数来加以表征，考察其与公司绩效、盈余管理的关系。董事会会议召开次数的多少，可以在一定程度上反映董事会成员活动的积极程度，因此可以合理认为董事会会议次数越多，对于管理层的监督越积极，对于提高盈余信息含量有着正向的促进作用。MeMullen 和 Raghunandan（1996）研究发现，董事会年度会议次数与公司盈余管理水平或者其他财务报告的非可靠行为发生概率负相关。Conger 等（1998）认为，董事会会议次数是提高董事会效率性的一个重要来源，董事会活动越频繁，董事们有更多的时间交换意见、设置战略和监督管理层，从而有助于改善公司治理水平。而 Lipton 和 Lorsch（1992）认为董事们面临最普遍的问题是缺乏时间执行其职责。Jensen（1993）认为，运行良好的公司，董事会会议频率不需要太多，董事会会议被当作是发现和消除隐患的措施，而不是提高治理的前瞻性措施。

（四）激励机制

1. 董事持股。

国外学者对高管持股比例的研究，主要集中于对高管持股之后表现出的激励效应与壕沟效应的争论。Morck 等采用 1980 年《财富》500 家公司的截面数据，检验了董事持股与公司绩效的关系。他们用 TobinQ 来衡量公司绩效，发现二者具有显著的非单调关系，即董事会成员持股比例在 0～5% 的范围内，TobinQ 与董事的持股比例正相关，在 5%～25% 的范围内，TobinQ 与董事的持股比例负相关，超过 25%，二者正相关。

就我国公司治理的现状来看，我国的股权激励形式基本上局限于两类：在国有独资企业中，对管理者获得年薪以外的特别奖励实行延期兑现；在非国有独资企业中，经股东大会或董事会批准，管理者在一定期限内，以优惠价购买或通过获奖方式取得适当比例的企业股份，并在任期届满后逐步兑现。张俊瑞（2003）发现高管报酬与公司业绩（EPS）、公司规模之间呈现较为显著的、稳定的正相关关系；与高管持股比例之间呈现正相关关系；与国有股控股比例之间存在较弱的负相关关系。

2. 年薪。

对董事年薪的研究通常与前述高管薪酬结合在一起。Brick 等（2006）研究发现董事薪酬的过度支付与 CEO 薪酬的过度支付有关，而且这种过度支付与公司未来较差的绩效相关。即董事的过高薪酬导致其独立性降低，进而导致其对 CEO 支付过高薪酬。由于我国大部分上市公司都是由国有企业改制而来，所以与发达国家相比，我国董事会人员薪酬水平明显较低，因此较高的薪酬水平对于董事人员仍然具有较大吸引力，在激励董事方面仍具有发挥作用的空间。因此，中国的董事会薪酬近几年一直是呈上升趋势。

（五）专业委员会的设立

专业委员会是隶属于董事会的次级委员会，次级委员会的设置依公司的规模、性质而有所差异，但在大部分英美公司中，多数公司都设置了下述次级委员会：执行委员会、审计委员会、提名委员会、薪酬委员会和公共政策委员会等。其中对审计委员会的研究较多。DeAngelo（1981）研究发现，活跃和独立的审计委员会和准确、高水平的财务报告显著正相关。Abott 等（2004）研究发现，具有审计委员会的公司，并且其审计委员会是由独立董事组成而且一年至少开两次会的被 SEC 通报为舞弊公司的可能性较小。Loebbecke 等（1989）研究认为，审计委员会的存在及较佳的董事会治理机制可以降低财务报表舞弊的发生。McMullen（1996）也发现有审计委员会的公司比较不容易发生错误、不法行为及其他不可信任的财务报告等。Beasley（1996）也认为，审计委员会对于财务报表舞弊的发生与否并无显著影响，未发生财务报表舞弊的企业没有特别重视审计委员会，并且董事会结构和审计委员会间的互动并没有对财务报表舞弊可能性产生重大影响。Anderson 等（2005）研究发现，当董事会与审计委员会二者都独立且有效时，市场将认为公司盈余报告比较可信。目前对审计委员会在公司治理中的作用的研究越来越多。

（六）独立董事与公司财务、战略的关联

1. 独立董事与公司业绩。

（1）正相关。20 世纪 90 年代，Rosenstein 和 Wyatt（1990）对 1981～1985 年的 146 个样本作了统计分析，发现独立董事和公司股价显著正相关。Millstein 和 MacAvoy（1998），Hossian 等（2001）的研究也支持这一观点。

（2）负相关。Agrawal 和 Knoeber 则研究发现，外部董事制度与反映公司绩效的 TobinQ 具有负相关关系。

（3）不显著相关。Mehran（1995）发现，董事会结构与公司业绩没有显著关系，公司业绩与独立董事的持股间也没有显著关系。Barnhart 和 Rosenstein 用 TobinQ 来衡量公司业绩表现，并选择 1990 年标准普尔 500 公司为研究样本，其结果发现，有微弱的证据表明独立董事比例和公司业绩之间存在一种曲线关系。

国内在该问题上的研究结论同样处于非常尴尬的境地。吴淑琨、刘忠明、范建强（2001）和靳云汇（2002）等研究表明独立董事（非执行董事）比例与公司绩效正相关。陈宏辉、贾生华（2002）则认为，董事会的独立性高低与董事会决策效率（进而与公司绩效）之间是一种倒"U"型关系。谭劲松、李敏仪等（2003）、曾显荣（2004）的经验数据也证

实了这一观点。但是，更多学者的经验数据则表明，公司绩效与独立董事之间并不存在显著关系（高明华、马守莉，2002；胡勤勤、沈艺峰，2002；于东智、王化成，2003）。

2. 独立董事与首席执行官的更换和薪酬确定。

Borokhovich，Parrino 和 Trapani 的研究证实，独立董事与内部董事相比，更容易作出撤换业绩较差的 CEO 的决策。该观点在很多学者（Weisbach，1988；Renneboog，2000；Perry，2000；McConnell and Dahya，2001）的研究中也得到证实。Borokhovich、Parrinoan 和 Trapani（1996）还研究了独立董事对 CEO 候选人的选择倾向，发现独立董事倾向于选择最适合的人选。Jensen（1993）认为，在很多情况下，公司的独立董事并没有很好地维护股东权益。在独立董事和 CEO 就公司的决策发生冲突时，独立董事往往不是采取公开反对的态度（Hermalin and Weisbach，2001；William and Brown，1996），为了表明自己不愿和管理层合谋的态度，他们往往选择主动辞职，即使一些独立董事采取公开反对 CEO 的决策，往往最后也被迫辞职（William and Brown，1996）。可见，独立董事在监督经营者过程中发挥了一定作用，但这种作用的发挥是有局限性的。

3. 独立董事与信息披露。

Beasly（1996）研究了独立董事比例与虚假财务报告发生率的关系，研究结果显示，独立董事的比率越高，虚假财务报告的发生率越低。Peasnell（2000）对英国上市公司的公司治理与盈余管理问题进行研究后发现，董事会里外部董事占的比例越高，公司盈余管理的可能性越小。Dechow（1996）通过对受美国证券交易委员会查处的公司进行调查，也发现了类似的结果。此外，Chen 和 Jaggi（2000）和 Beekes，Pope 和 Yong（2002）等研究也表明，独立董事有助于改善上市公司信息披露的质量。从国外研究文献来看，独立董事在企业收购、高管更换、经理层的薪酬确定和信息披露等方面发挥了较大作用。

4. 独立董事与企业并购。

Byrd 和 Hickman（1992）的研究表明，当公司董事会由外部董事控制时，公司作出的收购决策一般会更为明智。类似的结果也被"经理层融资收购"（Lee etc.，1992）和"毒丸计划"（Brickley etc.，1990）的研究所证实，他们都发现独立董事对董事会拥有投票控制权时，公司投票产生的超额收益数额非常巨大。国外许多学者的研究均表明，独立董事在企业收购过程中是有利于维护股东利益和提高企业价值的。

（七）董事的个体特征即异质性

目前，而对董事会成员个体的异质性研究是国内外学者较关注的话题之一，如董事年龄、性别、专业背景、管理经验、工作领域等要素。Agrawal 和 Chadha（2005）研究发现，有财务专业背景的董事会，其财务报告重述的可能性较低。Guner 等（2005）研究发现，在公司董事会中的商业银行家与公司贷款规模有关，董事会中的投资银行家则与外部融资的频率及大额公共债券的发行有关，然而该研究并未发现财务专家的存在与提高股东价值有关。在我国这一新兴市场，独立董事作用的发挥的影响因素也有其特殊性，如董事专业背景与其风险规避的关系，这一话题国内学者谭劲松等做了初步研究，值得我们进一步研究。

三、企业的股权结构

公司的股权结构是公司治理中的重要组成部分,对于公司的经营激励、收购兼并、代理权竞争、监督等诸多方面均有较大影响。股权结构包括股权集中度、控股股东性质、国有股比例以及股权制衡度等方面的内容。

(一)股权集中度与企业价值

在股权结构同公司治理的关系上,Jensen 和 Meckling(1976)将股东分为内部股东和外部股东两类,认为提高对企业有控制权的内部股东的股权比例,能降低代理成本,提高企业价值。Pederson 和 Thomsen 考察了欧洲 12 国 435 家大公司,认为公司股权集中度与公司净资产收益率显著正相关。而对大股东(largeshareholders)在公司治理中扮演重要角色的理论认识始于 Shleifer 和 Vishny 发表于 1986 年的经典论文。Shleifer 和 Vishny(1986)的模型表明,一定的股权集中都是必要的,有助于增强接管市场运行的有效性,降低管理层代理成本。

McConnell 和 Servaes(1990)则认为,公司价值是其股权结构的函数。其经验结果表明,TobinQ 值与企业内部人持有股份之间具有曲线关系,当内部股东的持股比例从无到有并且逐步增加时,TobinQ 值会随之不断上升,并在内部股东持股比例达 40% ~ 50% 时实现最大,然后开始下降。当大股东股权比例超过某一点、基本上能够充分控制公司决策时,大股东可能更倾向获取外部少数股东不能分享的私人利益(Shleifer and Vishny,1997),由此会产生大股东与外部中小股东的利益冲突。

Demsetz(1983)认为,企业的所有权结构是寻求公司价值最大化的结果,而且他和 Lehn(1985)通过对前 5 大股东、前 10 大股东持股比例以及代表股权集中度的赫芬德尔指数与会计利润率(ROE)之间的实证分析,没有发现显著的相关关系。

随着制度经济学的兴起,Chen,Li 和 Su(2005)对中国私人控制的上市公司建立政治联系的原因和后果进行了分析。研究结果显示,财政赤字和政府任意行为越严重的地区,公司越倾向于建立政治联系,同时该类公司往往拥有集权的股权结构和董事会结构。

(二)控股股东性质和国有股比例

这是我国的一种特殊现象。许小年(1997)发现,国有股比重越高的公司效益越差,法人股比重越高的公司效益越好。陈晓和江东(2000)发现,股东性质与经营业绩之间的关系受行业竞争性的影响,在竞争性较强的行业,国有股比例与公司业绩负相关,法人股和流通股比例与公司业绩正相关,而在竞争性较弱的行业则没有发现这些结果。刘立国和杜莹(2003)研究认为,法人股比例、执行董事比例、内部人控制制度、监事会的规模与财务舞弊的可能性正相关,流通股比例则与之负相关。此外,如果公司的第一大股东为国资局,公司更可能发生财务舞弊。余怒涛等(2008)的研究认为,国有股比例不会对上市公司的盈余质量造成显著影响。

(三) 股权制衡

股权制衡指的是第一大股东以外的其他大股东对第一大股东的牵制作用，通常用其他大股东的持股比例之和与第一大股东的持股比例的比值来衡量。如 Shleifer 和 Vinshny (1986) 通过理论建模所证明的那样，公司其他大股东（以第二大股东为代表）对第一大股东的制衡是保护外部投资者利益的一种重要机制。实际上，在 Shleifer 和 Vinshny (1956) 之后，Zwiebel (1995) 较早对公司同时存在多个大股东时的情形进行了分析，Pagano 和 Roel (1998)，Bennedsen 和 Wolfenzon (2000)，Gome 和 Novaes (2001) 更是进一步研究了多个大股东的存在对于抑制资产掏空等侵害行为的作用，认为多个大股东的存在可以起到互相监督、制衡的作用。Volpin (2002) 的研究发现，有多个大股东的公司市场价值高于仅有一个大股东的公司。Maury 和 Pajuste (2005) 的研究也表明多个大股东的存在与公司价值正相关，这一相关性在家族控制公司尤为显著，表明在没有其他大股东监督的情况下，家族控制者更倾向于攫取私人利益。

第五节 中国企业面临的特殊治理问题

一、中国法律制度的影响

地区法律制度对公司的治理结构产生直接影响，因为它们规定了这些企业投资的形式、所有权的结构、公司治理结构、利害相关者的保护、企业组建形式等问题。致力于公司治理的 LaPorta 等认为，作为外部治理环境之一，有效的投资者法律保护是完善的公司治理的基础，并决定公司治理水平。其系列研究中发现：一个国家或地区的投资者法律保护水平和程度与资本市场的发育程度正相关 (LaPorta et al., 1997)，与上市公司股权集中度负相关 (LaPorta et al., 1999)，与上市公司股利支付率正相关 (LaPorta et al., 2000a)，与上市公司价值正相关 (LaPorta et al., 2000b)。

较快的市场化进程、较少的政府干预与较高的法治水平通常是联系在一起的。我国区域发展水平很不均衡，对不同地区的上市公司而言，其所处地区的市场化进程、政府干预程度、法治水平却相去甚远（樊纲、王小鲁，2011），各地区公司治理水平表现也不尽相同。在法治水平较高的地区，其市场发育程度也较高，政府干预较少，市场在资源配置中发挥着主导作用，企业融资渠道畅通，从政府处可获取的资源相对要少，较少的政府干预意味着政府将其承担的社会目标如就业、维稳等民生问题转嫁给企业的机会要少，而且，法治水平高的地区产权保护等要相对完善，公司治理结构相对健全。

二、中国政府干预与公司治理

在一些新兴市场中，大型公司的多数所有权可能由政府掌握，我国也不例外。大多数上市公司的控制权仍紧紧掌握在公共权力部门手中。作为各国普遍存在、又不可回避的现象之一，政治关联一直被管理学和经济学所关注。作为一种有价值的企业无形资源，政治关联可以给企业带来降低融资成本、享受优惠税率等好处,从而对企业绩效产生重要影响。

已有的研究一致发现,政府控股企业在公司治理过程中会面临更多的社会责任,在解决民生问题上需投入资本。近年来,一些研究提供了政府干预企业的初步证据,政府控股降低了公司业绩(Wang Jiwei,2002;Wang Kun,2002;徐晓东、陈小悦,2003;刘芍佳、孙霈、刘乃全,2003)。曾庆生和陈信元(2006)研究发现,为解决就业问题,国家控股的上市公司会倾向雇用更多员工,从而使劳动力成本更高。Fan,Wong 和 Zhang(2005)研究了中国上市公司的股权结构,发现中国上市公司股权结构呈金字塔型,而该结构的形成与企业为了减少政府干预有关。Fan 等(2007)和 Boubakri 等(2008)研究指出,企业政治关联有可能是政府对企业持续干预的手段之一,有政治关联的企业不可避免地受到政府干预,从而使企业承担更多的社会职能,如维护社会稳定、增加就业、提高员工工资水平、参与捐赠等公益事业。

三、企业股权结构

由于大多数中国上市公司是从以前的国有企业转型而来的,国家在中国公司治理和资本市场中占据绝对主导地位。就以前的国有企业剥离出一块利润丰厚的实物资产而建立了一个新公司去上市这个意义而言,它被称为"剥离上市"。作为注入资产的回报,国有企业母公司获得新公司的非流通的国有股或者法人股,然后新公司通过向公众出售新的流通股(A股、B股或者H股)在证券市场上市。因为重组后的国有股和法人股不能在二级市场上市,所以它原则上防止了国有股权的迅速稀释。

同时,股权结构决定着公司控制权的分布,决定委托代理关系的性质,甚至决定着公司治理的有效性。公司实际控制人通过自身可控制的投票权来影响企业经营决策,由于不同类型的投资者投资于企业的目的不同,会影响企业治理结构。Lopez - Iturriaga 和 Lopez - de - Foronda(2009)研究发现,由于个人或机构为实际控制人时,他们会通过"隧道效应"侵蚀其他利益相关者的权益,从而使企业履行较少的社会责任,而这种行为会使得企业面临更好的发展机会。而当实际控制人为国家时,情况则不同。国家股是大部分上市公司的第一大股东,这也是我国这一新兴市场的特殊现象,其处于大股东地位的现状,要求国家控股的公司对社会责任要尤为重视,因为政府履行对企业监督的目标除基本的经济目标——利润最大化外,有其他社会目标,如实现维护社会稳定、增加地区人民就业等。Jingu(2007)认为,当实际控制人的利益与其他利益相关者的利益不一致时,国有股东就会倾向于优先实现国家的利益。

四、中国儒家文化的影响

不同国家的社会文化会对企业文化产生不同的影响,进而影响到公司治理。因为广义的公司治理机制包括公司的各项收益分配激励制度、经理聘任与人事制度管理、财务制度、公司管理结构、企业战略发展决策管理系统、企业文化和一切与企业高层管控有关的其他制度。西方的公司治理模式多是所有权与控制权两权分离,企业的所有者与企业的实际运营者之间是委托代理关系。受儒家文化影响的我国家族企业表现出与之相反的一面,所有权与控制权的高度统一。

儒家文化讲究血缘，有血缘或者姻亲的家人之间高度信任，而且，这些内部人非常抵制外来人员。儒家文化是集体主义的体现，人们往往把家族利益放在至高无上的位置，在个人利益与家族利益发生冲突的时候，人们会毫不犹豫的选择家族利益，所以企业的所有者会牢牢地抓住企业的控制权，他们常认为外来人员控制公司会侵犯家族的利益，以至于家族企业中的重要位置都会被家族内部人员占有，只有一些技术和专业要求很高的位置才会外聘人员。虽然随着企业的发展，我国的家族企业也会设置董事会和外聘经理人，但实际上如同虚设，董事会就是另外一种家长会，而经理人往往无法发挥他的真正能力，权利受到很大的限制。所有权和控制权高度的统一可能在企业发展的初期优势突出，如它可以提高工作效率，尽快的抓住发展的机遇，但并不利于企业的发展壮大，更不利于人才流入公司。

儒家文化要求"修身齐家"，还要求对家族"忠"，这就导致了所有人以道德来作为第一约束力，"道之以德，齐之以礼"，再加上中国家族企业的所有权和控制权高度的统一使企业缺少完善的激励监督机制和科学的决策机制。我国家族企业无法很好地运用激励机制，家族企业对员工的奖励很多时候都是以奖金的形式，这是一种短期的激励行为，因为没有让员工参与到企业剩余价值的分享中，大大降低了员工的积极性。受到儒家文化的影响，家族企业的决策往往是"一言堂"。儒家文化的等级思想很严重，"君君臣臣，父父子子"，小辈要听从长辈的意见，不能忤逆长辈的意愿，这就导致了我国的家族企业发言人往往是年纪最长得那个，而一项决策的产生要经过多道门槛。首要的是各个部门之间专业知识和专业人员的调查确定是否有利可图，利益有多少，然后管理层的决定去留，最后交由董事会确定是否实施。这样才会降低企业的风险。

儒家文化过度的注重血缘关系使得我国的信任制度是家族内部高度信任，外部则低度信任，这就造成了我国的家族企业机构简单，无法很好地履行各自的职责。儒家文化这种抵制外人的思想导致企业的治理机构缺乏监督，股东大会、董事会、监事会有话语权的人代表的利益一致，企业和家族划分不明。这种情况下，一些小的股东的利益就得不到很好的保证，再加上家族企业治理机构的独立性失去效用，企业信息的披露实际上只是在向家族报告。而且失去独立性的治理机构就无法执行他该有的职责，如监事会失去监督作用，董事会其实就是家长会。完善的治理机构是企业利益得到保证、遵守公司法的前提，只有完善的治理机构才能让公司向现代化企业发展，才能适应大的经济环境。

第七章

公司战略管理的新发展：商业模式

第一节 商业模式的概念与特征

一、商业模式的概念

对商业模式的概念还没有统一的说法，目前学界关于商业模式的研究主要集中在三个层面：经济层面、运营层面和战略层面。经济层面的商业模式研究主要集中在企业的盈利模式上，重点诠释企业的获取利润的逻辑。运营层面的商业模式重点关注企业的运营结构，也即企业的价值链。战略层面的商业模式集中于企业战略的总体考核，涉及企业的价值主张、客户分析、关键流程等多个方面。

二、商业模式的特征

首先，商业模式是一个整体的系统的概念。商业模式的组成部分把企业的各个价值模块连接起来，使之相互促进共同作用形成一个良性循环系统。其次，企业的商业模式应该具有独特性。再次，优秀的商业模式还应该具有较好的盈利结果。不仅对企业内部而言，对于企业外部也能做到双赢的效果。最后，企业的商业模式应该具有可更新性，考虑到商业模式的生命周期以及随着外界竞争格局的变化可以迅速调整商业模式进行应对。

第二节 商业模式的发展历程

一、传统的商业模式

最传统的商业模式就是店铺模式，经营者根据经验和分析，把店铺开在潜力消费人群较大的位置。其供应链就是商品从厂商—代理商—零售商—客户。赚取中间各层级差价是主要的获利方式。直销的商业模式，直销模式就是在传统的商业模式中缩减中间环节，减少层级结构，使得生产商和客户建立面对面的交流关系。

二、基于互联网的商业模式

互联网产生后使得整个商业模式逐步发生了翻天覆地的变化,改变了人们的消费习惯。商业模式借助互联网经济的平台进行不断创新,平等、开放、协作、共享的互联网精神正在进行对传统商业模式的颠覆和重构,其模式主要有以下五类:工具+社群+商业模式,首先搭建一个社交平台,然后基于社交平台发布产品内容,这些内容在海量的客户群之间通过信息的渗透,强大的社群关系使得这种渗透裂变性的扩散。最后通过支付手段使得产品变现。长尾型商业模式,描述的是媒体行业从面向大量用户出售少数的拳头产品到销售庞大数量的利基产品的转变。通过 C2B 实现大规模的个性化定制。跨界商业模式,凯文·凯利表示真正的威胁来自你看不到的行业之外。该模型的实质即是高效率整合低效率,对核心要素再分配。

三、数据驱动下的商业模式

现在随着互联网的普及发展,人类已经进入大数据时代,社会的各行各业都开始尝试大数据分析。大数据,是指无法在可承受的时间范围内用常规软件工具进行捕捉、管理和处理数据集合。

第三节 战略管理与商业模式的关联

一、商业模式最初形成过程描述

商业模式最初形成于对已实施的战略的归纳描述。明茨伯格等在对战略管理的"学习"流派的描述中认为,战略实施后便形成了某种模式,模式是对已实施的战略的描述。

由于新技术(如信息技术、互联网)、新观念(如价值网络、顾客价值导向)的不断涌现,企业在制订具体战略措施时可以有更多选择,于是很多别具特色的战略措施体系出现了。当这些别具特色的战略措施体系给企业带来成功后,便会引起人们的关注,并被归纳为或称为某种商业模式。

二、商业模式与战略在本质上和内容上的关系

(一)商业模式与战略在本质上是相同的

有的学者认为,商业模式与战略是不同的,区别主要在于,商业模式是"价值创造"导向,而战略是"建立竞争优势"导向。而通过对商业模式概念的发展过程的分析可以看出,以上两种导向应是相互依存和无法分割的。

Morris 等认为,从盈利层面到运营层面再到战略层面,定义的综合性是递进的。"价值创造"导向是基于盈利层面和运营层面定义对商业模式的定位,其中盈利层面描述了怎样

为企业自身创造价值，运营层面描述了怎样为顾客创造价值。这两个层面的定义未强调价值创造必须以竞争对手无法做到的方式开展，从而能为企业建立竞争优势。不能建立竞争优势的商业模式将无法持久，不值得研究，所以商业模式的概念进一步发展，出现了战略层面的商业模式定义，强调价值创造必须以建立竞争优势为目标。Morris等后来又提出了整合性定义，描述如何通过盈利、运营逻辑和战略方向的整合，即能够获得竞争优势（即具有战略方向）的价值创造方式（即盈利、运营逻辑），为企业建立持续的竞争优势。因为商业模式是对企业经营系统的规划，所以其本质是对能够获得竞争优势的价值创造活动的描述或设计。

另外，随着企业营销观念向顾客价值导向转变，企业战略也愈加强调价值创造。波特将战略定义为通过对企业活动的谋划而获取竞争优势。而竞争优势来源于企业价值链某些环节的独特的价值创造活动。显然，战略的本质也是通过对能够建立竞争优势的价值创造活动的规划，为企业赢得竞争优势。

通过对比可以看出，商业模式和战略的本质是相同的。从实施前的角度定义，商业模式或战略都是对能够获得竞争优势的价值创造活动的规划或设计；从实施后的角度，它们就成了对获得了竞争优势的价值创造活动的系统描述。商业模式往往是对已实施的战略的描述或概称。所以，一般是从实施后的角度来定义商业模式，而战略通常从实施前的角度来定义。

（二）商业模式与战略在内容上高度一致，仅是对内容的描述方式不同

本部分的分析，主要是为了探究两者在各组成部分上的对应关系。故本书将处于非操作层的使命、战略目标、定位、竞争战略、核心竞争力等归为指导构建价值活动方式的战略原则。从而将战略内容分为战略原则和职能战略措施体系两部分。

1. 从商业模式的三个逻辑层面展开的对比分析。

首先，盈利逻辑、运营逻辑两者与职能战略措施体系在内容上高度一致。将价值链上的价值活动方式作为中介（中间变量）进行比较分析。价值链由企业各种业务职能组成，所以价值链各环节上的活动依据该环节的职能战略措施展开，实施后的职能战略措施体系直接表现为价值链各环节的价值活动方式。根据前面对商业模式概念的分析，盈利、运营逻辑是对价值链各环节价值活动方式按两个逻辑层面进行的归纳描述，由相应的各价值活动方式组成。所以盈利、运营逻辑即是对职能战略措施体系的归纳描述，并分别由相应的职能战略措施的内容组成。盈利逻辑和运营逻辑从已实施的职能战略措施体系中归纳而来，并与职能战略措施体系中的内容一致。

其次，作为商业模式另外一个逻辑层面，战略方向是对企业战略原则的反映。因为商业模式是对价值活动方式的描述和分析，商业模式中的战略方向必然从价值活动方式中得到。价值活动即职能战略措施是根据战略原则制定的，所以通过可视的价值活动方式可以察觉企业的战略原则。

由此可以看出，由盈利逻辑、运营逻辑和战略方向三部分组成的商业模式，与战略的两个组成部分相互对应并高度一致，是对战略的系统性描述。

2. 基于商业模式的构成要素进行的对比分析。

除了按概念将商业模式划分为三个逻辑层面外，Morris等经过对诸多文献中提到的商业模式构成要素的汇总分析，认为能够获得竞争优势的商业模式，包含三个方面的八个要素：价值定位方面，包括"产品和服务、目标市场、基本业务竞争战略"等要素；顾客价值创

造和传递系统方面，包括"资源与能力、顾客价值创造过程、价值链中的定位"等要素；价值获取方面，包括"收入来源、企业成本结构"等要素。

以国美电器为例，国美电器的采购、供应、销售等职能战略措施，都属于价值链上的价值活动方式，构成了"顾客价值创造过程"；国美通过控制终端而占据价值链中的主导地位，是其在"价值链中的定位"；"产品和服务、目标市场、基本业务竞争战略、资源与能力"等经营要素，可在国美的市场定位、低成本竞争战略、竞争优势来源等战略原则中完全体现；国美的财务战略，即财务上的收入和运作方式，构成了"收入来源、企业成本结构"。可以看出，商业模式的构成要素与战略内容一一对应且高度一致。

根据商业模式和战略的本质可以知道，两者都是对企业整体价值活动系统的描述或设计，而一个企业只可能有一个价值活动系统，所以两者在内容上必然是一致的，只是对内容的描述方式不同而已。

3. 商业模式和战略在与组织结构的关系上是一致的。

有些商业模式概念表述中包含或涉及组织结构，这使商业模式和战略似乎有所不同。

无论是商业模式还是战略都是在一定的组织结构上产生和运行的，但是组织结构又往往因商业模式或战略的改变而进行调整。把所有企业通用的组织结构形式（如通用的职能划分等）称为一般结构，把组织结构中随企业的战略和商业模式而调整的部分（如部门内部人员任务关系、组织内外伙伴关系等）称为战略结构，任何企业都是一般结构和战略结构的结合。一般结构被所有企业运用，所以不应包含于具有独特性的商业模式或战略中，而战略结构是为独特的商业模式或战略而设计，所以，应作为商业模式或战略的一部分。实际上战略结构属于职能战略措施或价值活动方式中的内容。

三、商业模式与战略在理论上的关系

前面的内容主要体现了商业模式与战略的一致性，而两者的区别主要是关于它们的理论的研究侧重点和特色不同。正是由于这些不同，体现了商业模式理论与战略理论的互补性。

（一）商业模式理论的研究侧重点与战略理论不同

目前，商业模式理论研究范围虽然包括商业模式的概念、结构、分类、创新、评价等多个方面，但均以运营、盈利逻辑和战略方向为研究对象或核心。而这三个层面的逻辑又是从职能战略措施体系中归纳或分析而来，所以，商业模式的研究对象或侧重点即是企业的职能战略措施体系。

商业模式理论从战略制定的结果处开始研究，从企业职能战略措施体系中归纳或分析出三个层面的逻辑特别是价值创造逻辑。商业模式理论归纳出的各种模式及逻辑关系对企业构建具体的职能战略措施具有很好的指导作用，这种指导作用首先表现在为战略制定者提供逻辑思路；其次是在战略方向即战略原则的指导下，通过对原有价值创造模式的借鉴，启发和指导战略制定者制定出能创造更高价值的创新的战略措施。这正是战略理论所欠缺的。战略理论从战略制定的源头开始研究，主要研究战略原则的制定方法和形成过程，缺少对具体战略措施的研究。在已制定出的战略原则的指导下，怎样构建具体的职能战略措施，需要战略制定者进行创造性构思，战略理论并没有提供构思的方法或思路。

战略理论缺少对战略措施中逻辑关系的研究，所以人们并未意识到盈利、运营逻辑是战略措施体系本身所具有或应该具有的。

（二）商业模式理论的研究特色与战略理论有所不同

因为在研究侧重点上与战略理论有所不同，商业模式理论形成了自己的研究特色。

1. 系统性、逻辑性。

虽然商业模式往往用价值链上某个环节的独特的价值创造活动来指代，如国美利用供应商货款偿付的时间差进行的财务投资战略，往往被称为国美商业模式，但实际上同样或更重要的职能战略还包括终端控制、供应链整合等，这些是其财务战略的支撑。所以，国美商业模式应由所有职能战略组成的体系，这样才能完整地描述其价值创造逻辑。虽然战略最终也表现为职能战略体系，但商业模式理论更强调战略体系中的逻辑关系，这突出了其系统性、逻辑性特点。商业模式理论的系统性、逻辑性特点使人们在利用商业模式理论构建企业的运作体系（战略措施体系）时，会有更清晰的思路。

2. 具体性、形象性。

战略原则具有普遍性，如低成本战略原则、差异化战略原则等是普遍适用的，而职能战略措施是具体的，每个企业的职能战略措施体系或多或少有所不同，没有哪种战略措施体系是普遍适用的。这导致商业模式很难分类，具有特殊性，很难从诸多企业中抽取共性。所以，商业模式常常针对具体的案例进行研究并通过案例来描述，如国美模式、京东模式等。这赋予了商业模式理论的具体性和形象性特点。这些特点使商业模式理论对管理者更具指导性，更易于接受和产生兴趣。通过分析和借鉴别人的商业模式，企业可以更好地寻找竞争优势来源和构建自己的战略措施。不过，随着商业模式理论研究的深入，更多规律的挖掘，商业模式理论将越来越抽象化，研究者应在理论的抽象化与具体化之间作出权衡。

3. 创新性。

商业模式从最初应用于信息管理领域开始，就一直与创新有关。商业模式是一种复合优势和综合优势，强调从技术、产品、管理、观念等方面进行创新并应用于战略措施的制定或变革，从而创造更高的价值。商业模式理论的应用有利于推动企业创新，提高价值创造的效率和效果，更好地满足消费者并推动经济社会的发展。目前有关商业模式创新的研究也是商业模式理论研究的一个热点。商业模式创新的前沿问题有：

第一，商业模式创新的前因。可能的前因包括外部环境（市场、技术和产业竞争）动态性对商业模式创新的影响，全球利益相关者价值导向下的模式创新战略，信息技术普及下的价值协同等。特别地，商业模式创新受到信息技术和网络技术的深刻影响，急需研究"大数据时代"对商业模式创新的影响。

第二，商业模式创新的后果。从架构视角考察客户价值主张、价值创造、价值获取之间的匹配对绩效的影响研究以及商业模式创新绩效的权变影响因素。商业模式创新实现了不同部类和不同类别产业的深度融合，改变了一、二、三次产业的结构和形态，需要前瞻性地研究商业模式创新所带来的产业组织模式、生产模式、盈利模式的改变机制。

第三，服务企业的商业模式创新。服务业商业模式创新具有强需求性，需要研究服务业商业模式创新与产业转型升级之间的内在作用效应，在中国企业转型升级的现实背景下，传统企业利用信息技术、跨界合作来实现创新商业模式的机会和创业战略。互联网企业作为中国社会经济发展的一大亮点,基于互联网的服务创新创业态势,基于互联网创新创业的制度设计,以及天生国际化的互联网企业的能力发展和战略演变,这些研究在未来中国经济发展模式转型期的重要价值需要有深度的刻画和解析。

随着战略研究正从价值链向价值网络和商业生态系统的研究转变,商业模式创新成为企业竞争优势的重要来源。

(三)商业模式理论与战略理论具有互补性

商业模式和战略的本质是相同的,它们的内容高度一致,而且商业模式的研究对象是企业的职能战略措施体系。这说明,商业模式理论属于战略理论的范畴。正如前面所述,商业模式理论侧重于职能战略措施体系所包含的运营逻辑、经济逻辑的研究,对构建具体的战略措施具有不可替代的指导作用,所以无论在理论内容和作用上,商业模式理论都是现有战略理论所缺少的,是对现有战略理论的补充。明茨伯格归纳出了战略理论的10个学派,与这10个战略学派只囿于对战略形成过程进行研究不同,商业模式另辟蹊径,着重于对战略措施内容的研究,从中发现规律,而且它的研究方法主要是案例研究(目前阶段来说),这些特点,将商业模式理论与其他10个学派完全区分开来。从商业模式目前所产生的影响力及其理论特点来看,商业模式理论未来的贡献必将非常突出。商业模式理论完全可称为战略理论的第11个学派。

综上所述,在对战略制定的指导作用上,商业模式理论与战略理论具有互补性,或者说,商业模式理论是对现有战略理论的补充或完善。

第四节 商业模式的构建

一、商业模式构建的基础

1. 外部现实和假设。

准确地分析和掌握企业所处外部环境的状况,能使企业发现市场中的机会和威胁,同时也能更明确企业的资源和能力是否能应对市场的需求,同时也要关注市场的变化趋势。外部的假设基于对一些基本问题的认识和假定,这是企业进行经营活动的基础,必须予以明确。从具体内容上看,外部现实和假设可以分为外部现实和经营假设两个部分。

2. 内部资源和能力。

企业所拥有的资源和能力是企业进行经营的基础,也是企业构建商业模式最基本的条件。它包括企业所拥有的人财物等资源,以及企业所具备的研发能力、整合能力等,特别是企业的核心竞争能力。企业商业模式的选择必须明确企业自身的资源和能力,也就是说,商业模式存在一定的约束条件,这是一个前提。从具体内容上看,内部资源和能力可以分为内部资源和核心能力两个部分。

二、商业模式构成单元

1. 价值主张。

成功商业模式的价值主张应是清晰的、独特的、一致的。企业的价值主张应和自身的战略资源与核心能力匹配,并通过全新的要素组合和应用方式来实现价值创新。同时,企业还必须通过价值创新,对自身的核心能力和战略资源进行不断地维护强化和重新培育。价值主张可以分为目标顾客和价值内容两个要素。

2. 价值网络。

构建合理的价值网络能够保证企业按照精心设计的价值主张向目标顾客高效率地传递价值内容。企业在构建价值网络的时候,应根据效率优先原则,设计网络形态同时根据企业自身的战略资源和核心能力确定自身的业务定位。价值网络可以分为网络形态和业务定位两个要素。

3. 价值维护。

企业在设计出价值主张和价值网络以后,必须还要进行顾客价值、伙伴价值和企业价值的维护。商业模式可能会因为没有得到伙伴的有力支撑或者竞争者迅速模仿而造成价值流失,甚至于彻底失败,国内外大量案例表明,许多商业模式的失败都是因为没有建立有效的价值维护,以至于价值创造活动无法维持。价值维护可分为伙伴关系、管控模式和隔绝机制三个要素。

4. 价值实现。

商业模式是通过顾客价值创造来实现企业价值,任何商业模式最后都必须要归结到企业盈利如何这个最原始的问题上来。我国企业生命周期相对较短,大量的企业建立,同时又有大批的企业被淘汰,企业失败的根本原因是没有设计出完整的、有效的商业模式,或者说是忽略了商业模式中价值实现方面的因素。价值实现可以分为收入模式和成本管理两个要素。

三、商业模式要素构成分析

商业模式的构成要素是对商业模式构成单元在内容上的进一步划分,使我们对商业模式构成有了更深刻的认识和更明确的把握。商业模式设计中所包含的九个关键要素(表7-1),是企业在构建商业模式时应予以明确和关注的重点,而这九个要素之间也是存在相互作用的,商业模式作用的发挥,得益于商业模式各要素在发挥自身作用的同时还要协同发挥作用,这也因为企业商业模式是一个系统,它的作用的发挥是各单元和各要素之间协同作用的结果。

表7-1　　　　　　　　　　商业模式设计中的关键要素

单元	要素	内容
价值主张	目标顾客	企业的产品或者服务的针对对象,企业通过对市场进行细分,确定哪个目标市场,锁定哪类目标顾客
	价值内容	企业将通过何种产品和服务为顾客创造价值,企业准备向目标顾客传递何种价值

续表

单元	要素	内容
价值网络	网络形态	为实现价值主张所必需的资源组合和能力安排,企业应当构建何种形态的网络,以使得价值创造活动最有效率
	业务定位	对企业在价值网中所从事业务范围的描述,企业应区分哪些业务应当外包,哪些业务应当由企业自身完成
价值维护	伙伴关系	对企业与伙伴之间产品流、收入流和信息流的总体安排,企业如何处理合作关系使企业和伙伴在价值创造中实现"共赢"
	管控模式	企业为实现其战略和模式运营所建立的组织架构和治理模式,企业如何优化流程,提高其管理能力和执行力的水平
	隔绝机制	为价值主张和价值网络免受侵蚀和伤害而作出的机制安排,如何隔绝破坏者和模仿者,使价值创造活动不被外来因素所破坏
价值实现	收入模式	企业获得收入的方式,即企业如何对创造出来的价值进行回收
	成本管理	企业管理成本的方式,即企业如何进行成本布局和成本控制

还需指出的是,商业模式的设计显然还受很多其他因素的影响,如宏观经济的运行、竞争对手的行为和市场结构等因素,但这些因素对企业商业模式的影响是通过各个要素表现出来的,影响因素属于商业模式的结构中的要素,因此不能作为商业模式的主要结构组成。企业商业模式的形成和运行是一个动态的过程,是一个和市场变化匹配的过程,同时也是企业商业模式不断优化、完善和创新的过程,这就决定了商业模式的构建应是一个循环提升的过程。

四、商业模式构建的核心战略

1. 商业模式构建以价值创新为灵魂。

商业模式的灵魂在于价值创新。企业必须借助商业模式进行价值创造、价值维护和价值提供,从而实现企业价值最大化。成功的商业模式应该回答一系列的问题:向什么顾客提供价值,怎样为顾客提供价值,企业如何实现价值等。增强企业创新能力,要注重三点,即注重企业软实力、构造企业价值网和为广义的客户创造价值。

2. 商业模式构建以占领客户为中心。

商业模式构建必须以客户为中心,由企业本位转向客户本位,由占领市场转向占领客户,为客户创造价值。认真考虑顾客所期望获得的利益,把竞争的视角深入到为用户创造价值的层面中,从而进入到游刃有余的竞争空间。实施以顾客为中心的主张,要注重三个要点,即精心研究客户需求、实施客户互动管理和创造新的附加值。

3. 商业模式构建以经济联盟为载体。

据统计,目前企业创造的价值曲线,源于企业内部,源于企业之间。新的商业模式不再是企业孤军奋战，必须以联盟为载体，发展联盟经济。通过合作，聚合彼此价值链上的核心能力，创造更大的价值和形成更强的群体竞争力。发展联盟经济，主要应做到三点，即强化供应链管理、打造企业核心竞争力和外包非核心业务。

4. 商业模式构建以应变能力为关键。

如果说商业模式决定了企业的成败，那么应变能力则是商业模式成败的关键。应变能力是企业面对复杂多变市场的适应能力和应变策略，是竞争力的基础。企业增强应变能力，要注重三点，即注重时间观念、随需而变和个性化定制。

5. 商业模式构建以信息网络为平台。

新的商业模式必须重视信息网络的力量，在信息经济时代，脱离信息网络平台，企业将无竞争力可言。网络平台可以造就无数神话。企业必须具有敏锐的商业意识，抓住商机，驰骋在网络世界，同时很好地与现实相衔接。企业要搭建精良、敏捷、具有创新精神的扁平化"动态网络"结构，建立学习型组织。以信息网络为平台，要注重三个方面，即构造虚拟经济的竞争力、加快企业商务电子化和推动流程再造。

以上是商业模式设计的五条核心战略，这是商业模式构建的指导原则和基本要求。不过在实践中，企业应当因地制宜，灵活应用，结合实际进行设计和创新。任何商业模式都有其适合的环境和生存的土壤。好的商业模式必须始终保持充分的灵活性和应变能力，只有具有动态匹配商业模式的企业才能获得成功。

第八章

公司战略管理案例二

第一节 案例一：雷士照明创业股东控制权之争

本书选取雷士照明控制权争夺事件作为案例研究对象，通过分析雷士照明创始股东吴长江在几次控制权争夺中的成败经历，研究创业股东在控制权争夺中，其建立在隐性契约之上的个人社会资本的作用；从创始人角度分析如何处理与股权稀释相对应的控制权稀释；同时也对上市公司防范创业股东出于自利行为考虑谋取控制权的应对作出分析。

一、引言

控制权争夺是公司治理领域的热点话题，在现代企业治理中，实际控制人通常利用股权控制或社会资本控制的方式实现对公司的控制，从而导致在企业的实际经营中控股权和控制权相互分离的现象时有发生。雷士照明的控制权争夺事件具备现代企业控制权争夺的普遍特征，同时也有其独特的事件发展走向。一方面，吴长江作为上市公司的创始人和经营者，同大股东产生利益分歧，被大股东驱逐出公司，但吴长江在持股份额以及董事会表决权都处于劣势的情况下重新回到公司，重新取得控制权的原因和途径何在？另一方面，吴长江重新夺回控制权后的争夺战中却没能成功。两次控制权争夺不同结果的对比对于研究公司控制权问题具有很高的参考价值。

二、相关概念与案例背景介绍

（一）相关概念

1. 控制权。

在企业理论中的控制权的来源有两个：一个来源是伯利和米恩斯在《私有财产和现代企业》中将控制权定义为选举董事会或多数董事的权利；另一个则是来源于产权理论的"不完全合约理论"中的剩余控制权。

根据伯利和米恩斯对19世纪30年代美国公司的研究，多数公司都呈现出分散的股权结构状态，公司的实际经营权利集中在经理手中，而不是公司所有者股东手里，这种公司控权和所有权相互分离的情况导致经理和股东之间产生分歧，所有者通过投票权选择和决定董事会成员，以实现对管理者的监督和控制。

剩余索取权由 Fama 和 Jensen 最先提出，剩余索取权认为，股东提供物质资本以取得对企业现金流的剩余索取权，管理者享有的控制权是提议和执行公司经营策略时的决策管理权，而所有者享有的控制权是决策和监督的控制权。

在所有权和控制权分离以及剩余索取权的基础之上，公司治理的理论研究发展形成了委托代理理论，即基于股东和代理人之间不同的利益诉求，导致了所有者和管理者之间由于信息不对称以及代理成本问题引发的机会主义行为，委托代理理论下，股东拥有剩余索取权和控制监督权，管理者拥有经营管理权，股东通过行使对经理的监督和激励等措施降低代理成本，以督促管理者更好地为股东利益最大化服务。

总体上，公司控制权是相对于所有权而言的，是公司股东与投资人在书面达成的协议之外事件的处决权利，包括确定公司的战略决策、职务任免、利益分配等重大问题，实质上是对资源的分配权。通常情况下，公司的控制权由公司的大股东或其代理人掌控。

2. 社会成本。

社会资本的概念来自社会学，在 20 世纪 70 年代由法国社会学家皮埃尔·布迪厄最早提出。社会资本是资源集合，这些资源同某种持久的、大家公认和熟悉的、体制化的网络非常密切，它是现实或潜在的。社会资本的含义表明，社会资本是建立在某种契约之上、依附于社会关系网络而存在的一种资源，其作用在于获取信息和利益。公司治理角度的社会成本包含企业社会成本和个人社会成本。狭义的企业社会资本是指企业所具备的组织层面上的社会资本。广义的企业社会资本包含组织社会资本和个人社会资本。企业的社会资本是企业所具有的与政府、银行、社会团体、竞争对手等的关系网络和人际关系的总和。个人社会资本指企业中个体所具备的社会资本。个人社会资本通常以公司实质控制人掌控的社会资本为代表，在创业股东企业中，表现为集中在创始人手中，并且由于创始人是公司的重要个体成员，其个人利益与公司利益高度趋同，创始人愿意将具备的个人社会资本交由企业使用，从而使得个人社会资本与公司社会资本趋同程度较高。

3. 隐性契约。

企业本质上是由各利益相关者由一系列契约联结起来的联合体。在企业中，各利益相关方依据契约约定向联合体中投入自己的专用性资产，并因此获得企业的控制权，通过控制权参与企业剩余索取权的分配来实现自身利益。任何交易的发生都是建立在交易双方契约达成的前提之下，契约分为正式契约和隐形契约。正式契约是通过订立合同等形式在交易双方之间建立起的受到第三方保护并对交易双方形成约束的合同关系。隐形契约是指不受第三方保护的在交易双方之间形成的约束双方交易行为的规范、习惯、信誉等非正式契约，隐形契约在企业的日常经营中广泛存在。

4. 风险投资。

广义上的风险投资是指一切高风险、高潜在收益的投资。狭义的风险投资是指以高新科技为基础，以技术密集型产品为生产对象的投资。就投资方式而言，风险投资是资本由专业从事金融活动的机构或个人投放到新兴领域，从该领域的高速发展中获取高额收益的投资手段。从投资行为来看，风险投资是将资本投放到存在着高风险的新兴产业领域中，通过资本推动新兴产业的发展获取资本回报的一种投资过程。

（二）案例背景介绍

雷士照明，全称雷士照明控股有限公司，于1998年由吴长江、杜刚以及胡永宏共同创立。雷士照明主营光源、灯具及照明电器产品的设计、开发、生产以及销售，业务范围覆盖全国，其商业照明一直保持行业领先地位。2010年5月，雷士照明在香港联交所主板上市，股票代码2222.HK[①]。

三、雷士照明控制权争夺过程

雷士照明控制权争夺过程可以分为以下三个阶段。

（一）第一阶段：创始人股东内部控制权争夺

2004年，雷士照明的三名创始人在公司的重大经销渠道问题上出现分歧，吴长江主张改革公司的销售渠道，从公司经销商中择优在全国设立运营中心，以集中公司的经销权，将厂商同经销商之间的代理模式转换为管理模式，从而强化雷士对销售渠道的统一管理。但这一方案受到杜刚和胡永宏的反对，二人认为进行渠道改革会导致经销商权利过大，增加企业的管理成本。吴长江于是作价人民币8 000万元出让其所持有的雷士照明全部股份，离开公司。吴长江离开公司后，雷士照明的供销商集体同雷士高层进行协商，最终举手表决全票通过吴长江重回公司，在此情形下，杜刚和胡永宏各自以人民币1.6亿元的价格出让所持雷士股份，离开公司，吴长江重新掌舵雷士照明。雷士照明股权结构变动如表8-1所示。

表8-1　　　　　1998~2008年雷士照明股权结构变动　　　　　单位：%

	1998年	2002年	2005年	2006年6月	2006年8月
吴长江	45	33.4	100	70	41.79
杜刚	27.5	33.3	0		
吴永宏	27.5	33.3	0		
软银赛富					35.71
其他				30	22.5

（二）第二阶段：风险投资者与创业股东控制权争夺

2006年6月，亚盛投资首席执行官毛区健丽出资994万美元购入雷士照明30%股份。8月，为缓解公司的现金流危机，雷士照明取得软银赛富基金2 200万美元投资，软银赛富注资后取得雷士55.5万股股票，市盈率估值接近8.8倍，成为雷士照明的第二大股东。2008年8月，软银赛富基金联合高盛共同向雷士照明投资4 656万美元，此次注资后，软银赛富和高盛分列雷士照明第一、第二大股东。2010年5月20日，雷士照明在香港挂牌上市，软

---

① 资料来自雷士照明官网。

银赛富的股份由30.73%摊薄为23.41%，高盛持有的股份由9.39%摊薄至7.15%。2011年7月，软银赛富引入战略投资者法国施耐德电气，持有雷士照明9.22%股份，成为雷士照明第三大股东。在雷士照明董事会中软银赛富、高盛和施耐德的股权之和超过吴长江所持有的公司股份。2011年9月，施耐德提名其中国区下属出任雷士照明副总裁，分管雷士照明核心业务中的商业照明项目，此举引起吴长江的警觉，为维护公司控制权，吴在二级市场上持续增持公司股份，至2012年5月，吴长江持股比例超过软银赛富，重新成为公司第一大股东，而此时在雷士照明董事会中，企业代表方只有两个席位，而软银富奥占有两个席位，高盛和施耐德各占一个席位，且软银赛富和赛富都享有对公司决议的优先否决权，软银赛富、高盛、施耐德可以视为一致行动人，创业者和投资者在董事会的表决权为2对4，吴长江实质上失去了对公司的控制权。

2012年5月25日，雷士照明公告吴长江辞去公司一切职务，由软银赛富的阎焱接任公司董事长，施耐德的张开鹏出任公司首席执行官，公告发布当天，雷士照明的股价下跌20%。6月，吴长江在媒体采访中表达了重新回归雷士照明的意愿，但雷士照明现任董事会却对吴的回归提出了三个条件，这些条件遭到吴长江的抵触，吴暗示自己之前是在投资人的逼迫下辞职离开公司的。

在实体经营方面，吴长江辞去公司职务后，雷士照明的高管、供应商、经销商对吴长江离开公司表达了强烈的不满，相继出现高管集体离职、员工罢工、供应商经销商中止供销订单等情况。7月，雷世照明重庆总部、惠州、万州工厂罢工两个星期、惠州工厂和万州工厂相继有大规模员工辞职、全国各地的一级经销商和渠道商停止订单、公司的关键原材料供应商也停止向雷士照明供应原材料。8月，雷士照明董事会中三名董事相继离职，高管层中首席运营官、副总裁以及总经理辞职。7月13日，港交所暂停了雷士股票交易，8月15日，雷士复牌的股价从停牌前的1.41跌至0.71。

雷士董事会公告吴长江辞去相关工作后当天，雷士股价最大下跌30%多，一度低于1.46港元/股，从图8-1中的数据可以发现，吴长江离任后10个交易日内仅有2个交易日AR值为正，可见市场对于雷士照明管理层的变动并不看好。

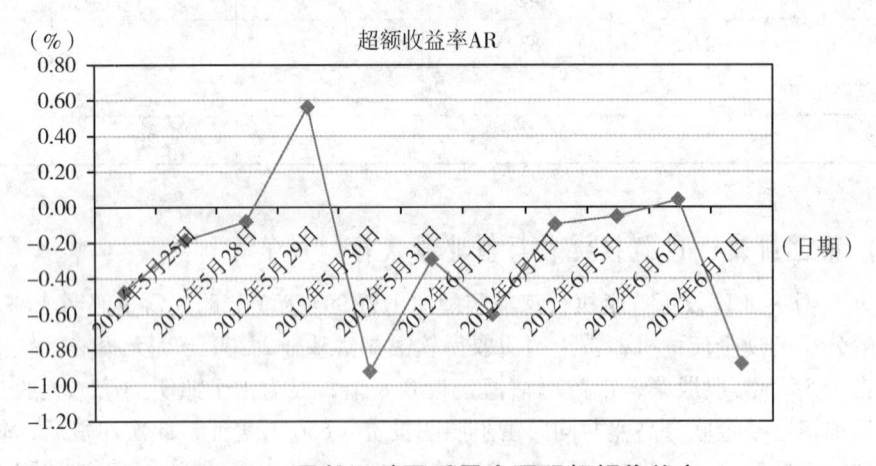

图8-1 吴长江辞职后雷士照明超额收益率

为了应对这种局面，7月中旬，雷士照明董事会方面会见了供销商和公司员工代表，7

月底，董事会设立了公司临时管理委员会。8月14日，雷士照明发布公告对吴长江重回董事会的要求表示反对，但同时也表示施耐德北京的李新宇等离开雷士照明；吴长江方面则宣布召开特别股东大会，双方重新谈判。8月20日，吴长江作为持股19.53%的公司大股东同雷士照明管理层进行会谈，随后召开了供应链大会。8月27日，雷士股价回升至1.46港元。9月，雷士照明公告吴长江出任公司运营委员会负责人，实质履行公司CEO职权。11月，雷士解散了临时运营委员会。

根据图8-2的数据可知，吴长江受任临时运营委员会负责人之后，连续3个交易日AR值均为正，股价有所回升，但10日内的股票收益率变动仍然较大，表明雷士照明控制权争夺带来的影响导致投资者对公司经营状况信心不足。

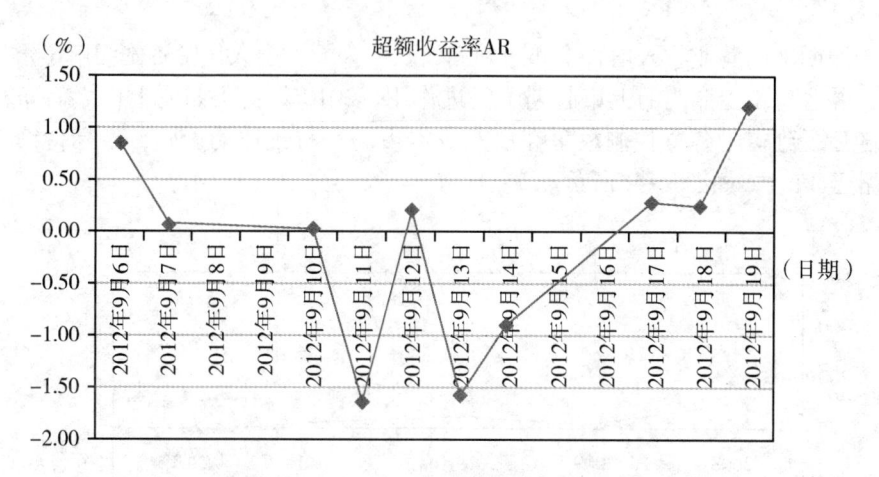

图8-2 吴长江回归后股票收益率趋势

12月，广东德豪润达通过二级市场举牌和股权转让成为雷士照明的第一大股东，同一时期，吴长江通过认购德豪润达非公开增发的股份，成为其大股东，两者所持雷士照明股份合计26.84%。2013年1月，吴长江再度出任雷士照明总裁，同年4月，雷士照明董事长职位由德豪润达董事长王冬雷接替，6月，吴长江重新回到雷士照明董事会，担任董事会执行董事。雷士照明股权结构变动如表8-2和图8-3所示。

表8-2　　　　　2008~2012年雷士照明股权结构变动　　　　　　单位：%

	2008年8月	2010年5月	2011年7月	2012年12月
吴长江	29.33	18.42	17.15	6.79
软银赛富	30.73	23.4	18.33	18.48
高盛	11.02	9.39	7.15	5.62
施耐德			9.13	9.21
德豪润达				20.05
其他	18.64	30.55	47.11	45.47

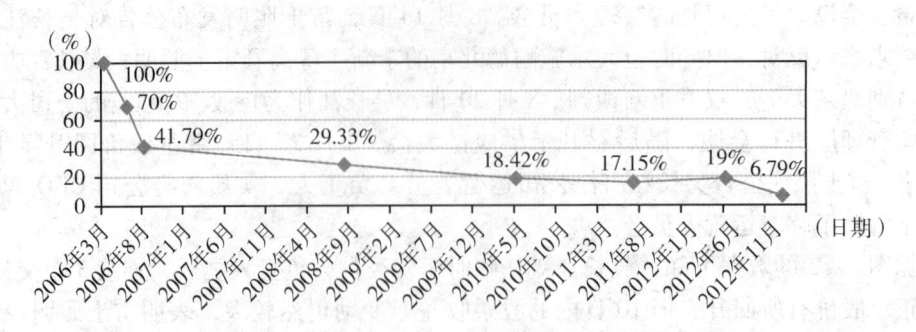

图 8-3　2006~2012 年吴长江持股比例变动

从雷士照明上的营业收入增长率和净利润增长率来看，引入风险资本缓解了雷士照明的经营状况，并且对雷士照明的上市起到了促进作用，2010 年雷士照明上市之后净利润大幅增长，但随后受到雷士各方控制权争夺以及资本市场运行规律的影响，指标持续下降，到 2012 年下滑至负数，如图 8-4 所示。

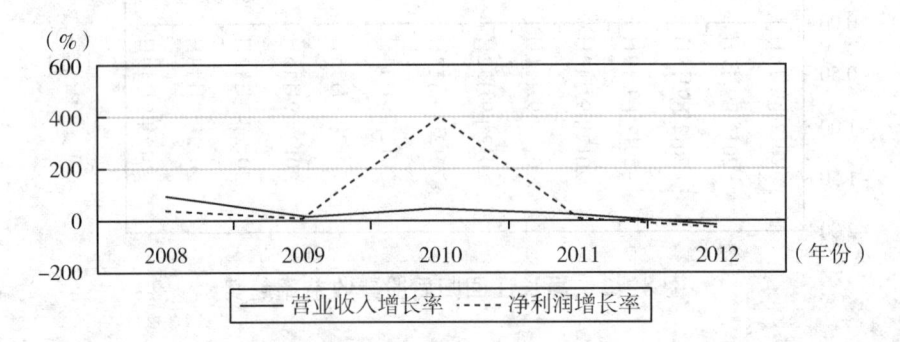

图 8-4　2008~2012 年雷士照明营业收入增长率及净利润增长率变动趋势

（三）第三阶段：创始股东控制权丧失

吴长江重回雷士照明董事会之后，王东雷质疑吴长江违背公司制度规范，在未经董事会研究表决的情况下擅自违规担保。2014 年 8 月，雷士照明股东大会决议通过罢免吴长江董事职务，并对公司中高层进行调整。2015 年 1 月，吴长江因涉嫌挪用资金被捕。表 8-3 是雷士照明职权变动。

表 8-3　　2012~2015 年第三阶段控制权争夺事件发展

时 间	事 件
2013 年 1 月	吴长江被任命雷士照明 CEO
2013 年 4 月	王东雷被选任雷士照明董事长
2013 年 6 月	吴长江重回董事会，任执行董事
2013 年 8 月	吴长江指责王东雷越权管理

续表

时 间	事 件
2014年7月	王东雷质疑吴长江违规操作
2014年8月	吴长江被董事会罢免CEO
2015年1月	吴长江被捕

四、控制权争夺过程分析

(一)社会资本

1. 创业股东个人社会资本在控制权争夺中发挥的作用。

公司控制权问题研究中的社会资本分为企业社会资本和个人社会资本两个层面。在企业中,企业社会资本和个人社会资本既相互联系又相互区别,广义而言,企业社会资本包括个人社会资本。企业社会资本可以区分为企业间的同盟关联以及创始人具备的个人社会资本,通常情况下,公司创始人出于利益协同考虑愿意将其自身的社会资本交付企业利用。就创始人个人的社会资本而言,社会资本作用的发挥依赖于创始人个人的关系网络。

在雷士照明的控制权争夺中,吴长江的社会资本就一度跨越股权资本成为帮助其夺取控制权的有力工具。雷士照明引入风险投资者导致公司的股权结构发生变动,吴长江由于股权变动在持股比例和董事会表决权方面都处于劣势情形,但由于自身具备的个人社会资本,吴又重新取得了雷士照明的控制权。

创始人对于公司的发展有着重大的影响,在对公司的控制层面,创始人掌控公司的控制权相对于其他人具有更高的效用。公司创始人相对于非创始人,对公司的发展战略、经营状况和整体环境都更加关注,对于公司管理层的监督动机更加强烈。从公司业绩角度考虑,替换公司创始人将导致公司业绩面临更高的风险,从而降低创始人控制权被并购机制夺取的可能性。

创始人拥有与企业利益相关方的隐性契约,使得公司的发展和创始人控制捆绑在一起。同时,创始人对公司发展的关注、投入以及集中在创始人身上的渠道资源都可以构成能够对控制权产生影响的社会资本。吴长江的个人社会资本既来自公司内部的高管层、公司员工,也来自公司外部上下游的供应商以及经销商。就公司内部而言,公司的高管多年来同吴长江的共事经历在他们之间建立起了较强的关联,而公司外部的供销商在同雷士照明长期的合作中与创始人达成的信任、默契、利益关联也构成吴长江的个人社会资本。吴长江离开雷士照明对于这些公司内外的利益关联方而言意味着要重新建立同新晋管理者之间的关联,将会导致面临更大的不确定性以及更高的成本。因此,出于对收益和风险的考虑,在控制权争夺中他们会和吴长江站同一队伍。

在雷士照明引入风险投资者引发的控制权争夺事件中,创始人吴长江利用自身拥有的社会资本(公司管理层、员工、供销商)向公司施加压力,并成功夺回控制权。但在控制权争夺的下一个阶段,在股权投资者重构了企业的社会资本之后,企业摆脱了对创始人个人社会资本的依赖,所以在此阶段,公司创始人失去了对公司控制权争夺的优势。

2. 个人社会资本的建立基础——隐性契约。

通常情况下，公司创始人都会直接参与到公司的经营管理，由于其自身利益与公司长期利益趋同，因而创始人的行动更容易取得利益相关各方的信任和支持，创始人基于个人声誉和利益能够同公司的利益相关方达成隐形契约关系。在公司的长期发展过程中，吴长江同公司的利益各方形成利益捆绑。在公司外部，雷士照明在全国各地的运营中心以及上千家专卖店虽然不在公司内部治理机构中，但同创始人吴长江均存在紧密的隐性契约关系。在雷士照明创立初期，吴长江为了拓展销售渠道向专营店支付补贴、向经销商承诺现金以及货物形式的信用授权，而在公司内部，吴长江代中高层管理人员持有公司股份，且多年来雷士照明在吴长江的领导下成长迅速，经过多年的发展，公司的核心团队以及普通员工普遍都很信任吴长江的经营方式。这些都构成支撑吴长江掌握公司控制权的隐性契约。

雷士照明引入风险投资者后，董事会曾参照上市公司规则和二级市场监管要求发布公告，公告披露吴长江未经董事会决议将公司总部迁至重庆，长期进行关联交易，并以此为由拒绝吴长江重新出任公司董事。在此番控制权争夺过程中，雷士照明重庆万州以及广东惠州工厂罢工，经销商停止生产公司的订单，投资者不得不作出妥协。可见，风险投资者进入雷士照明后公司的治理变革并没有动摇创始人和供销商、企业内部人员之间的隐形契约，软银赛富为代表的险资投资者没有同雷士照明的供销商、管理人员以及公司员工建立利益关联，因此，尽管投资者能够通过股权优势驱逐创始人，但由于隐形契约的存在，投资者的控制权并不是稳固的，一旦吴长江离开雷士照明，这些契约背后的权益就难以继续得到支撑，所以吴长江能够在离职之后又在供销商以及公司员工的支持下重新回归。

在雷士照明后程的控制权争夺中，吴长江没有意识到自己创建的公司在引入风险投资、在香港上市之后已经不再是他个人所能全权掌控的了的，在股权不断稀释、建立在隐性契约之上的个人社会资本又被取代之后，一度再次失去对雷士的控制权。

3. 个人社会资本的构建和维护。

在雷士照明控制权争夺案例中，对于创始人吴长江而言，控制权争夺过程中对于个人社会资本的依赖性太强，以至于利益相关方的站位起到了左右控制权归属的程度。从实际控制人角度来讲，个人社会资本很重要，但重要性的发挥程度取决于个人社会资本和企业社会资本的契合程度，只有在企业社会资本高度依赖个人社会资本的情况下，实际控制人才能稳定保持对企业的控制。

实际控制人应当从识别利于企业发展的关键资源，合理衡量一项资源对于企业而言的重要程度、稀缺程度、可利用程度。尤其要识别对企业有影响的利益相关者，在雷士照明控制权争夺案例中，我们能够发现，利益相关者通过各种形式表达的利益诉求会对控制权争夺的形式产生巨大的影响。当企业引入外部投资者或者上市而引起治理结构的变动的时候，实际控制人更应当及时准确地识别出能对企业形式变动起重要影响的资源。

提高公司社会资本对个人社会资本的依赖性能够有效增强实际控制人对公司的影响力。在企业的发展壮大过程中，实际控制人应当主动构建自身的社会资本，提高个人社会资本同公司社会资本的契合度，使利益相关方、公司、控制人自身在利益方面达成共识。实际控制人应当关注社会资本的动态发展，同步调整个人社会资本和公司社会资本，避免由于自身对于个人社会资本过度依赖而在这些资源发生改变之后失去对企业社会资本的影响。

通过对雷士照明控制权争夺案例的分析，我们发现在后期的控制权争夺中，吴长江同其利益相关各方的隐性契约并没有持续发挥作用，失去了个人社会资本的吴长江最终失去了雷士照明的控制权。这说明隐性契约关系并不像股权契约或者商业契约一样具备稳定性，建立在利益关联之上的隐性契约一旦失去利益相关的基础或者出现新建立的利益关联，就会失去对控制权争夺的支撑作用。

（二）风险投资

以西方现代公司治理制度为规范的风险投资者和坚持非正式制度主导下治理模式的公司创始人，出于各自不同的利益考虑，对于企业治理以及企业发展战略的认识常存在背离，导致双方的立场相互冲突，并往往由此激化为控制权冲突。对企业而言，投资者和创始人的矛盾会向市场释放出负面的信息，对公司的短期业绩和长期战略都会产生不利的影响。

对吴长江来说，引入风险资本缓解了公司经营的现金流困难，同时也引入了公司控制权的威胁。风险资本给雷士照明提供了资本，同时也给雷士带来了风险，软银赛富注入资本换取雷士照明股份，当其股权比例、在董事会的席位都多于吴长江之后，就很容易掌控公司的控制权，并且在软银赛富注资雷士时就提出了一系列附加条款，对雷士每年的业绩、转让限制、优先购买权和赎回权等都提出了明确的要求，雷士照明控制权风波在一定程度上是风险资本对上市公司控制权的冲击带来的。

从表8-4中的数据可以看出，民营企业在被风险资本投资的过程中存在企业价值低估的现象，并且虽然引入风险资本能够在短时期内获取大量资本，但长期而言，风险资本对创业股东股权的稀释以及对公司经营的干预都会构成控制权风险。雷士照明控制权争夺所导致的严重内耗表明：需要对风险资本在公司治理结构中所扮演的角色有更加全面的认识。

表8-4　　　　　　　　雷士照明上市后投资者投资收益

股权所有者	软银赛富	高盛
持股比例	23.4%	7.15%
出资额（$）	32 000 000	36 560 000
市场价值（¥）	1 429 564 110	436 824 178
投资收益	5.73倍	1.53倍

1. 风险资本对雷士照明公司治理的正面影响。

雷士照明第一阶段的控制权争夺中，吴长江出资收购另两位股东的全部股份，全面控股雷士照明，但同时也将雷士照明带入现金流危机之中，为了解决现金流问题而引入风险投资者软银赛富基金，软银赛富先后向雷士照明注资合计3 394万美元，协助雷士照明化解了资金问题。2008年，风险投资向雷士照明注资4 656万美元帮助其在产业链上进行一系列垂直收购活动，使雷士照明的生产能力大为提高，节能灯业务毛利率由14.4%提高到资源整合后的21.6%，电子镇流器毛利率从5.1%提高到16%。在风险投资的协助下，雷士照明从事了一系列资本增值活动，2010年5月20日，雷士照明在港交所挂牌上市，发行价2.1港元/股，发行新股6.94亿股。

2. 风险资本对公司创始人的控制权冲击。

资本都是逐利的，风险资本尤其如此，风投机构在雷士照明处境艰难时慷慨相助，实质上却是对雷士的趁火打劫，风险投资过度低估雷士照明价值，以极低的成本购入雷士的股份获取高额收益，软银赛富和高盛向雷士照明注入的资本相较于 IPO 价格，其投资回报率高达 5.73 倍和 1.53 倍。

从控制权角度看，雷士照明创始初期，控制权集中在吴长江手中，在风险投资者向公司注入资金后，投资者通过持有的股权稀释创始人对公司的控制权，创始人在股权份额不及投资者的情形下，在控制权争夺中往往处于劣势。2008 年软银赛富联合高盛共同注资雷士照明，成为雷士第一大股东，引起雷士的股权结构变革。软银赛富成为雷士第一大股东之后，在董事会中占据两个席位，和雷士照明创业股东吴长江等占有席位相同，此外，高盛占据董事会一个席位，风险资本利用持股份额以及董事会席位优势对公司经营活动进行干预。

雷士照明的引入风险投资者后的治理变革体现在对董事会决议效力的加强，董事会具有对公司战略决策和重大项目的优先否决权，采取"双签字"模式由吴长江和软银赛富方派出的 CFO 共同执行。这些变革一方面体现出风险投资者出于降低代理风险的考虑会积极参与投资公司的经营和治理；另一方面则反映了风险投资者软银赛富作为雷士照明引入的外部资本投资者，对公司经营决策活动的干预会在客观上形成对公司创始人控制权的威胁，在两方利益一致的时候公司能够平稳的发展，但当各方在经营理念、行为方式等层面存在利益冲突的时候，就增加了公司出现控制权争夺的风险。

（三）创始人约束

创始人在持股比例不占优势、在董事会表决权不及大股东的情形下，能够利用自身的社会资本取得公司的控制权，但站在对立立场来看，如果公司股东和董事会都不能有效制衡创始人的控制权夺取行为，那么应该采取什么方式对利用控制权进行自利行为的控制人就成为另一个值得深入思考的问题。

软银赛富为了防止关联交易对雷士照明的经销商采取严格的信用控制，此举受到吴长江的反对，而吴长江在经营公司的过程中常常作出不经董事会决议的决策，引起软银赛富的不满。雷士照明在港交所上市后，吴长江的持股比例进一步稀释，软银赛富等大股东在公司的话语权增强，而吴长江此时仍然坚持家长式的经营风格，绕道董事会甚至违背董事会决议作出决策。

实际上，创始人的治理角色应当随公司的治理结构进行转变，企业的股权结构逐步社会化，创始人也应当遵守新的治理结构下的公司治理规则，协调同股东之间的冲突意见，接受所有者和市场的监督。企业在创立初期往往要借助"野蛮式"的手段才能生存下来，这个时期往往要依靠创始人秉承打破规则的企业家精神带领企业突出重围，随着企业不断发展壮大，企业为获取资本而引入外部资本或者上市，股权结构的变化以及监管制度的规范会对企业的经营发展提出更高要求，企业应当建立相应的治理机构，摒弃创立初期的野蛮发展方式。

一方面，将利益相关方同创始人的隐性契约建立基础转换为同公司建立的公司契约，公司应全面考虑利益相关各方的诉求，建立公司和利益相关各方的共同利益基础，越是尽早将创始人的个人社会资本转化为公司社会资本，越是可以尽量地减少创始人对公司的控制程度。长期来看，公司创始人总是会逐渐淡出企业的经营，因此越早建立起利益相关各方同企业层面的契约关系，越可以减轻控制权由创始人向公司治理层过渡的损失，从而在公司发展的整体层面上趋利避害。

另一方面，创始人在经营公司过程中的权威和影响力得到公司员工的支持是其与公司核心成员建立隐形契约的基础，公司成员出于对创始人的认同而相信创始人离开公司会对公司的经营状况产生不利影响，从而导致自身利益受损。如果割裂公司员工利益与创始人对公司经营状况影响的依赖，就可以减弱创始人对公司控制权的影响力。因此，通过改变创始人和利益相关方的利益关联或者将创始人的个人社会资本转化为企业的社会资本，就可以缓解创始人对公司控制权的掌控程度。

五、思考问题

1. 创始人在雷士照明创业与成长不同周期中的角色分别是什么？
2. 社会资本在雷士照明控制权争夺中的作用是什么？
3. 风险投资在雷士照明控制权争夺中扮演的角色是什么？
4. 分析吴长江在雷士照明控制权争夺不同阶段成败的原因。

第二节 案例二：中国上市公司股权激励问题研究——以青岛海尔集团为例

股权激励作为长期激励的一种重要方式，可以有效地防范公司管理者中存在的短期行为，使管理者能够更多地关注企业的长期可持续发展，因此被认为是解决上市公司"委托—代理"问题的一种有效机制。青岛海尔作为我国家电行业中的佼佼者，同时又是小部分已经完成股权激励的上市公司之一，通过对它的案例研究，可以为我国家电行业的上市公司提供宝贵的实践经验。

一、引言

在19世纪80年代末，股权激励被大量的西方发达国家企业所运用并且取得了良好的效果。对比之下，我国企业在20世纪90年代初期才开始涉及股权激励，直到2006年证监会发布了《上市公司股权激励管理办法》（试行）相关办法规定，为上市公司实施股权激励提供了法律依据，我国的股权激励制度才开始进入规范化的进程，标志着我国的股权激励进入了一个全新的阶段。在所有实施股权激励的企业中，民营企业的数量已达到总数60%以上，以民营企业为研究对象具有丰富的样本。民营公司的股权激励对象是除大股东以外的高管和核心人员，他们与公司之间大多是市场化的聘用关系，激励效果的强度主要体现的是市场化博弈的结果，尤其是2009年以后大量的上市公司开始公布股权激励草案。截至2014年，上市公司中发表过股权激励公告的公司共有682家，虽然预案的公司整体呈现出上升趋势，但仅有157家上市公司完成了股权激励。

代理理论认为，代理人对其自身的工作能力和工作努力程度的了解当然要高于雇主，因而就在雇主与代理人之间产生了信息不对称问题。代理人知道这种信息不对称的存在，因此，他们就有可能利用这一点在执行代理职能时不以雇主的利益最大化为目标，甚至作出有损雇主利益的决策。为了防止这一点，雇主就要对代理人的行为进行监控或将代理人的利益和自己的利益结合起来，进而转嫁或消除所谓的"代理人风险"。股票期权可以将管理人员自身利益和公司股东的利益结合起来，从而在一定程度上消除"代理人风险"。虽然通过监控能给雇主提供更多有关代理人的信息，但是，雇主和代理人双方通过不断的谈判和合作最终能达成一个合理的协议，就是业绩薪酬合同。代理人和雇主彼此相信对方的诚信，而代理人也愿意和雇主共担由其管理引起的风险。

青岛海尔作为家电行业的领跑者，其在2006年就推出了首期股权激励计划，但由于没有制定周全的股权激励方案以及公司的3名元老级管理者由于利益分配产生严重分歧，于2008年陆续辞职最终导致该方案搁浅，之后公司总结失败的原因，于2009年推出更加完善的股权激励方案。

二、青岛海尔股权激励背景与动因

（一）制度背景

股权激励制度是以员工获得公司股权的形式给予其一定的经济权利，使其能够以股东的身份参与企业决策、分享利润，并承担经营风险，员工自身利益与企业利益更大限度地保持一致，从而勤勉尽责地为公司的长期发展而服务的一种制度。股权激励对改善公司治理结构、降低代理成本、提升管理效率、增强公司凝聚力和市场竞争力起到非常积极的作用。

（二）行业背景

截至2014年，上市公司中发表过股权激励公告的公司共有682家，虽然预案的公司整体呈现出上升趋势，但仅有157家上市公司完成了股权激励。青岛海尔作为我国家电行业中的佼佼者，同时又是小部分已经完成股权激励的上市公司之一，通过对它的案例研究，可以为我国家电行业的上市公司提供宝贵的实践经验。

（三）青岛海尔实施股权激励的动因分析

青岛海尔主要从事冰箱、空调、洗衣机、热水器等白色家电产品的生产与经营，是我国家电行业的领头企业。近几年来，由于白电行业的不正当竞争恶剧不断上演、原材料成本上涨、能源匮乏等使得其面临巨大的发展压力。而且青岛海尔主要生产的家电产品包括空调、冰箱和冰柜等，其2%~3%的利润率与西门子等跨国巨头7%的利润率差距较大。面对着如此大的行业竞争压力，青岛海尔必须努力改善自我竞争力，因此连续推出三期股权激励方案，主要从以下三方面考虑：第一，较市场平均水平，管理层薪资偏低，激励不足，管理层激励问题一直困扰着青岛海尔。第二，青岛海尔与其大股东所控制的各个公司之间往来密切，存在较多的关联交易，易造成广大中小股东的利益受到忽视。因此为解决这些突出矛盾，青岛海尔必须采取必要的激励手段，尽量缓解管理层与企业的利益冲突，在这样的情况下股权激励计划应运而生。第三，2006年酝酿实施的股权激励方案被夭折，致使公司3名元老级管理高层于2008年集体辞职，主要是因利益分配问题出现严重分歧所致，所以公司推出的股权激励方案需更加完善。

三、青岛海尔股权激励方案的主要内容

本案例研究了青岛海尔从2009~2012年三次股权激励方案。第一次是2009年首期股权激励方案，授予的股票期权所涉及的股票总数1743万股，授予的股票期权价格为10.88元，授予48位公司员工1743万份股票期权；第二次是2011第二期股票期权激励方案，授予的股票期权所涉及的股票总数为1080万股，授予的股票期权的行权价格为22.31元，授予83位公司员工1080万份股票期权；第三次是2012年第三期股权激励方案，授予的股票期权所涉及的股票总数为2600万股，授予的股票期权的行权价格为11.36元，授予83位公司员工1080万份股票期权。具体分析如下：

第一，2009年5月12日，青岛海尔在上交所发出公告，公司准备推出《首期股票期权激励计划》（表8-5），模式为股票期权。2009年10月29日，该方案经股东大会通过后正式实施。

表8-5　　　　首期计划的激励对象及激励股份分配情况

序号	激励对象身份	所得的期权数（万份）	占激励期权总数比例（%）
1	董事、高层管理	689	39.53
2	核心业务（技术）人员（总计40名）	1 054	60.47
	合　计	1 743	100

第二，2011年1月31日，青岛海尔继续推出《第二期股票期权激励计划》，决定授予83位公司员工1 080万份的股票期权，激励对象主要为核心技术（业务）人员等核心骨干和董事，所授予股份占其股本总额的0.807%，行权价格是22.31元/股，行权期分成三期，授权日定于2011年2月9日，各激励对象所获期权数如表8-6所示。

表8-6　　　　第二期计划的激励对象及激励股份分配情况

序号	激励对象身份	所得的期权数（万份）	占激励期权总数比例（%）
1	董事	316	29.26
2	核心业务（技术）人员（总计81名）	764	70.74
	合计	1 080	100

第三,2012年6月27日,青岛海尔推出《第三期股票期权激励计划》,决定授予222位激励对象2 600万份的股票期权,这次的激励对象全部是核心业务(技术)人员等核心骨干,占其股本总额的0.97%,行权价格是11.36元/股,行权期分成两期,授权日即当天,各激励对象所获期权数如表8-7所示。

表8-7　　　　　　　第三期计划的激励对象及激励股份分配情况

序号	激励对象身份	所得的期权数(万份)	占激励期权总数比例(%)
1	董事、高管	0	0
2	核心业务(技术)人员(总计222名)	2 600	100

四、青岛海尔股权激励方案的财务分析

(一) 盈利能力指标分析

由表8-8可以看出,青岛海尔在连续的推出三期激励方案后,公司的盈利能力明显增长。尤其是2009年,明显的提升了公司人员的激励效应。在2009年度的公司年度报告中,其营业收入一度达到446亿元,同比提高46.98%。股东的净利润为11.49亿元,同比提高49.60%。公司自2009年实施股权激励以来,全年的经营业绩为青岛海尔的历史最高,特别是在2008年全球金融危机的影响下,青岛海尔还能达到这样的业绩,主要是由于股权激励的实施。公司在2011年净利润增长率虽然有所回落,但2011年相比实施前一年的复合净利润增长率也达到46.96%,也远远超出18%的考核目标,说明青岛海尔实施股权激励制度使得公司盈利能力大幅提高。

表8-8　　　　　　　　　　公司盈利能力增长

财务指标	2006年	2007年	2008年	2009年	2010年	2011年	2012年	2013年
营业收入(亿元)	232.14	294.69	304.08	446.92	605.88	736.63	798.57	864.88
归属于股东的净利润(亿元)	5.56	6.43	7.68	11.49	20.35	26.90	32.69	41.68
扣除非经常性损益后加权平均ROE(%)	9.43	10.37	11.72	14.70	25.42	29.96	32.83	29.62
净利润增长率(%)	12.52	15.77	14.84	38.93	47.07	33.29	21.54	27.30

（二）偿债能力分析

表 8-9　　　　　　　　　　　　偿债能力分析

	2006年	2007年	2008年	2009年	2010年	2011年	2012年	2013年
流动比率	2.65	1.93	1.89	1.77	1.48	1.26	1.21	1.27
速动比率	2.01	1.20	1.38	1.35	1.28	1.07	0.98	1.04
资产负债率（%）	25.33	31.52	36.94	37.03	49.98	67.58	70.95	68.95

资料来源：根据 2006~2013 年青岛海尔年报统计

由表 8-9 可以看出，青岛海尔的流动利率在 2009 年实施股权激励后略有下降，基本保持在 1.30 左右，而我国一般流动比率在 1.5 左右。同时，青岛海尔的速动比率在 2009 年后也基本保持在 1.0 左右，说明该数值也比较优秀。青岛海尔的资产负债率在推出首期股权激励计划的 2009 年明显上升，该数据在我国企业较好的适宜水平是 40%~60%，青岛海尔的资产负债率逐年提高，使得公司的长期偿债能力下降。因此可以看出，由于青岛海尔实行了股权激励制度，其偿债能力有了明显改观，各个数据发展良好。

五、青岛海尔股权激励的评价与启示

青岛海尔三期股权激励行权的财务业绩考核指标是扣除非经常性损益后的净资产收益率以及复合净利润增长率。根据财务报告分析得出，三次行权条件的各个考核指标全部超额完成。这三次股权激励方案有利于建立公司、股东和员工三者利益相一致为基础的长期高效激励机制，加快公司业绩的持续健康提高。通过分析这三次股权激励方案，我们可以看到它的可借鉴之处，同时也可以发现存在改进空间。

（一）青岛海尔股权激励方案的优点

（1）连续三期股权激励方案扩大了激励对象的范围，核心技术人员在公司价值创造中发挥的重要作用越来越受到重视，这样更有力地促使公司员工关心企业的长远发展和长远利益，也有利于挽留和吸引公司发展不可或缺的人才。

（2）每一位激励对象因股票期权所总共获得的股票总数进行限制，不得高过公司股票总数的 1%，极大地拓展了激励对象范围，确保了股权激励方案的公正性，这对于面临白热化竞争的家电行业尤为重要。

（3）为激励股份设置合理的禁售期及可行权数量。这样的做法不但能有效防止管理高层利用信息不对称的优势优先掌握公司内部消息而对股票进行套现活动，维护公司股价的稳定性，同时自然而然就将激励对象的利益与公司的利益更好地捆绑在一起，使激励对象的行为与公司发展战略保持一致，实现公司持续快速健康发展。

海尔出台的全部股权激励方案都详细地明确了选择的激励对象。如果是公司的高管人员，则会限制他所能够出售股票的数量不能大于他自己所拥有股票总数的 1/4，同时，三期股权激励方案还明确了激励对象对股票期权的可行权数量及可行权期的限制要求，这样做主要有两个优点：第一点，如果公司的管理层由于信息的不对称性，在公司所作重大交易之前，掌握了内幕消息，则行权数量及行权期的有效限制能够防止管理层利用手中股票进行套现活动，这样就能够很好地保护公司的股价。第二点，严格的限制可以有效地将激励对象与公司的长远利益相结合，同时，使他们的发展意识保持一致，实现公司和个人利益的可持续发展。

（二）青岛海尔股权激励方案存在的问题

1. 业绩考核指标简单。

从青岛海尔的股权激励方案中可以看出，其业绩考核指标的设置并没有从实际上解决激励对象短期行为等现象。青岛海尔的三期股权激励方案的行权条件和目前实行股权激励的大多数企业一样，主要以加权平均资产收益率和净利润增长率来考核激励对象，但是企业的综合业绩有时并不能完全通过这两个指标来说明，因为它们并没有考虑到企业的发展能力、成长能力、创造价值的能力和其他的一些非财务指标。

其业绩考核目标设定的是扣除非经常性损益后的加权平均ROE和利润增长率，这些财务指标仅仅只反映企业过去一年的经营成果，并且反映的是过去一年激励对象的工作业绩，并没有显示出这是激励对象长期努力工作带来的业绩。这样一来，虽然可以得出短期内公司的业绩提高了，但是还会影响股东和企业的长久发展，从而影响公司价值导致股价下跌。因此这样的业绩考核指标也仅能够从表面上看出股权激励的实施结果，没有显示出实施股权激励的内在真实情况。

2. 信息披露不够充分。

青岛海尔在股权激励的相关临时公告以及财务报表附注中，并没有对以下内容进行详细的披露：第一，各报告期内关于公司股票期权各种摊销费用明确的计算方法；第二，股权激励的业绩考核指标中所选择的家电行业的样本公司及其相对应的各个财务指标的水平；第三，公司三期股权激励中所选取的各个激励对象其个人具体的绩效考核结果。

（三）青岛海尔案例对我国上市公司股权激励的启示

1. 积极扩大股权激励对象范围。

企业实施股权激励的目的就是让激励对象持股，从而减少信息不对称，降低委托代理成本，同时兼顾公司长期利益和近期利益，更有力地加快公司发展。因此，应该积极扩大激励对象的范围，激励对象应包括整个企业的管理层及技术业务人员，这样才能更好地吸引、激励和稳定公司的优秀人才，更广泛地实现股东、公司和激励对象利益的一致。正如青岛海尔推出的三期股权激励方案，尤其是第三期方案，激励的222位人员全都为公司及子公司核心技术业务人员。同时激励范围又不宜过大，过大则会导致成本过高，失去激励的意义，具体的尺度把握应根据企业的行业特点及规模而定。

2. 设置合理的股份禁售期及可行权数量。

从青岛海尔案例研究可以看出，股权激励方案中明确的规定，如果激励对象为公司的董事或者高级管理者，那么他们在任职期内，可以用以交易的公司股票数量不得高于他本人所拥有股份总数的1/4；如果管理层人员在买入公司股票的半年内，将所获的股票售出，或者在售出所获股票后的半年内买进，所得经济收益全部归属于公司。因此，如果设定的禁售期越长，可行权数量越少，就越能够起到约束激励对象的作用，也就越能起到股权激励的初衷。在家电行业也实施过股权激励制度的青岛海信、珠海格力设置的禁售期均小于半年，这样激励的作用就会大打折扣。因此，设置合理的约束期与可行权股票的数量实际上特别重要。

3. 设置合理的行权价格。

行权价格设置也经常存在着不合理的现象。股票期权的收益来源主要是行权价格与公司股价的价差，即公司股价上扬得益于激励对象的努力工作。但是公司股票的价格主要是受到公司的内在因素和市场外部整体因素这两个因素的影响，外部整体因素主要包括政府的宏观调控以及庄家的操纵，这种因素通常也会带来公司的股价上涨或下跌，这就与激励对象的努力工作不存在任何的关系。如果是固定的行权价格，那就不能克服整个市场环境对股价变动的影响，从而影响到激励对象的收益，这样就会产生不公平不公正的现象。因此，公司在实施股权激励时，应该根据企业的自身状况，设置合理的行权价格。

六、讨论问题

1. 青岛海尔实施股权激励的目的、实施股权激励所需要具备的条件。
2. 股权激励会对股东利益产生什么影响？
3. 青岛海尔股权激励为公司带来什么利益？上市公司能从中得到什么启示？
4. 股权激励自身存在什么弊端，如何体现在青岛海尔的股权激励活动中？

参考文献

[1] 赵艳荣，叶陈毅，李响．基于战略视角的企业社会责任管理［J］．管理纵横，2012（9）：035-038．

[2] 王掌权．企业战略管理中企业社会责任融入问题研究［J］．管理观察，2015（5）：88-89．

[3] 何辽平．社会责任与战略管理的融合考量［J］．公司治理，2014（12）：36-38．

[4] 李欲晓．基于社会责任的企业战略管理体系［J］．智囊，2015（3）：60-62．

[5] 邱龙广，刘斌．信息披露委员会的制度设计［J］．财经问题研究，2011（9）：57-61．

[6] 侯雪筠，苏英健．上市公司战略管理能力及创新管理能力信息披露研究［J］科技与管理，2008（11）：29-32．

[7] 门瑢．我国钢铁行业上市公司战略管理信息披露实证研究［J］．商誉会计研讨会论文集，2010．

[8] 姚建文，李亚玲．基于企业伦理价值观战略管理视角下的核心竞争力培育［J］．企业战略，2010（10）：9-12．

[9] 樊帅，田志龙，林静，王澜波．基于社会责任视角的企业伪善研究述评与展望［J］．外国经济与管理，2014（2）：2-12．

[10] 陈文军．论企业战略管理中的伦理决策［J］．北京工商大学学报（社会科学版），2011（5）：99-104．

[11] 刘英为，刘可风．西方企业伦理决策研究的新动态［J］．伦理学研究，2014（7）：65-70．

[12] 李捷．从战略管理的视角看企业财务分析［J］．财会与审计，2006（11）：64-66．

[13] 王金龙．论财务分析的战略管理职能［J］．会计理论，2015（8）：24-27．

[14] 卢成能．浅议财务分析在企业发展战略中的作用［J］．财务报告与分析，2010（7）：111-112．

[15] 张新民．做好战略视角下的财务报表分析［J］．中国会计报，2016（7）：1-2．

[16] 马霞．商业模式类型发展趋势综述［J］．城市规划与管理重庆交通大学，2016（8）．

[17] 魏江．中国战略管理研究——情境问题与理论前沿［J］．管理世界，2014（12）．

[18] 郭天超．商业模式与战略的关系研究［J］．华东经济管理，2012（4）．

[19] 郭天超著．商业模式——战略管理的第十一个学派［J］．北京：北京工商大学，2011（9）．

[20] 陈玉锋．企业商业模式设计及创新研究［D］．大连：大连海事大学硕士论文，2008（6）．